且学·且思·且行

国际工程承包与海外投资业务融资

李 铮 编著

中国人民大学出版社

·北京·

序

在"走出去"战略的指引下，我国对外承包工程行业获得了快速发展，合同规模持续增长，区域市场日益多元化，业务领域不断拓宽，企业的实力明显提高。在取得一系列辉煌成绩的同时，整个行业也面临着由"规模扩张型向质量效益型"转变的重要任务。特别是全球金融危机爆发后，国际工程市场陷入资金短缺的困境，带资承包、特许经营和公私合营等业务模式变得备受业主青睐，这对习惯开展施工建设业务的我国对外承包工程企业提出了新的挑战。当前，尽快熟悉、运用各类资源，提高投融资能力，已成为工程企业加快转型升级的关键环节之一。

近些年来，一些企业在海外积极尝试投融资与工程相结合的业务模式，取得了一定的成效，但仍然处于初步探索阶段。更多的企业尚缺乏对境外项目的投融资经验，因此错过了很多获取优质项目的良机，或使部分合同因资金落实问题而无法启动。对外工程承包领域的投融资知识和相关经验亟须进行普及。

本书作者自 1995 年开始先后从事国际工程承包领域融资和海外投资工作，积累了丰富的投融资知识和经验。在本书中，作者在介绍国际工程融资方式的基础上，联系业务实际，引用了大量案例，使内容深入浅出，便于理解；对海外投资业务的全流程以及工程承包企业应如何选择融资方式进行了详细的阐述，将各家银行的特点做了横向比对，具有较强的实用性和指导性。作者还结合自身近 20 年来的相关工作经验，提出了诸多合理化建议，可供读者学习、参考。

　　本书思路清晰，资料翔实，文笔流畅，既有理论上的深入阐述，又有大量案例的具体分析，是一本在国际工程承包融资领域颇具指导价值的著作，可以为政府官员、企业干部和相关学者开展相关实践、研究工作提供依据。需要注意的是，国际工程和资本市场风云变幻，读者在借鉴本书的观点和做法时，要根据国内外金融和保险机构的政策调整灵活处理，做到与时俱进。

　　通过本书的出版，希望越来越多的人能够关注对外工程承包行业的发展，积极应用并创新国际工程融资方式，从而推动我国对外工程融资体系的建立和完善。同时，希望这本书能够带动更多的研究者和行业从业人士，将他们的知识和经验拿出来与大家分享交流，共同促进对外承包工程行业的转型升级和健康发展。

中国对外承包工程商会

会长：刁春和

目　录

第一章

概　述

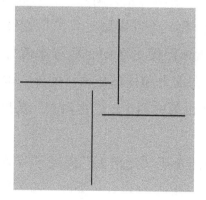

第一节　我国国际工程承包及海外投资的现状

国内外的政治经济形势赋予了我国国际工程承包和海外投资极大的机遇。从国际政治环境看，虽然局部战争、国家动荡及恐怖事件时有发生，但国际社会总的趋势符合和平与发展的主旋律，这为各国尤其是发展中国家的经济发展提供了良好的环境。从国外的政策看，世界各国欢迎外商直接投资（FDI），各国都在出台鼓励外资的政策。中国与相关国家签署的双边保护协定越来越多。从国内的环境看，通货膨胀、人民币持续升值、产能过剩、企业发展等因素，促使更多的企业寻求海外市场，给企业"走出去"提供了内在动力和外部压力。此外，国际贸易持续顺差和较高的外汇储备也为中国企业"走出去"及投资海外提供了保障。

近30年来，中国企业"走出去"历经了劳务分包、施工分包、施工管理总承包、EPC（设计—采购—施工）总承包、EPC加融资及海外投资等阶段，每个阶段企业所面对的外部环境及其对企业自身能力的要求都不尽相同，很多企业抓住了机会，在"走出去"战略的指导下，在国家政策的有力支持下，不断提高自身的核心竞争力，从而实现企业经营的转型升级。

随着国家实施"走出去"战略和全球经济一体化的不断推进，我国海外投资呈现较快的发展态势。截至2012年，经商务部核准和备案的拥有外经权、劳务出口权和对外承包权的企业有3 500多家，正常持续经营的对外承包企业有1 600多家，涉及海外投资的企业数量更多。投资项目涉及制造业、商务服务业、批发和零售业、能源开发以及建筑业等，投资区域遍及全球190多个国家和地区。

我国国际工程承包及海外投资的现状如图 1—1 至图 1—4 及表 1—1 所示。

	2003年	2004年	2005年	2006年	2007年	2008年	2009年	2010年	2011年	2012年1—8月
营业额（亿美元）	138.4	174.7	217.6	300	406	566	777	922	1 034.2	684.6
营业额增长率（%）		26.23	24.56	37.87	35.33	39.41	37.28	18.66	12.20	
新签合同额（亿美元）	176.7	238.4	296	660	776	1 046	1 262	1 344	1 423.3	838.4
新签合同额增长率（%）		34.92	24.16	122.97	17.58	34.79	20.65	6.50	5.90	

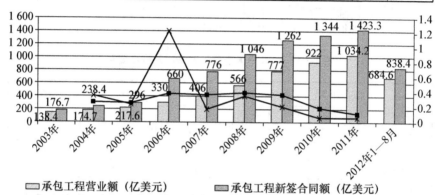

图 1—1　2003—2012 年对外承包工程统计

	上榜企业数量	完成营业额（亿美元）	225 家总营业额（亿美元）	中国企业营业额占比（%）
2008 年	51	226.78	3 102.5	7.31
2009 年	50	356.3	3 900	9.14
2010 年	54	505.91	3 837.8	13.18
2011 年	50	569.73	3 836.6	14.85
2012 年	52	627.08	4 530.2	13.84

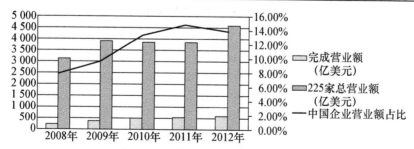

图 1—2　ENR 中国企业总体情况及规模变化

注：ENR 为杂志《工程新闻记录》（Engineering News-Record）英文首字母的缩写。

	上榜企业数	排名上升	排名下降	维持不变	新入选
2008 年	51	14	27	1	9
2009 年	50	25	21	0	4
2010 年	54	38	8	2	6
2011 年	50	23	19	6	2
2012 年	52	29	15	1	7

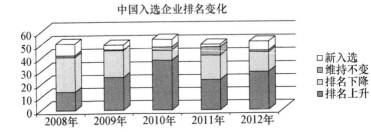

图 1—3　ENR 中国企业排名情况及排名变化

	上榜企业数	前 25 名	26～100 名	101～200 名	200 名以后
2008 年	51	2	11	28	10
2009 年	50	2	14	26	8
2010 年	54	3	14	29	8
2011 年	50	3	17	24	6
2012 年	52	4	16	25	7

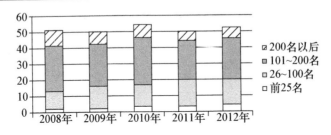

图 1—4　ENR 中国入选企业排名集中度

表 1—1　　　　　　　　企业境外投资和承包工程融资模式

序号	融资类型	模式	银行类型	中国信保	股东担保	备注
1	信用	出口信贷	商业银行	需要	不需要	
			中国进出口银行、国家开发银行	可选	不需要	
		公司融资	商业银行、中国进出口银行、国家开发银行	可选	不需要	
2	资产	公司融资	商业银行、中国进出口银行、国家开发银行	视情况而定	需要	

续前表

序号	融资类型	模式	银行类型	中国信保	股东担保	备注
3	项目	BOT PPP :	商业银行	需要	不需要	
			中国进出口银行、国家开发银行	视情况而定	不需要	

第二节　融资的重要性

　　2013年是中国加入世界贸易组织第12年，也是中国金融业履行承诺对外全面开放的第7年。这7年间，世界的经济格局发生了巨变；中国的经济全面快速发展，GDP更是跃居世界第二。在这个大的经济环境下，我国对外工程承包行业也有了长足的进步，随着国家"走出去"战略的实施，越来越多的中国建筑企业响应国家政策号召投身于国际工程承包市场参与国际竞争，积极开展国际工程承包业务。从初期的房建、路桥等劳动密集型领域逐渐扩展到冶金化工、机械电力、环境保护等资金技术密集型领域；从初期的劳务分包、结构分包等简单承包模式逐渐发展成行业主流的施工总承包模式；从初期承接几十万美元的小型施工项目到现在承接几十亿甚至上百亿美元的大型、特大型综合项目。我国对外承包工程企业承接的境外工程数量逐年递增，工程技术含量和规模不断提升，对外承包工程的整体水平迅速提高。据国家商务部合作司统计，"2011年我国对外承包工程业务新签合同额高达1 423亿美元，较2010年增长5.9%；完成营业额1 034亿美元，较2010年增长12.2%，继续保持稳步增长的态势。截止到2011年12月31日，我国对外承包工程业务累计完成营业额达5 390亿美元，实现新签合同额8 417亿美元"。

　　但我们也应当清醒地认识到，我国对外承包工程业是在低起点上发展起来的，与发达国家企业相比仍有很大差距。美国《工程新闻记录》杂志（ENR）2011 年的统计数据显示，2011 年度我国一共有 51 家建筑企业入围国际最大承包商 225 强，是上榜企业数量最多的国家，但入围的 51 家中国建筑企业海外营业收入的总和约为 570.6 亿美元，仅占全球海外工程承包营业收入总额的 14.9%，平均每家企业的海外营业收入约为 11.2 亿美元；而美国和欧洲国家共有 89 家承包商上榜，其海外营业收入占据了全球海外工程承包营业收入的 68.2%。除了经营规模上的差距外，与发达国家的承包商相比，我国对外承包工程企业在业务结构、经营模式等方面也暴露出诸多不足。当前国际工程承包市场的分工格局印证了上述差距：发达国家承包商凭借其技术和管理方面的优势占据工程承包产业链的高端市场，包括设计咨询、工程管理、项目运营等领域；而我国承包商主要集中在工程承包产业链的低端市场，例如工程施工、劳务派遣等领域，利用中国劳动力成本低的竞争优势，依靠低价竞标的经营模式生存，盈利水平长期在低点徘徊，经营风险也越来越大。

随着国际工程承包市场竞争程度的加剧，国际工程承包所提供服务的复杂程度也在日益加大。承包工程内容不再仅限于提供建设、设备供应、安装维护、人员培训等服务，还扩展到提供融资服务等方面。

融资能力和融资方案的安排，不仅体现了项目本身的可行性和重要性，还体现了承包商的综合实力和管理能力，并反映了承包商所在国政府对业主所在国的外交政策、外贸政策和其他政策的支持程度。目前，一些发达国家的大承包商凭借其自身经济实力及其所在国政府对出口信贷的支持力度等有利条件，在激烈的市场竞争中占据有利地位。

我国许多从事国际工程承包的企业主要由两部分组成，一部分是由国有外贸企业转型而来，通常称为窗口企业，此类承包商没有设计院和施工单位等实体,承揽到国际工程承包项目后分包给他人,此类承包企业的优势在于从事国际工程承包较早,商务和融资经验相对丰富,劣势在于对外报价要在分包商报价的基础上再加价,国际竞争力不足。另一部分承包商是从施工单位起家,20世纪90年代作为分包商跟着窗口企业"走出去"的实体承包企业,进入21世纪后,此类承包企业逐步走到前台,直接签一手单。此类企业的优势是在国际竞标类项目中价格优惠,商务履约能力强,劣势是商务和融资经验还有待进一步增加。

无论上述哪种承包企业,其共同的弱点是资金实力远不如国际知名承包商雄厚,资金实力的制约是造成与发达国家竞争对手存在差距的主要客观因素,融资问题已经成为我国国际工程承包发展的瓶颈。尤其是现阶段我国承揽的国际工程承包项目大部分集中在第三世界国家,资金紧缺是这些国家普遍面临的问题。因此,能否带资承包成了决定项目成败的核心问题,其次才是技术能力、管理经验、以往业绩、国际信誉等因素。因此,我国的国际工程承包企业必须拓宽融资渠道,以提高自身的国际竞争力。

第三节 融资面临的问题

虽然在我国的经济带动及政府扶持政策的驱动下,国际工程承包发展迅猛,但是量的增长并不能替代质的飞跃,如果我国政府、银行和承包企业三方都能从自身找不足,且不盲目乐观,我国的国际工程承包还会迎来一轮新的增长。诚然,推动国际工程承包行业发展的因素很多,本节仅就融资问题来做探讨。

当前,我国对外承包工程企业融资所面临的主要问题和障碍如下。

一、世界经济环境的不利影响

（1）在后金融危机时代，世界经济市场大环境不景气，而我国承包企业最主要的市场集中在发展中国家和地区，这些国家和地区的经济更加困难，使得国际工程承包企业的资金压力越来越大，从而对我国承包企业融资产生了不利影响。

（2）世界金融危机使得银行等国际金融机构对贷款和投资更为谨慎，对风险把控的程序也更为严格，把风险敞口都留给了承包企业。例如，国际上真正意义的项目融资，是基于对项目本身的还款能力的评估，银行直接给国外的项目公司贷款，但目前我国的银行全部要求项目公司的国内股东对其持有的股份提供担保，这就意味着一旦项目公司无法按期还款，我国的承包企业要代为归还。

（3）国内承包行业的饱和，使得越来越多的承包企业走向国际，承包企业的国际化水平参差不齐。尤其是某些刚刚"走出去"的承包企业为了占领市场，冒着亏损的风险低价竞争，报出的低价融资方案扰乱了国际工程承包融资市场的秩序。

二、我国支持企业"走出去"的力度还有待加强

虽然我国支持企业"走出去"的力度逐年加大，收效明显，但与欧美发达国家相比，还有一定差距。

（1）以我国现阶段最为优惠的贷款品种——政府优惠贷款为例，利率是 2%，贷款期限最长不超过 20 年。而某些发达国家的政策性贷款能达到 1% 甚至是零利率，这种行为完全是为了提高本国的承包商在国际市场上的竞争力，其利差可以通过承包商赚

取的利润和拉动本国产品出口等诸多方式补偿回来。

（2）中国出口信用保险公司的保险费率是由我国政府制定的，该公司只能在国家规定的基础上上浮而不能下浮，目前的保险费率在某些发展中国家还是难以被接受的。一些承包商，尤其是实体承包企业，为了养活几十万工人，使他们有活干，只能从商务合同中让利一部分给国外业主，作为保险费补贴。承包企业即便只有微薄的利润，也要取得该项目，在履约中一旦出现风险，微薄的利润将无法覆盖，进而导致亏损，对国家的利益同样会造成损失。

（3）对于国家当前最为鼓励的海外投资业务，按照所承担的保额每年末收取一次1%的保费，这样看似不高的保费累计下来相当于合同金额的8%～9%，对于海外投资企业来说负担较重。虽然财政部、商务部出台了对保费补贴的政策，但由于种种原因，并不是所有项目都能获得补贴。政府直接降低保险费率应是对海外投资商最有力的支持。

（4）审批效率有待提高，审批链条有待缩短。对于商业贷款项目，需要投出口信用保险，1亿美元以上的项目经中国出口信用保险公司审批后还要经财政部和国务院审批，贷款行通常也要通过信贷部门内和行里评审会的评审，签署贷款协议后还要满足若干要求才能放款。因此，一个承包工程的融资项目从立项到放贷通常需要一年左右的时间。

三、融资成本相对较高

（1）国内商业银行最重要的融资来源是企事业单位及居民存款。近年来，由于资本市场快速发展，存款理财化趋势明显，商业银行存款成本明显上升。此外，我国银行业对贷存比监管较为严格，随着同业竞争日趋激烈，商业银行揽存业务普遍产生直接或间接的加点现象，这也提高了存款成本。相比较而言，欧美银行业一方面由于基准利率较低，银行存款成本和从中央银行融资的成本相应较低；另一方面，欧美银行来自货币市场与资本市场的批发融资占有较大比重，而这类融资成本通常相对较低。对于我国的商业银行来讲，这种高成本就意味着银行报出的信贷价格会相应提高，这对于我国的国际工程承包商在国际市场上的竞争不利。

（2）对于某些受世界银行支持的国家，世界银行要求其对外举债的优惠度达到一定的要求，否则禁止其对外举债。我国的两优贷款有时也难以满足该要求，承包企业还是要让利，并采用一定的技术手段满足世界银行的要求才能取得项目。

四、承包企业自身能力有限

我国的大多数国际工程承包企业属于国有企业，存在很多历史遗留问题，如经营方式和经营组织落后、历史包袱较重、企业资产结构不合理等，这些传统的运营机制还都处于改革和运行之中。资产质量不高、资本金不足和资产负债比率过高等问题，使得商业银行望而却步。

五、熟悉融资的专业人才相对匮乏

国际工程承包是近几年飞速发展起来的，面对复杂的金融环境和业主的实际情况，在国内银行界真正具备丰富的经验，能为承包商提供切实可行的融资方案建议的人才不多，而承包企业内部的融资专家也屈指可数，即便是这些专家，大多也是在若干年的实践经验中不断总结，而在融资创新方面依旧缺乏思路，从这个角度考虑，它也制约了承包企业的国际竞争力。

综上所述，一个国家的综合国力、该国与世界经济的互补程度以及对该国市场的认同和认知程度可以影响其国际工程承包事业的发展。要使我国国际工程承包事业获得发展，必须着力于我国法律法规和政策的调整，企业自身竞争力的增强，以及银行业的发展。只有政府、银行、企业三方共同努力，才会让我国的国际工程承包业迎来下一个春天。

第四节 增强我国承包企业融资能力的策略

一、政府完善相应的政策法规，加大对承包企业融资的政策支持力度

在开拓国际工程承包市场的过程中，国家政策性金融机构的支持对本国工程承包商往往发挥至关重要的作用。日本著名的国际承包商清水建设公司、鹿岛公司以及大成公司在开拓国际工程承包市场时，均得到了诸如日本国际合作银行、日本进出口银行等政策性银行的融资贷款支持。上述政策性银行还专门建立了为承包商提供投融资的担保制度以及海外投资的保险制度，为承包商提供了资金保障。美国和欧洲一些国家的政策性银行在支持本国国际承包商开拓国际工程承包市场的过程中也都发挥了重要的作用。

（1）统一和完善各个政府部门的政策法规，使得各部门政策协调一致，加强沟通协调机制，更加高效便捷地履行政府审批手续。

（2）加强对国际工程承包企业的协调机制，充分发挥承包商会的协调作用，避免同业恶性竞争。

（3）进一步提高政府优惠贷款的力度，降低出口信用保险的费率，使我国的承包企业更具国际竞争力。

（4）缩短审批链条和审批时间。20世纪90年代，1亿美元的项目属于重大项目，需报国务院审批，而今1亿美元的项目在国际工程承包领域已属于中小型项目，因此政府应相应提高审批门槛。

（5）简化政府出台的对于国际工程承包和海外投资的补贴政策的审批手续，采用自行申报、政府核实、快速拨付、事后抽查的办法，使得政府对承包企业的支持快速到位。

二、金融机构加大对国际工程承包的支持

除了积极争取政府政策性金融机构的支持外，加强与国内外商业性金融机构的战略合作也是我国对外承包工程企业获取融资，以投融资带动工程总承包的经营模式开拓国际工程承包市场的重要方式。事实上，世界上一些知名的大型承包商都与商业性金融机构建立了长久的战略合作伙伴关系，例如美国AIG金融集团就曾先后与ENR国际承包商225强的诸多承包商建立了战略联盟，长期为它们提供保函、担保等金融服务。

（1）加快银行业自身的国际化进程，大力建立海外分支机构，通过收购、参股外资银行等方式获取国际资源和经验。

（2）尽快出台更多的适合国际工程承包的融资品种，抓紧学习发达国家的融资方式，不断进行融资创新，以满足承包企业的国际化需求。

（3）积极采用银企合作的模式开拓国际承包工程项目，扬长避短，扩大国际工程承包的商业信贷资源，为国际承包企业提供集中高效的信用体制。

三、加强我国国际承包企业自身能力的建设

（1）承包企业要加快改革的速度，尽快甩掉历史包袱，改善

财务报表，提高国际竞争力。

（2）加强与跨国企业的合作，灵活利用外资，通过融资创新的方式降低融资成本，借助外资的力量增强自身的融资能力。

（3）着力培养融资专业人才队伍。一方面自己培养，虚心学习，总结经验，进行融资创新；另一方面，引进国际化融资专家，在复杂的融资项目中提出更有效便捷的融资方案，凭借融资方案的优势打败竞争对手。

（4）组建金融公司，整合自身资源，提升融资能力。发达国家承包商一方面与商业性金融机构、政策性金融机构保持了良好的合作关系，另一方面，它们还组建了自己的财务金融公司，集中资金资源提升投融资能力，增强市场竞争力。2011 年 *ENR* 排名榜首的国际工程承包商——德国霍克蒂夫公司（Hochtief）就建立了自己的保险公司，负责为其实施的项目提供保险服务，以减少工程项目的经营风险；排名第 5 位的瑞典斯堪斯卡公司（SkanSka）也建立了自己的财务公司，负责为其实施的项目进行定期的风险评估以及提供融资支持等。我国对外承包工程企业也应整合自身的优质资源，逐步建立自己的财务金融公司，全面集中地管理企业资金，大力开展投融资活动，进而提升企业的融资能力。企业融资能力获得提升后，承包商就可以采用投融资带动对外工程总承包的经营模式参与那些原本无力涉及的大型或超大型工程项目。

总之，任何一家成功的国际承包企业之所以能够成功，不仅取决于其管理经验、技术支持以及它在商务交易中赢得的信誉，还要看它使用资金的能力和筹集资金的本领。国际工程承包业务是具有广阔发展前景且利国利民的事业，国家也给予了高度的重视，只要我们客观地承认自己与国际先进承包商的差距，并采取相关策略付出更多努力，相信我国的国际工程承包业务必然会迈上一个新台阶。

第二章

出口信用保险

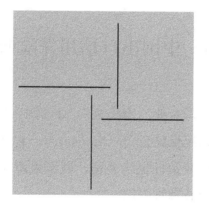

对于国际工程承包项目而言，无论项目管理、实施、内控多么成功，若业主最终没有付款，则意味着承包企业将承受巨额损失。解决这个问题的主要途径就是投出口信用保险，因为中国出口信用保险公司（以下简称中国信保）的赔付可以使承包企业至少保住本金，对于从事国际工程承包的大型央企避免国有资产流失尤为重要。

企业要承揽国际工程承包业务，就要为业主解决融资问题。除了政府优惠贷款以外，大部分商业贷款的银行都要求投出口信用保险，并把保险权益转让给银行，银行放款后，一旦出现逾期应收账款，银行可以直接从中国信保获得赔偿。因此，近几年来，出口信用保险在国际工程承包业务中扮演着越来越重要的角色。

第一节　中国出口信用保险概述

国家为了鼓励中国企业"走出去"，于2001年12月18日正式成立了中国出口信用保险公司（Sinosure），它是我国唯一承办出口信用保险业务的政策性保险公司，资本来源为出口信用保险风险基金，由国家财政预算安排。

自中国信保成立以来，出口信用保险对我国企业"走出去"的支持作用日益凸显。尤其在国际金融危机期间，出口信用保险充分发挥了稳定外需、促进出口成交的杠杆作用，帮助广大外经贸企业破解了"有单不敢接"、"有单无力接"的难题，在"抢订单，保市场"方面发挥了重要作用。截至2011年底，中国信保为上万家出口企业提供了出口信用保险服务，为数百个中长期项目提供了保险支持，包括高科技出口项目、大型机电产品和成套设备出口项目、大型国际工程承包项目等。同时，中国信保还带动100多家银行为出口企业融资超过7 500亿元。

中国信保的主要任务是积极配合国家外交、外经贸、产业、财政和金融等政策，通过政策性出口信用保险手段支持货物、技术和服务等出口，特别是高科技、高附加值的机电产品等资本性货物出口，支持中国企业向海外投资，为企业开拓海外市场提供收汇风险保障。

中国信保的业务范围包括：短期出口信用保险业务；中长期出口信用保险业务；海外投资（租赁）保险业务；进口信用保险业务；来华投资保险业务；国内信用保险业务；国内投资保险业务；与对外贸易、对外投资与合作相关的担保业务；国内担保业务；与信用保险、投资保险、担保相关的再保险业务；保险资金运用业务；应收账款管理、商账追收和保理业务；信用风险咨询、评级业务。

出口信用保险的险种多种多样，因各国的出口需要不同而各有差别。目前，我国的出口信用保险机构提供的产品大致分为三大类：短期出口信用保险、长期出口信用保险及海外投资保险等。具体保险的险种及承保范围将在后面章节给予详细介绍。出口信用保险的作用如图 2—1 所示。

出口信用保险的四个主要作用

1 风险保障功能

出口信用保险为企业提供风险防范和损失赔偿机制，帮助企业稳健经营。一旦发生损失，由出口信用保险机构给予企业经济补偿，避免企业产生呆坏账，维护企业权益，保证出口企业业务稳健运行。

2 市场拓展功能

巩固老客户，深度挖掘老客户的潜力
●更多的商业信用支持、更灵活的支付方式
●扩大交易量，维系长期合作
尝试新买家，筛选新客户，开发新市场
●资信调查评估
●买方调查、信用限额、收汇跟踪、理赔追偿

3 风险管理功能

出口信用保险帮助企业提高风险管理水平。企业通过投保出口信用保险可以获得更多买家信息，得到买方资信调查和其他相关服务，加强应收账款管理，提高自身信用评级和风险管理水平。

4 融资便利功能

中国信保同国内80余家银行有良好的合作，保单项下融资已成为众多企业的有效融资手段。

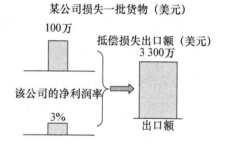

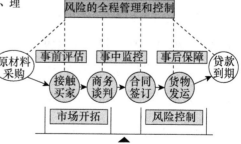

图 2—1 出口信用保险的 4 个主要作用

第二节　短期出口信用保险

短期出口信用保险一般情况下承保信用期限在 1 年以内的出口收汇风险，适用于出口企业从事以信用证（L/C）、付款交单（D/P）、承兑交单（D/A）、赊销（OA）为结算方式自中国出口或转口的贸易。

短期出口信用保险的主要产品品种有综合保险、统保保险、信用证保险、特定买方保险、买方违约保险及特定合同保险等。在中华人民共和国境内注册的有出口经营权或对外承包劳务经营权的企业，均可选择投保相应险种以获得风险保障及融资便利。

1. 综合保险

综合保险承保出口企业所有以信用证、非信用证为支付方式出口的收汇风险。它补偿出口企业按照合同或信用证规定出口货物或提交单据后，因政治风险或商业风险发生而导致的出口收汇损失。其特点是既承保信用证支付方式下的收汇风险，也承保非信用证支付方式下的收汇风险，承保范围大，保险费率低。

综合保险的承保范围包括：

（1）货物、技术或服务从中国出口或转口。

（2）支付方式为：不可撤销的跟单信用证（L/C）、付款交单（D/P）、承兑交单（D/A）或赊销（OA）等。

（3）付款期限：一般在 180 天以内，亦可扩展至 360 天。

（4）有明确、规范的出口贸易合同。

综合保险有一种附加险——短期出口信用保险，又称出运前保险，该险种可以承保企业出运前直接成本损失的风险，减少企业的坏账损失，同时满足企业出运前的融资需求，扩大融资空间，并提高企业的风险控制水平，提升企业的国际竞争力。

该险种的赔付对象为企业已经投入的原材料、人工成本等能够清晰核算和界定的直接生产成本。保险对投保人拟投保出运前保险的买家实行统保，出运前保险（附加险）和出运后综合保险（主险）实行整体费率和一体化收费，即出运前和出运后的保费同时收取。

目前，中国信保操作的特险项下的两张保单《特定合同保单》和《买方违约保单》，分别承保发运货物、提供服务后应收账款的风险和成本投入损失的风险。

《特定合同保单》用于出口贸易合同，但不包括一般短期的、成批量的货物贸易，比如五金配件、化肥等都不在此保单项下。纳入该保单项下的贸易主要是单独签订商务合同的交易，且该交易付款期限超过30天（2年以内），并有一定比例的预付款。该保单承担出运后，由于保单列明的商业风险和政治风险造成的直接损失，即发票列明金额的损失。这类贸易项下的货物具有采购期限短、转卖性强的特点。

《买方违约保单》主要用于采取分期支付方式的大型机电产品、成套设备或工程承包项目。产品或工程承包的特点是前期投入较大，转卖的可能性较小，一旦发生风险，成本投入损失较大。特别是在业主索赔保函的情况下，出口方的全部投入损失将由其自己承担。《买方违约保单》可以将材料采购、设计、运输、财务费用、人力工时等成本投入纳入保险范围。在投保阶段，投保人应按照实际情况填写成本投入预测表。如发生风险，保险人在核算企业损失时可按该企业实际投入核算，如预付款保函遭索赔，预付款可按投保人的自有资金投入核算。在已经发生的利比亚索赔案例中，保险人在核算企业损失时，未将有保函的预付款金额视为已收汇部分，而是视为企业成本投入部分。

2. 统保保险

统保保险承保出口企业所有以非信用证为支付方式出口的收汇风险。它补偿出口企业按合同规定出口货物后，因政治风险或商业风险发生而导致的不能如期收汇的损失。统保保险的适保范围与综合保险相同。

3. 信用证保险

信用证保险承保出口企业以信用证为支付方式出口的收汇风险。它补偿出口企业作为信用证受益人，按照信用证要求提交了单证相符、单单相符的单据后，由于政治风险或商业风险的发生而不能如期收汇的损失。

信用证保险的承保范围包括：

（1）货物从中国出口。

（2）支付方式为不可撤销的跟单信用证（L/C）。

（3）付款期限一般在 180 天以内，亦可扩展到 360 天。

（4）有明确的出口贸易合同。

4. 特定买方保险

特定买方保险承保出口企业对一个或几个特定买方以非信用证为支付方式出口的收汇风险，其承保范围与统保保险相同。但由于出口企业是选择性投保，所以费率相对较高。

5. 买方违约保险

买方违约保险专为中国出口企业而设。它承保出口企业以分期付款方式出口因发生买方违约而遭受损失的风险，其中，最长分期付款间隔不超过 360 天。它不仅适用于机电产品、成套设备出口，而且适用于国际工程承包和劳务合作。其特点是出口以分期付款为支付方式，分期付款间隔不超过 360 天。在中国境内注册的、有进出口经营权及国际工程承包和劳务合作经营权的企业，其机电成套设备出口、国际工程承包、对外劳务合作业务适用买方违约保险。

买方违约保险可以使投保企业享受多重利益：

（1）为机电产品和成套设备出口提供有力的风险保障，特别有利于企业拓展国际工程承包和劳务合作市场。

（2）合同执行期长，可长达 3 年。

（3）融资更便利，增强企业经营能力。

（4）赔偿比例由客户自行选择。

（5）量身定制承保方案。根据具体商务合同，设定相应的风险控制措施和承保范围。

买方违约保险的承保范围包括：

（1）货物或服务从中国出口。

（2）出口产品属于机电产品、成套设备、高新技术，或带有机电设备出口的对外劳务合作。产品价值中的中国成分不低于70％，船舶不低于50％。

（3）合同金额在100万美元以上，其中预付定金不低于15％。

（4）支付方式为：按工程或服务进度分期付款，最长付款间隔不超过1年。

（5）付款期限一般在180天以内，亦可扩展到360天。

（6）有明确的出口贸易合同，合同执行期不超过3年。

6. 特定合同保险

特定合同保险专为中国出口企业而设。它承保企业某一特定出口合同的收汇风险，适用于较大金额（200万美元以上）的机电产品和成套设备出口及国际工程承包和劳务合作。以各种非信用证为支付方式，付款期限在180天以内（可扩展到360天）。其特点为：投保针对特定出口合同，支付方式为非信用证。其收取的费用包括保险费、资信调查费、保单费。

特定合同保险可以使投保企业享受多重利益：

（1）便于投保企业更具针对性地锁定风险，特别方便出口企业开发新市场。

（2）支付方式灵活，可以是付款交单（D/P）、承兑交单（D/A）或赊销（OA）等。

（3）融资更便利，增强企业经营能力。

（4）赔偿比例由客户自由选择。

（5）量身定制承保方案。根据具体出口合同，设定相应的风险控制措施。

特定合同保险的承保范围包括：

（1）货物从中国出口。

（2）出口产品属于机电产品或成套设备。

（3）国际工程承包和劳务合作。

（4）合同金额在 200 万美元以上。

（5）支付方式为：付款交单（D/P）、承兑交单（D/A）、赊销（OA）等。

（6）付款期限一般在 180 天以内，亦可扩展到 360 天。

（7）有明确的出口贸易合同。

短期出口信用保险承保的风险一般包括政治风险和商业风险两类：

（1）政治风险。政治风险是指在买卖双方均无法控制的情况下，国外债务人（在商业信用付款条件下是国外买方；在信用证付款条件下是国外开证行或保兑行）所在国家或地区的政治、经济环境发生变动，造成国外债务人不能按时支付货款的风险。主要包括：买方或开证行所在国家或地区禁止或限制买方或开证行向被保险人支付货款或信用证款项；禁止买方购买的货物进口或撤销已颁发给买方的进口许可证；发生战争、内战或者暴乱，导致买方无法履行合同或开证行不能履行信用证项下的付款义务；买方支付货款需经过的第三国颁布延期付款令。由政治风险造成损失的最高赔偿比例为 90%。

（2）商业风险。商业风险是指在商业信用付款条件下国外买方或在信用证付款条件下国外开证行或保兑行由于出现信用问题致使被保险人发生收汇损失的风险。主要包括：买方破产或无力偿付债务；买方拖欠货款；买方拒绝接受货物；开证行破产、停业或被接管；单证相符、单单相符时开证行拖欠或在远期信用项下拒绝承兑。由破产、无力偿付债务、拖欠等商业风险造成损失的最高赔偿比例为 90%，由买方拒收货物所造成损失的最高赔偿比例为 80%。

第三节 出口买方信贷保险

出口买方信贷保险是在买方信贷融资方式下，出口信用保险机构（ECA）向贷款银行提供还款风险保障的一种政策性保险产品。在买方信贷保险中，贷款银行是被保险人。投保人可以是出口商或贷款银行。

出口买方信贷保险的承保范围主要包括政治风险和商业风险，即在买方信贷保险中，被保险人按贷款协议的规定履行了义务后，由于政治风险或商业风险导致借款人未履行其在贷款协议项下的还本付息义务且担保人未履行其在担保合同项下的担保义务而引起的直接损失，保险人根据保单的规定承担赔偿责任。

其中，政治风险包括：

（1）借款人所在国家（或地区）政府或其在贷款协议项下还款必须经过的第三国（或地区）政府颁布法律、法令、命令、条例或采取行政措施，禁止或限制借款人以贷款协议约定的货币或其他可自由兑换的货币向被保险人偿还贷款。

（2）借款人所在国家（或地区）政府或其在贷款协议项下还款必须经过的第三国（或地区）政府颁布延期付款令。

（3）借款人所在国家（或地区）发生战争、革命、暴乱。

（4）借款人所在国家（或地区）发生恐怖主义行动和与之相关的破坏活动。

（5）保险人认定的其他政治事件。

商业风险包括：

（1）借款人被宣告破产、倒闭或解散。

（2）借款人拖欠贷款协议项下应付的本金或利息。

出口买方信贷保险对出口商和项目有一定的要求，主要包括：

（1）出口项目符合双方国家的法律规定，且不损害出口国国家利益。

（2）出口商是在出口国注册的具有出口经营权的法人，财务状况良好。对于大型工程承包项目，出口商应具有相关资质和项目经验。

（3）出口的商品主要为出口国生产的资本性货物。出口的成套设备或机电产品的中国成分应占产品的 70% 以上，船舶及车辆类产品的中国成分不低于 50%；对商务合同金额有最低要求。

（4）对于进口商现汇支付比例，船舶产品在交船前不低于贸易合同金额的 20%，成套设备和其他机电产品一般不低于合同金额的 15%。

（5）还款期一般在 1 年以上，机电产品还款期一般不超过 10 年，大型项目还款期一般不超过 12 年。

（6）进口国政局稳定，经济状况良好。

（7）贷款人和担保人资信在保险公司的可接受范围之内。

（8）项目的技术和经济利益可行并符合出口国的有关政策。

出口买方信贷保险的贷款协议应符合以下条件：

（1）贷款协议的成立应符合协议双方国家法律和金融监管的规定。

（2）还款期在 1 年以上，一般机电产品还款期原则上不超过 10 年，电站项目还款期不超过 12 年。

（3）贷款利率应参照同类贷款的市场利率水平，采用其他利率方式应符合中国出口信用保险公司的有关规定。

（4）贷款货币为美元或其他中国出口信用保险公司接受的货币。

出口买方信贷保险各方的合同关系如图 2—2 所示，投保单参见附件1。

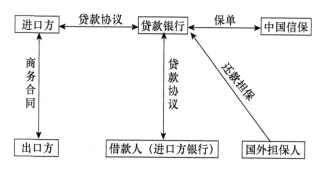

图 2—2 出口买方信贷保险各方的合同关系

第四节 出口卖方信贷保险

出口卖方信贷保险是在卖方信贷融资方式下，出口信用保险机构（ECA）向出口方提供的用于保障出口商收汇风险的一种政策性保险产品，对因政治风险或商业风险引起的出口商在商务合同项下应收的延付款损失承担赔偿责任。

中长期出口信用保险支持的一些出口项目大多具有金额大、期限长、地区集中度高等特点，而且多集中在亚非拉等发展中国家，因此出口商面临的风险也比较大。由于各国出口商都不愿放弃在经济欠发达国家存在的巨大市场潜力和发展机遇，因而这些市场上的竞争也比较激烈。在这种情况下，进口商大多要求出口商提供延期付款等交易方式来缓解自己的资金压力。不同于买方信贷项下出口商签订的即期收汇合同，在卖方信贷项下，国内的出口企业面临着即期收汇还是延期收汇的两难选择，若坚持传统的贸易条件，则最后很有可能丧失扩大市场份额的机会；若提供给进口商延期付款的便利，获得宝贵的订单，则要承担巨大的商业风险和政治风险。此时，出口商投保出口卖方信贷保险就可以帮助其在转移收汇风险的同时，增加与进口商的贸易机会。

出口卖方信贷保险承保的范围主要包括政治风险和商业风险。

政治风险包括：

（1）债务人所在国家（或地区）政府颁布法律、法令、命令、条例或采取行政措施，禁止或限制债务人以贷款协议规定的货币向被保险人偿还债务。

（2）债务人所在国家（或地区）政府颁布延期付款令，致使债务人无法履行其在贷款协议项下的还款义务。

（3）债务人所在国（或地区）发生战争、革命、暴乱或保险人认定的其他政治事件。

商业风险包括：

（1）债务人违约，拖欠贷款协议项下应付的本金和利息。

（2）债务人破产、倒闭、解散和被清算。

出口卖方信贷保险对出口商和项目有一定的要求，主要包括：

（1）出口项目符合进出口双方国家的法律、法规，且不损害我国国家利益。

（2）投保时，进口国的政治风险应属中国出口信用保险公司可接受风险的范畴，且投保金额不超过投保时进口国国家限额的余额。

（3）买方及担保人信用较好。

（4）投保人是在我国注册的具有相关出口经营权和资质的法人。在与中国出口信用保险公司的合作经历中，不存在不良记录或违约行为。

（5）出口标的应主要为我国生产的资本性货物、半资本性货物和与之相关的服务。船舶类产品的中国成分一般不低于50％；其他机电产品、成套设备的中国成分一般不低于70％；海外工程承包项目的中国成分应符合国家有关规定。

（6）出口项目技术可行，经济效益较好，且符合进口国的环保规定。

（7）商务合同金额应不低于 100 万美元。

（8）商务合同应规定有一定比例的现汇付款或预付款。船舶类产品交船前进口方现汇支付比例不低于合同金额的 20%，其他机电产品、成套设备的预付款比例一般不低于合同金额的 15%。

（9）延付期自商务合同约定的买方第一笔还款日起，至最后一笔还款日止，一般不超过 10 年，大型项目最长不超过 12 年。宽限期为商务合同生效至延付期开始之前的期限，视项目的规模和复杂程度而定，但原则上不应超过建设期或发运期 2 年。项目信用期最长不超过 15 年。

（10）买方延期付款利率应反映市场的利率水平，原则上不应低于融资成本。

出口卖方信贷保险各方的合同关系如图 2—3 所示，投保单参见附件 2。

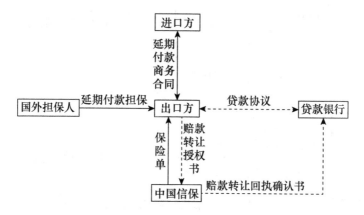

图 2—3　出口卖方信贷保险各方的合同关系

第五节　海外投资保险

海外投资保险是一种政府提供的保证保险，其实质上是一种对海外投资者的"国家保证"，由国家特设机构或委托特设机构执行，国家充当经济后盾，针对的是源于国家权力的国家危险，而这种危险通常是在商业保险的承保范围之外。海外投资保险是非营利性的政策性险种，旨在鼓励企业对外投资，为海外投资企业由于政治风险和信用风险所产生的各种不确定性损失提供保障。

海外投资保险可以分为股权投资保险和债权投资保险两大类，两者的比较分析如图 2—4 所示。

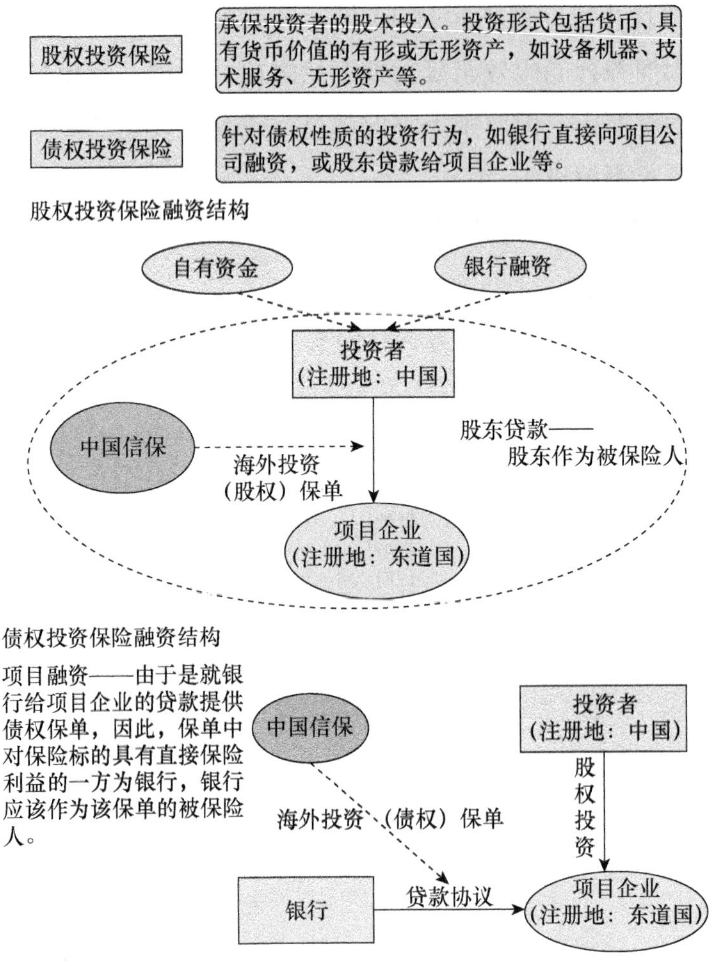

图 2—4　股权投资保险和债权投资保险比较分析

海外投资保险的承保范围包括：

（1）汇兑限制。汇兑限制指投资所在国政府采取的阻碍、限制投资者把当地货币兑换为投资货币或汇出投资所在国的措施，或者使投资者以高于市场汇率的价格将当地货币兑换为投资货币或汇出投资所在国的措施。

（2）征收。征收指东道国政府采取国有化、没收、征用或未经适当法律程序的行为等措施，剥夺被保险人或投资企业对投资项目的所有权和经营权，或剥夺被保险人或投资企业对投资项目资金的使用权和控制权。

（3）战争及政治动乱。战争指投资所在国发生的战争、革命、暴乱、内战、恐怖活动以及其他类似战争的行为。战争项下的保障范围包括因战争造成的项目企业有形财产的损失和因战争行为导致投资企业不能正常经营的损失。

（4）政府违约。政府违约指东道国政府违反或不履行与被保险人或投资企业就投资项目签署的有关协议，且拒绝按照仲裁裁决书中裁定的赔偿金额对被保险人或投资企业进行赔偿的行为。

（5）承租人违约。承租人违约指承租人因不可抗力以外的原因，不能向被保险人或出租人支付《租赁协议》下应付租金的行为。

通过投保海外投资保险，可以实现以下功能：

（1）补偿损失。海外投资保险为投资者因遭受政治风险而产生的投资损失提供经济补偿，维护投资者和融资银行的权益，避免因投融资损失而导致坏账等财务危机。

同时，中国信保对项目的介入和参与，可以在某种程度上有效规避政治风险。中国信保以中国政府为依托，可以通过承保项目对东道国施加影响，从而降低项目被征收和政府违约等风险。在出现投资纠纷后，中国信保可以借助外交等手段协助化解投资者和有关政府之间的纠纷，最大程度防范风险发生。

（2）融资便利。海外投资风险高、融资难度大是跨境投资者所面临的一个普遍问题。海外投资保险通过承保政治风险，在为投资者提供融资便利的同时也降低了其融资成本，帮助投资者获得较为优惠的信贷支持。

中国信保积极参与国际资本市场的运作，与众多国际性投资银行和商业银行等金融机构建立了紧密联系，为投资者提供多渠道、多样化的融资支持服务。

（3）市场开拓。在海外投资保险保障的基础上，配合中国信保专业化的投融资风险管理服务，投资者可以更有信心地开拓新市场、投资新项目，从而分散投资风险、增强企业的国际竞争力。

中国信保定期发布并更新190个主权国家的《国家风险分析报告》，为政府部门和投资者提供国别风险分析服务。

中国信保还对重点国别进行考察研究，了解当地投资环境，收集项目信息，并与有关国家的政府签订合作协议，不断增强风险防范能力。

（4）提升信用等级。海外投资保险通过承保特定风险，降低投资者和融资银行承担的风险，提升投资者和被保险债权的信用评级，增加债券和股票的投资吸引力，为投资者赢得更具竞争力的发展空间。

（5）风险管理。作为政策性金融机构，中国信保与国家有关部委、金融机构保持着密切联系，能及时获取各国政治经济最新动态和投资环境状况的信息。作为专业的政治和信用风险管理机构，中国信保与国际多家资信调查和评估机构建立了联系。作为伯尔尼协会的正式成员，中国信保与各成员国机构实现了信息共享和业务合作；作为国内唯一开展投资保险业务的专业机构，中国信保拥有丰富的项目承保经验和先进的承保技术，可以帮助投资者提升风险管理水平，提高项目抵御风险的能力，及时化解投资风险，适当防止和控制损失发生。

第六节　各种险种的比较

中国信保所拥有的保险产品概况如图2—5所示。

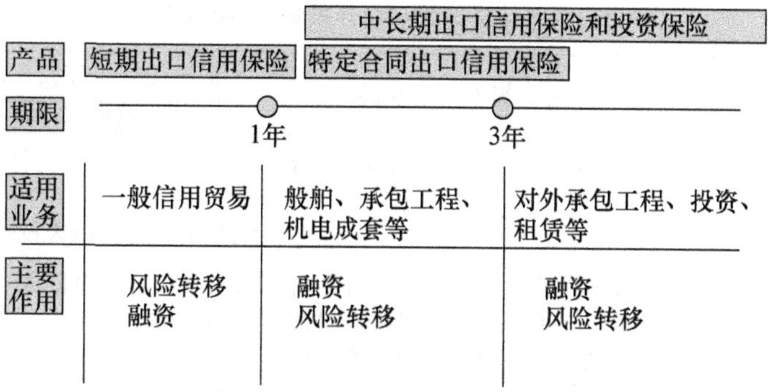

图 2—5　中国信保保险产品概览

为了读者能准确地掌握各种保险险种的特点，下面分别列表予以比较和说明。

（1）出口信用保险与商业保险的比较见表 2—1。

表 2—1　　　　　出口信用保险与商业保险的比较

名称	出口信用保险	商业保险
性质	政策性	商业性
目的	支持出口	利润最大化
标的	合同权益	人身、财产
政策	外经贸、外交	公司自身发展战略
风险	国家政治和商业信用	意外事故、自然灾害
承担风险者	政府	保险公司
法律管辖	专门法规	保险法
办理机构	中国信保公司	多家经营

（2）中长期出口信用保险三种产品的比较见表 2—2。

表 2—2　　　　　中长期信用保险三种产品的比较

	出口买方信贷保险	出口卖方信贷保险	再融资保险
被保险人	贷款银行	出口商	融资银行
保险标的	贷款协议	商务合同	应收款凭证
赔付比率	95%	90%	95%
保费计算基础	贷款本息之和	延付金额与延付利息	买断应收款金额
商务合同付款形式	即期付款	延期付款	延期付款

（3）出口买方信贷保险与海外投资保险的区别见表 2—3。二者的本质区别：出口买方信贷保险保的是交易行为，海外投资保险保的是投资行为。

表 2—3   出口买方信贷保险与海外投资保险的区别

	出口买方信贷保险	海外投资（债权）保险（金融机构适用）
是否与 EPC 合同挂钩	是，融资金额通常为商务合同金额的 85%	否，融资金额以项目公司资金需求为准 银行贷款行为视为投资行为
损因/承保风险	政治风险：汇兑限制、延期付款、战争、革命、暴乱、恐怖活动及保险人认定的其他政治事件 商业风险：拖欠、拒付、破产、倒闭或解散	政治风险：汇兑限制、征收、战争及政治动乱 附加险：违约
赔付比例	95%	政治风险：95% 违约：90%
费用	保险费	保险费 承担费
收费方式	一次性收取或在建设期内分期支付	在承保期限内每年收取
是否需要国内企业提供反担保	通常不需要	对于中国信保公司不能承担的风险（如商业风险），需要国内企业（投资方）提供反担保

第七节　出口信用保险的使用及相关注意事项

一、投出口信用保险的重要性

就国际工程承包而言，除政府优惠贷款以外，其他融资项目基本都要投出口信用保险，大多数情况下，只有投了出口信用保险，才有可能得到银行的融资。

只要承包企业在中国信保投保并在国外履约完毕，拿到业主的验收证明，外方无论出于何种原因拒付账款，中国信保都会将逾期账款的 90% 予以赔付（特殊约定项目除外），因此可以避免总承包企业血本无归的风险。尽管只采用 90% 的赔付率，即中国信保只保证承包企业的成本回收，但仍然对企业"走出去"大有帮助。尤其是对央企而言，避免重大项目的应收账款逾期，避免国有资产流失，对央企业绩考核和风险管理具有重要作用，因此目前投保已成为国际工程承包中一个不可或缺的环节。此外，当我们采用出口信贷时，如果不投出口信用保险，并将保险权益转让给银行，银行不会放款。

二、询保

承包企业在项目跟踪的初期，应及时与中国信保沟通，询问项目所在国别是否还有额度，国外业主提供的担保方式是否可行，保险费率大致是多少。项目进展到一定程度时，如果有可能，尽量请中国信保的工作人员随同考察，直接与国外业主商谈保险事宜。中国信保承保的项目原则上需要国外主权担保，但也不是一概而论，如果业主的实力较强，或用项目本身的还款来源足以覆盖风险，中国信保也可以提供保险。在这种情况下，如果中国信保的工作人员能在国外与业主面对面地沟通，及时寻找符合中国信保要求的担保方式，则会大大节约项目推进的时间。

三、审批

一般来说，当中国信保有初步意向承保某个项目时，会出具项目承保意向书，该意向书仅供推进项目使用，并不表示中国信保一定对该项目承保，最终要以签订保险合同并支付保险费作为保单生效条件。信用保险的审批权限如下：3 000万美元以下的项目由中国信保内部的评审会审批通过即可；3 000万美元以上或是超出国别限额的项目在中国信保内部的评审会通过后，还要报财政部审批；大于1亿美元的项目，在财政部审批通过后，还要报国务院审批。

由于如今的国际工程承包项目大部分都在1亿美元以上，因此审批流程相对较长，需要承包商及早与中国信保沟通，并采用中国信保审批与融资审批同时进行的方式，以节省融资时间。例如，银行可以在承包企业未拿到保单的情况下先行审批，只要在银行的批贷条件上注明需要中国信保的保险即可。否则，保单生效后再去谈融资就会大大地延误项目融资的进度。

四、关于保费

如果采用卖方信贷，则投保人是承包企业，由承包企业支付保费。如果采用买方信贷，则投保人是国外业主，保费也应由国外业主承担。如果项目采用政府优惠贷款，则无须投保。

出口信用保险费率是由财政部根据不同的国别风险制定的，业主所在国的政治、经济风险越大，收汇期限越长，则保费费率越高。一般来说，我国国际工程承包企业主要市场的保费费率标准在4%～6%之间。

有些人会问，一些国际保险公司保费的报价是1%左右，为什么中国信保对国际工程承包项目的费率高出那么多？答案是二者的保费收取方式有所不同，中国信保是在保单生效前一次性收取保费，而大部分国际保险公司是按照年末应收账款余额的1%分次收取的，总费用累积下来大大超过了按照中国信保的收费标准所收取的费用。

保费的收取标准是根据被保险国国别风险的高低由财政部统一规定的，基础费率没有下浮的空间，中国信保也没有下浮的权限。对于期限很长、风险较大的项目，经过中国信保的风险委员会评审，还要在基础费率的标准上适当上浮。对于个别国家，如果对保费实在接受不了，可采取如下方式：

（1）缩短收汇期限，由于保的年限缩短，保费可以降低。

（2）将还款比例向前倾斜，例如，在前 5 年还款 70％，保费可以降低。

（3）保费也可申请贷款支付。

保费一般是在保单生效前一次性收取的，但是对于金额巨大或有其他特殊原因，一次性支付有困难的，中国信保也可以分期收取，但要符合相关制度的规定，一事一议，并经过严格的审批流程。

五、保单生效

保单生效后，承包企业要认真阅读保单，涉及自身的义务要落实到相关部门或责任人。例如，承包商应定期向中国出口信用保险公司以书面形式通报项目执行进展情况，如出现逾期应收账款，也要及时以书面形式说明情况。如拟提赔，还要报提赔申请。绝不能认为投了保就万事大吉，对项目相关情况不闻不问，导致中国信保错过追偿的最佳时机。保单明确规定如承包企业不履行其义务，中国信保是有权拒赔的。

六、赔付

承包企业履约完毕，拿到项目验收证明后，进入还款期，一般每半年还款一次，等额偿还。无论是因为项目所在国出现风险，还是业主资金周转困难，只要未能到期收汇，承包企业都有权向中国信保提赔，赔付率为 90％。因此，在投了出口信用保险后，只要承包企业在国外履约完毕，无论何种原因，中国信保都将予以赔付。其中，如果采用卖方信贷的方式，则受益人是承包企业；如果采用买方信贷的方式，受益人一般是银行。需要注意的是，承包企业在收到赔付后仍有义务协助中国信保进行追偿及债务重组等工作。因为一旦中国信保赔付了项目款项，就会启动理赔追偿手续，承包企业要积极地与中国信保合作，配合中国信保追回账款，这一方面可以维护国家利益，另一方面可以使企业在中国信保树立良好的形象，便于将来继续得到中国信保在其他项目上的支持。

七、关于特险

传统的中长期信用保险已深为大多数国际工程承包企业所熟悉，对于卖方信贷而言，承保范围涵盖建设期和还款期全过程，但对于买方信贷而言，此险种的承保条件是债权成立，即承包企业拿到验收证明并进入还款期后，外方由于种种原因不能还款，中国信保会予以赔付。如遇到利比亚这样的情况，即在建设期间突然发生战争而无法施工，承包企业也没有拿到验收证明，则买方信贷保险是不予赔付的。而中国信保的特险则涵盖这一范围，但在实际操作中了解并投了特险的企业寥寥无几。鉴于当今世界政局的不稳定性，建议企业应将这两个险种结合起来，同时投保。只有这样才能覆盖企业的全部风险。

特险投保单参见附件 3。

八、其他

第一，市场布局的设置要适当，要与国家的政策导向相一致。由于我国承揽的国际工程承包项目大部分在发展中国家，这些国家因为经济实力不强，国别限额不大，而中国的承包企业往往喜欢"扎堆"，一旦一个承包企业成功进入某个国别市场，其他企业就会蜂拥而至。之所以出现这种现象，是因为让某个国家了解中国的信保、贷款、审批程序，认可中国的保险条款、信贷文本等法律文件并非易事。可是一旦某个企业运作成功，其他企业的后续项目自然容易得多。但是，这就会出现有的国别限额不够用，有的国别限额又有富余的情况。

因此，企业在确立市场导向和战略布局时，一方面要考虑本企业的实际情况和优劣势，另一方面也要与中国信保充分沟通，及时了解中国信保每年重点支持的国别和领域。由于中国信保是政策性保险公司，在很大程度上代表了国家的政策导向，因此，只有与国家的政策导向相一致，项目才容易获批，并最大限度地得到国家的政策支持。

第二，要注重创新。几年前，中国信保承保的大部分是国外主权担保的项目。而今，随着市场的变化，尤其在拉美地区，由于受当地法律的限制，想得到国家主权担保的可能性很小。因此，必须探求其他担保方式，既要使风险降到最低，又要使国际工程承包项目成行。近几年来，中国信保也在不断地寻找新的担保方式。例如，利用项目本身的购电协议（PPA）担保，利用资质较好的业主提供担保，利用国际排名相对靠前的银行提供担保，利用资源抵押担保，等等。承包企业也要配合中国信保，与时俱进，结合当今的政治经济形势，不断地探索和尝试新的担保和融资模式，只有这样，才能在当今这个竞争激烈的国际工程承包市场上立于不败之地。

第三，承包企业要随时关注中国信保的动态，及时掌握相关的政策信息。中国信保有一本定期向企业赠送的内部杂志，企业相关人员应仔细阅读。企业日常所接触的部门主要是中国信保的前台部门，与中国信保的后台管理部门接触不多，通过这本杂志不仅可以了解到中国信保的管理思路、国家政策导向，对市场布局具有指导性的意义，还可以看到其他企业的先进案例分析、创新模式分析，为融资创新开拓思路。更重要的是，可以读到中国信保出险的案例分析，避免重蹈覆辙。

第四，建议大型企业集团与中国信保签署战略合作协议。签署战略协议能使双方互惠互利。一方面，企业在有限的资源平台上可以得到比其他小企业更多的支持；另一方面，大企业集团长期稳定的投保需求可以为中国信保带来稳定的保费收益。

综上所述，中国信保是国际工程承包企业在"走出去"过程中不可或缺的有力支持，企业要充分利用这个国家给予的政策平台，随时了解中国信保的创新品种，真正使中国信保的险种服务于企业，在激烈的国际工程承包市场竞争中立于不败之地。

第八节　中国信保的服务和优势

中国出口信用保险公司作为我国唯一的支持企业"走出去"的政策性保险公司，所具有的优势如图2—6和图2—7所示。

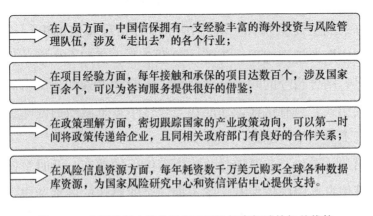

在人员方面，中国信保拥有一支经验丰富的海外投资与风险管理队伍，涉及"走出去"的各个行业；

在项目经验方面，每年接触和承保的项目达数百个，涉及国家百余个，可以为咨询服务提供很好的借鉴；

在政策理解方面，密切跟踪国家的产业政策动向，可以第一时间将政策传递给企业，且同相关政府部门有良好的合作关系；

在风险信息资源方面，每年耗资数千万美元购买全球各种数据库资源，为国家风险研究中心和资信评估中心提供支持。

图2—6　中国信保在海外承包工程及投资领域的相关优势

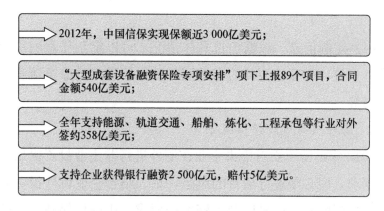

图 2—7　中国信保在支持企业出口方面发挥的巨大作用

目前中国信保设立了四个营业部，采用客户经理制，将企业进行分类，实行一条龙服务，企业不分业务品种，只需与客户经理联系，即可得到全方位的服务。

除了传统的业务之外，中国信保还有一些延伸服务，对于刚刚"走出去"的企业可以提供一揽子服务，对于那些"走出去"很早的企业，当其遇到疑难复杂的融资类项目时，中国信保可提供专项的保险和融资服务。主要内容包括：

1. 潜在海外项目信息服务

结合企业在"走出去"过程中遇到的市场问题，中国信保利用自身的优势，开发了众多潜在项目信息渠道，收集了大量潜在项目信息。

2. 企业"走出去"的基础信息服务

（1）国别信息。利用中国信保国别风险研究中心及全球相关的国别数据库信息，可以获得任意国别的宏观、中观及微观报告服务，内容包括国别概况、宏观经济、政策、法律、劳工、环保等。

（2）行业信息。利用中国信保资信中心行业研究团队的力量，结合承保数据及全球行业数据库，可以定制任意国别及指定行业的专题报告，为企业的经营及决策提供信息支持。

（3）企业信息。可以根据企业需求，提供全球 200 余个国家的企业资信报告，帮助企业在项目初期核实境外企业的资信状况。

（4）定制信息。根据项目具体情况，可以定制任意国别相关的信息报告，如项目涉及的东道国行政主管部门的办事流程、监管格局等。

3. 海外项目风险评估服务

2012年，国资委对中央企业在境外进行非主业投资提出了明确的要求，即必须进行项目的风险评估。结合企业境外投资和承揽工程遇到的实际情况以及国资委的要求，中国信保利用风险管控方面的经验和优势，以及在项目承保经验、信息渠道、国别风险研究、人才等方面的优势，推出了境外项目风险评估服务。

不同于法律、财务等专项尽职调查服务，项目风险评估从国别、行业、技术、环保、劳工、社区、宗教和民族等非技术类风险分析入手，帮助企业在投资和承包工程前了解在东道国执行项目的潜在风险，从而防范、规避和转移风险。项目风险评估服务是企业"走出去"过程中风险管控的得力助手。

4. 项目融资咨询服务

项目融资咨询服务，是中国信保资信评估中心（SinoRating）结合中国信保项目承保经验，与国内外金融机构协调合作，为项目企业量身定制最佳融资方案，降低融资成本，在保证融资方案可行的前提下，实现企业项目收益最大化的一种服务。具体内容包括：

（1）融资前期资料准备。协助企业完成或审阅融资前的各类报告，包括但不限于买方信贷申报相关资料、银行信贷相关资料、主要部委申报材料等基础报告。

（2）协助企业选择合适的银行。组织银行、企业共同研讨融资模式及担保条件。

（3）以项目融资顾问或风险顾问身份介入早期谈判。协助企业争取有利条件，在融资关键节点落实金融机构支持函。

（4）提出多种融资方案建议。从项目结构、融资模式、资金使用及担保安排等方面，提出多种融资方案建议，分析各种方案的成本及优劣，最终提交可行的融资方案并协助企业落实融资。融资方案具体结构见图2—8。

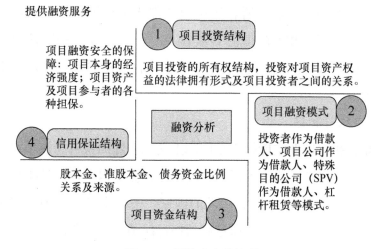

图 2—8　融资方案结构图

5. "走出去"培训服务

中国企业"走出去"已经成为趋势和潮流，国内市场饱和、产能过剩等因素促使企业寻求海外拓展。"走出去"面临诸多风险，尤其刚刚"走出去"或者经验不多的企业面临着策略方法、市场、融资、风险等问题。通过培训帮助企业解决的问题包括识别国别风险、法律风险、环保风险、安全风险、劳工风险、汇率风险等内容。

第九节　常见的问题及解决方式

一、中国信保可以接受什么担保方式

通常客户投出口信用保险时，一定要提供某种形式的担保。以出口买方信贷保险为例，国外业主向中国信保投保，必须提供相应的还款保证，中国信保接受如下保证：

1. 主权类担保

主权类担保即业主所在国的财政部或央行提供担保，这类担保主要针对资信相对较低的 D 类国家。一旦出险，中国信保赔偿受益人的损失后，可以通过国与国之间的主权进行交涉，从而收回欠款。

2. 银行担保

银行担保即业主能提供在国际上信誉较好的银行为该项目开具的信用证、保函，或采用银行转贷的方式提供担保，此类担保主要针对信用评级属于 A，B，C 类的国家。一旦出险，中国信保在赔偿受益人的损失后，可以通过启动银行保函等方式获得追偿。

3. 公司担保

此类担保主要针对信用评级属于 A，B，C 类的国家。国外业主可以由其母公司或其他财务报表情况较好的公司为该项目提供担保。一旦出险，中国信保在赔偿受益人的损失后，可以通过对担保公司的追偿弥补损失，显然，由于身处异国，这种追偿方式的难度明显高于前两种担保方式。

4. 项目本身提供担保

此类担保主要针对采用项目融资方式的国际工程，例如建一个水电站，由于成立了项目公司，事先签好了购电协议（PPA），建成后该公司可以有稳定的现金流入，因此该项目本身就可以提供担保。

5. 其他

此类担保主要针对信用评级属于 A，B，C 类的国家，包括以下几种：

（1）资源类担保。具有能源资源的国家可以用该资源为国际工程承包项目提供担保，一旦出现风险，中国信保可以收回资源来弥补损失。

（2）销售合同担保。例如加纳盛产可可豆，中国的某公司每年固定从该国采购一定数量的可可豆，这一采购合同可以抵押给中国信保，用于中国承包企业在加纳承揽的国际工程承包项目的担保。

（3）资产抵押、质押。如果国外的业主有足够的资产，那么可以用于该国际工程承包项目的还款担保。

（4）PBG，PCG，PRG 担保方式的比较见表 2—4。

表 2—4 　　　　　　　　　PBG，PCG，PRG 担保方式的比较

	PBG（政策性贷款担保）	PCG（部分信用担保）	PRG（部分风险担保）
条件	用于国际复兴开发银行（IBRD）提供的发展政策性贷款（DPL）项目，即项目采用 DPL 和商贷联合融资模式	用于延长信用期限和改善融资条件	用于 BOT、PPP、特许经营等私人项目
特点	可循环使用	可接受气球式还款；可覆盖部分信用期限和部分本金或者利息的偿付	担保由于政府行为导致的贷款协议项下借款人的违约，包括法律变更、政府违约、阻碍仲裁、征收和国有化、汇兑限制、拒绝审批或者发放许可等
币种	本外币均可	本外币均可	本外币均可
费用	1. Front-end Fee：保额的 0.25% 2. Guarantee Fee：未偿还贷款总额的 0.5%		

二、超过中国信保的承保年限怎么办

一般来讲，中国信保的承保期限最长不超过 15 年，即

提款期（建设期）＋还款期≤15 年

如果超过了，可以采用如下方式解决：

（1）中国信保承保信用期限前 15 年的风险，余下风险由银行自行承担。对于大部分项目，由于前 15 年已完成了大部分还款，

余下的大多是企业或银行的利润，因此，有些银行愿意冒险承担15年之后的还款风险。

（2）经中国信保评估，如果项目和国别均较好，且延长信用期确属必要，可考虑有所突破，特事特批。

（3）中国信保与其他担保或保险机构合作。

三、预付款达不到15%怎么办

根据中国信保的规定，国外业主的预付款不能低于15%，如果低于15%，保险费率将相应上浮。但是对于某些特殊的国家，若拿不出预付款，该商务合同需要100%融资怎么办？解决方法如下：

（1）中国信保保险覆盖商务合同金额85%的本息，另外15%不保险，通常可通过与借款人有业务往来的国际性银行的授信来解决。

（2）中国信保与国际组织合作，国际组织就15%的预付款融资提供担保。

（3）对两国有重要意义的战略项目，经政府指示，中国信保保险可全覆盖，特事特批。

四、对于风险较高国家或未建交国家（E类）的项目怎么办

通常，中国信保对于风险较高国家或未建交国家（E类）的项目是不予承保的，如拟在这些国家从事国际工程承包项目，可通过如下途径解决：

（1）对于重大战略性项目，如与能源资源进口相挂钩的项

目，可特事特批。

（2）对于未建交的国家，可向商务部报文，如能获得商务部与外交部协商后表示明确支持意见的意向函，中国信保也可承保。

五、融资综合成本没有竞争力怎么办

融资综合成本（all-in cost）包括利息、管理费、承担费、保险费及其他费用。

如果中方报价较其他机构较高，影响企业中标，建议企业拿到相关书面佐证材料，中国信保在研究相关材料的基础上，可就费率作专门申请。

六、现有的险种不能满足国际工程承包业务的需要 怎么办

中国信保有专门服务于企业的团队，若国际工程承包项目遇到特殊情况，可以向中国信保申请，由其与后台部门及产品研发部门沟通，为单个项目量身定制保险模式，以满足中国企业参与国际竞争的需要。

📚**案例分析**

案例1　　　　　　　　　　A国一揽子电站项目

一、项目背景

（1）A国长期缺电，2003年曾经发生5个省28个地区大面积长时间停电的事故。近年来，新的电力需求大量增加，A国电力部门却无法充分满足新增需求，民众和经济部门对此普遍存在

不满情绪。A国85%左右的电力由A国国家电力公司（简称"PLN"）拥有，发电领域垄断色彩浓重；在电力生产结构上，成本较低的水力、地热发电仅占15%左右，天然气发电占30%左右，燃油和燃煤发电占50%左右，已有发电能力的挖潜已到尽头，设备老化问题不同程度地存在。

现任政府自2004年10月上台以来，整体运作稳定，民意支持度良好，国内经济增长看好，投资和出口都有起色，但在提高政府效率、铲除腐败、消除贫困方面仍无实质性突破。着眼于2009年大选，2006年初该任政府规划了1 000万千瓦一揽子燃煤电站项目（以下简称"一揽子电站项目"），希望借此显示政府解决民众实际问题的能力，奠定下次胜选的基础。

（2）A国一揽子电站项目共规划电站40个，其中10个大电站总装机容量约690万千瓦，其余30个小电站总装机容量约200万千瓦。对于在1997年亚洲金融危机中遭受重创的A国来说，虽然近年来经济复苏和发展状况良好，但是承建一揽子电站项目的资金和技术问题均需借助国际力量来解决。此时，凭借"物美价廉"的竞争优势在新世纪全面崛起的中国引起了全世界的瞩目，同样也深深吸引了A国人的目光。2006年4月A国副总统出席博鳌亚洲论坛期间，主动提出希望中国企业参与建设上述电站项目。根据初步估算，A国一揽子电站项目金额巨大，商务合同总金额逾80亿美元，对于商务合同本币和预付款部分，在A国政府的支持下，PLN分别通过国内银行融资和国际发债的方式解决，对于剩余部分货款，PLN拟通过出口信贷融资解决。

对于一揽子电站项目，中国企业和银行均表示出浓厚的兴趣，十几家中国企业和几十家中外资银行积极踊跃地接洽、跟踪该项目。除了中国方面，日韩也对一揽子电站项目非常关注，尤其是日本，前期已经做了非常多的工作，虽然由于日本技术价格高昂等原因，A国把主要目光投向了中国，但此时，日本仍然没有放弃努力。PLN第一轮商务合同国际招标消息一出，以中国十几家出口企业为代表参与投标的 A 国电力市场便打得火热。价格战异常惨烈，虽然中国政府部门进行了多次协调，但仍没有扭转商务合同低价恶性竞争的局面。尝到了国际招标价格战甜头的 A 国，在出口信贷融资方面也尝试利用多家银行博弈来压低融资条件。

此时，在国际经济发展形势蒸蒸日上、国内外资本市场流动性充裕的情况下，出口信贷融资明显是买方市场，PLN 在这场融资战中稳坐钓鱼台，融资条件一经抛出，银行几乎没有谈判的余地。中国信保的传统角色是作为出口企业和融资银行的坚强后盾，然而，由于 A 国一揽子电站项目受到中国和 A 国政府的高度关注，作为风险最终承担者的中国信保，成了融资推动中万众瞩目的焦点。

二、艰难谈判

2007 年 1 月，适逢 PLN 宣布预授标于中国出口企业两个 60 万千瓦级别项目之际，根据商务部的指示精神，中国信保迎难而上，采取凝聚市场中各方力量的策略，第一次联合中国进出口银行、中国银行、中国建设银行和中国工商银行共同组团赴 A 国与 A 国财政部和 PLN 正面沟通，推动落实一揽子电站项目的融资条件，拉开了一揽子电站项目融资条件谈判的序幕。

一方面，一揽子电站项目金额巨大，融资需求巨大，国际市场尤其是日本都看好 A 国这块市场。如果中国企业成功中标，对于中国企业来说这块大蛋糕是非常具有诱惑力的，A 国也深知这一点并很好地加以利用。另一方面，该项目融资金额巨大，风险巨大，A 国政府和 PLN 均有违约记录，一旦出险，融资方将损失惨重。

中国信保广泛听取了来自市场方面的企业、银行及我国驻 A 国使馆和经商参处的意见和诉求，与 A 国财政部和 PLN 进行了多次接触性会谈，表达了尽快落实一揽子电站项目融资条件的诚意，取得了 A 国的信任和理解。

中国信保开始竭尽全力推动银行组建银团贷款，保持一个声音对外，争取财政担保。由于一揽子电站项目金额巨大，对于中国信保来说，单个国别和行业风险集中度问题具有很大的挑战性，因此在对外努力争取政府的支持、通盘跟踪项目的同时，对内要把握好项目推进的节奏，控制好步伐，积极寻求在国际再保险市场消化部分风险，扩大承保能力。

中国信保向 A 国方面抛出要求 A 国财政部提供担保的融资条件之后，双方谈判一度陷入僵局。分析其原因，融资条件谈判的决定权不在 PLN，而在于 A 国政府。1997 年亚洲金融危机使 A 国经济遭受重创，A 国政府在法律中明确规定政府不再对外提供贷款担保，一揽子电站项目要想获得政府担保，必须首先修改法律，这在 A 国政府内部推动起来困难重重。2007 年国际资本市场环境良好，投资者非常看好 A 国市场，PLN 两次国际发债均获得主权评级且被多倍认购，A 国对获得融资充满信心，这在一定程度上增加了 A 国谈判的心理优势。

在谈判僵持阶段，中国信保再次认识到一个声音对外的策略实在太重要了。一揽子电站作为 A 国的项目，虽然采取了商业运作模式，但是由于受到了中国和 A 国双方政府的高度重视和积极支持，它的落实和推动已经不仅仅是一个商业问题，而是一个政治问题。中国信保在联合金融机构一致对外的基础上，必须要联合和借助中国政府的力量来共同推动项目的进展。中国信保积极向中国政府部门汇报项目情况和陈述关注焦点，争取中国政府的支持，通过中国政府向 A 国表达中方积极建设一揽子电站项目的意愿和传递中方坚决要求 A 国政府提供担保的信息。

2007 年 9 月，历经近一年的时间，A 国政府通过签发总统令的方式明确了 A 国政府将为一揽子电站项目融资提供担保，政府担保谈判取得了突破性进展。融资担保的性质和大方向已经有了，在此基础上，中国信保工作团队再接再厉，与 A 国财政部求同存异，就保函文本格式进行了多个回合的澄清、沟通，最终于2007年底，双方就保函文本格式达成了一致意见，中方成功说服A国财政部承诺出具无条件政府担保。这是自1997年亚洲金融危机以来，A国财政部首次承诺出具财政担保。

政府担保的落实仅仅是一揽子电站项目融资环节中最核心的一步而已，项目融资的最终完成还有很长的路要走。日本方面一直没有放弃努力，一旦不慎，很有可能导致融资条件谈判的成果落入他人手中，中方企业到手的项目功亏一篑。继两个60万千瓦级别项目授标于中国企业之后，PLN陆续向中国出口企业授标了另外5个项目。在当时国内外资本市场流动性充裕的大环境下，A国财政部同意为项目出具还款担保，此时的出口信贷完全是买方市场，A国方面关心的不是能否找到愿意融资的银行，而是如何获得最优惠的融资价格。融资银行的国际招标是PLN采取的有效压价手段。

消息一出，国内外融资银行再次沸腾了。分析当时的形势，对于这一消息最为振奋的是外资银行。中资银行由于外汇资金来源的问题，在美元价格成本上与外资银行相比没有竞争优势，如果任凭中外资银行之间竞价投标，势必会造成银行间恶性竞价的混乱局面，直接损害在政府担保谈判过程中与中国信保步调保持一致的银行的利益，尤其是中资银行的利益，最终影响到整个项目的风险和银行与中国信保携手合作的积极性。基于上述考虑，在商务部组织召开的融资协调会上，中国信保再次提出了支持组建银团、一致对外的想法，得到了与会各单位的认可。鉴于中国信保作为风险最终承担者的特殊地位及其在政府担保谈判过程中表现出的专业能力和市场凝聚力，商务部当即明确表示同意并支持中方组建银团一致对外的工作方式，并委托中国信保再次勇挑重担，为银团组建工作搭建交流的平台。

组建银团贷款是最为有效和有利的融资方式，对于中方融资银行来讲，组建银团的专业技术和能力都不是问题，最大的问题是银行之间缺乏一个有凝聚力的协调者和有效的交流平台，尤其是在融资条件的谈判过程中，已经出现有些银行为了自身利益单独与 PLN 接洽、破坏银团统一战线的情况，致使银行间步调不一致，银团能否成功组建尚存有很大变数。然而，要想维护中方融资银行的整体利益，可以说此举只许成功、不许失败。虽然深知此项工作复杂且艰辛，但中国信保从整体利益的大局出发，没有退缩，再次承担起了政府交付的重担。

在银团组建工作上，中国信保继续贯彻务实高效的工作作风，本着各司其职、各尽所能的工作原则，以完全中立的姿态为中外资银行搭建了工作交流的平台，而银团组建的结构、工作程序、工作方式以及银团内部份额分配、报价等专业技术问题则完全交由银团自己做主。

搭建银团工作交流平台仅是工作的一部分，中国信保要做的核心工作是帮助银团统一步伐，最终促成银团顺利中标。

三、成功突破

历经近五年的时间，截至 2010 年底，中国信保全部承保了 A 国有融资需求的中国企业中标总承包的 9 个电站项目（其中 7 个属于本岛最大的 10 个电站，其余 2 个位于外岛），涉及合同金额近 40 亿美元，总保险金额逾 40 亿美元。其中位于 A 国本岛的 10 个电站项目中最大的某电站项目，在中国信保搭建的银行交流平台下，以中国银行为首的中外资银行成功组建了以中资银行为主、十几家国际化外资银行参加的国际化银团，承贷金额逾 7 亿美元，并获得了 *Trade Finance* 2008 年度最佳融资项目奖。A 国一揽子电站项目承保后执行良好，多个项目陆续落成发电。

案例 2　　B 国水电站 BOT 项目海外投资保险

一、项目背景

ZS 公司在 B 国独资设立项目公司，以 BOT 方式投资建设某水电站项目，B 国政府通过《项目实施协议》给予该公司 44 年的水电站特许专营权，B国国家电力公司EDC购买所发电量，B国财经部代表政府为EDC购电提供担保。项目总投资××亿美元，其中30%为ZS公司对项目公司的股权投资，70%由中国进出口银行向项目公司提供有限追索项目融资，中国信保为该笔银行贷款出具海外投资（债权）保单，承保征收、汇兑限制和政府违约风险。项目结构见图2—9。

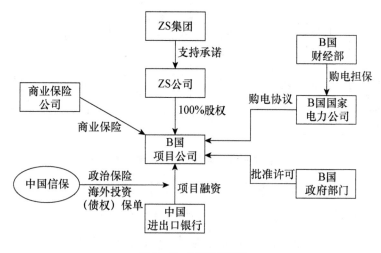

图2—9　项目结构图

二、电力行业主要风险

海外投资涉及诸多参与方，各参与方通过系列合同协议联系在一起，各自履行相应的职责。电力投资作为基础设施投资，金额大，回收期长，多采用有限追索项目融资方式，银行直接为项目公司提供融资，投资者仅承担有限的承诺，银行债务的清偿依赖于项目自身产生的现金流和项目实体的资产，因此需要在不同的参与方之间进行合理、平衡的风险利益分配。各风险承担方的执行情况直接影响着项目是否能够按计划有序进行。电力投资的基本风险结构见图2—10。

（一）完工风险

能否按照既定的技术标准和时间进度完成建设，达到预期的生产能力，是电力项目面临的最重大的风险。风险承担涉及项目发起人、工程承包商和设备供应商等。投资者在整个项目中起

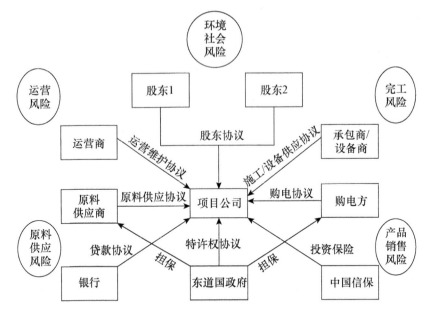

图 2—10　电力投资风险结构图

关键主导作用，有能力的投资者在识别、预警和处理项目商业风险和东道国政治风险时会有较高的积极性和主动性。

本项目中，ZS公司作为项目发起人和 EPC 总承包商投资建设电站，由于其自身从事电力建设行业多年，海外经验也非常丰富。该公司聘请了国家级勘测设计研究院对电站项目做设计，电力设备供应商为国家大型发电设备重要生产基地。ZS公司作为项目业主提供发起人支持，承诺项目成本超支时向项目公司提供资金支持，ZS公司的母公司对其义务承诺予以支持，反映出该电站的建设完工有着较好的保障。

（二）运营风险

项目建设完工后进入试生产运营和生产运营阶段，运营风险贯穿长达数十年的生产经营期，是影响电力项目投资安全的重要风险之一，涉及技术设备稳定性、原材料供应情况和经营管理水平等因素。项目经营者的经营能力高低直接影响运营风险是否可以控制在合理范围之内。

ZS公司从事电力工程建设多年，该项目是企业首个海外投资电站项目。企业首次进行整体电站长期运作，以招标的方式从中国国内选择了一家有着丰富运行维护经验的专业电力运营商，委托其对电站进行运行维护管理。ZS公司与专业电力运营商合作，依照行业标准和国际惯例管理电站项目，以有效地控制运营风险。

（三）原料供应风险

电站的安全运营需要有长期、稳定、有保障的原材料供应，要根据不同的电站类型和相应的原料供应商分别予以分析判断。水电站要考察水量充足状况、如何应对水量不足导致电量减少等情况；燃油、燃煤电站要考察油煤来源、储备情况和运输能力、供煤供油方的资质状况等，这些可以通过实地勘测获得预期。为稳妥起见，一般还在燃料供应协议中约定照供不议模式，规定按约定供应量和固定价格无条件供应燃料，电价与燃料价格挂钩，将供应量风险和燃料价格变动风险转移到购电协议（PPA）中。

本项目是水电站，根据河流水量来设计发电能力。B国处于热带季风气候区，5月中旬到11月上旬为雨季，且项目所在地的K河流域为B国最湿润的地区之一。若因当年降雨不足导致发电减少，发电方和购电方约定同意并记录不足电量，该不足电量从以后年度超额电量中冲减。此项约定可以使水资源不足的风险分摊到以后年度，对购售电双方较为公平。

（四）产品销售风险

偿还银行贷款的资金来源主要依靠项目产品销售收入即发电收入，通常由购电方和项目公司签订长期购买合同，以保证稳定的项目现金流。产品销售风险不同于投资者可控的其他风险，完全依赖于购电方的履约情况，这实质上是电力项目的核心商业风险之一。目前电力海外投资多发生在发展中国家，当地购电方一般为国有电力公司，为推动中国电力行业"走出去"，中国信保将东道国国有电力公司签订的购电协议纳入违约风险承保范围，令中国投资者和贷款银行无后顾之忧。

本项目中，电力购买方为B国有全资的电力公司EDC，与项目公司签订了N年照付不议的长期购电协议，承诺在商业运营期内按照或取或付原则每年购买××亿度基本电量，并按相应电价的××％购买电站发出的超额电量。B国财经部代表B国政府对EDC购电提供无条件不可撤销担保。

中国信保承保了该项目的违约风险，具体违约事项为B国国家电力公司EDC在《购电协议》项下的购电关键义务，即"EDC按'take-or-pay'原则和约定电价购买基本电量"。

（五）环境社会风险

环境社会问题日益为各国所关注，尤其是对发展中国家投资有着环境社会影响的行业，较易成为国际环保组织争议的目标。项目的环境问题很容易成为引发东道国政府不良行为或民众反对等复杂的非经济因素阻碍的理由。

本项目聘请了有资质的研究院进行环保设计，项目地位于B国某国家公园，不会淹没人类居住地，并且工程区内无人类文化遗产或宗教古遗址，工程对水质和水生动植物的负面作用很小。项目获得了B国国家环境部颁发的环境许可，项目的环保标准符合B国国家要求。

三、项目评审要点

（一）东道国的宏观环境

项目投资所在国的国家环境和市场状况是项目成功的基础。目前我国海外投资尤其是基础设施类投资多发生在不发达国家，应根据专业信息机构、国际金融机构、现场尽职调查和其他投资者咨询等多种途径对东道国的政治经济发展趋势和行业市场做出合理判断。

在本案例中，B国电力短缺，传统的发电供应以柴油或重油为原料，或者从邻国进口电力来满足国内需求，水力发电只占到国内发电量的5％。然而其境内却有非常丰富的水力资源，总蕴藏量达到10 000MW，水力发电的优势突出。B国政府正积极推进电站和全国电网系统的建设，以减少对进口油发电和进口电力的依赖性。这些都为本项目的未来经济可行性提供了良好的外部环境。同时，本项目作为当时B国境内最大的水电站项目，受到了B国政府的高度重视，B国财经部代表B国政府对项目出具了无条件不可撤销担保。B国在某首相的领导下政局稳定，积极开展经济建设，对吸引外资发展本国经济给予了高度的重视。上述这些信息为我们评价一个不发达国家的电力项目提供了必不可少的判断依据。

（二）项目可行性

项目融资往往涉及非常复杂的结构安排。在评价项目时，要充分关注项目本身的经济可行性。

在本案例中，由于是一个真正意义上的有限追索融资项目，项目本身的经济前景更加需要予以充分的评估，因为保险的标的——银行贷款的安全性完全依赖于项目企业未来的现金流和资产。承保人只有通过充分了解项目各协议的具体安排，将项目执行期中可能存在的各类风险尽量通过制度安排进行有效的分散，才能够确保融资成功，也才能确定保险人是否承保和如何承保。

（三）电价审核

电价和资源使用费等是本项目的核心条款之一，合理的定价有助于保障项目安全进行，否则极有可能成为东道国任何可能违约意向的借口，因此应结合项目对东道国的贡献度、投资者的技术资金优势和行业惯例等因素对其合理性进行分析判断。尤其是要通过多种途径了解东道国电力市场的运营机制和电力供需情况。由于BOT项目往往运营时间长，未来的市场变动趋势会对项目企业的运营绩效产生显著影响，所以在承保论证时，要充分关注东道国国内电力行业发展规划、国家经济发展指标以及项目本身的成本优势等问题，对项目未来的收益进行合理的预测。

在本案例中，设计项目最初电价时，B国方面予以利润税9%和免利息税、分红税的优惠，双方商定电站运行期平均电价为××美分/千瓦时。后因B国法律发生变化，利润税有所提高。为明确税收支付，以及考虑到纳税人形象更有利于中国企业在当地的口碑，中方还承担了分红税和利息税，所纳税额较原先预算增加360%，由此提高平均电价至8美分/千瓦时。与进口不含税电价7.00～8.45美分/千瓦时和国内柴油/重油电站的电价11～22美分/千瓦时相比，本项目的电价仍具有较好的市场竞争力，能够为B国政府和市场所接受。

（四）项目协议文本审议

BOT项目中包含多种合同、协议等法律文本。承保人在初期必须充分关注相关协议的法律效力，必要时应借助专业的法律机构进行评估和咨询。同时，银行和企业对违约风险往往表现出更大的兴趣，在谈及具体违约范围时往往希望中国信保承保更多的协议条款。承保人要充分熟悉协议间的制约关系，注意违约事项的可保性。

在该项目中，银行最初要求对B国财政担保进行投保，鉴于担保函约定的担保内容定义宽泛，中国信保坚持将其作为追偿工具而选择购电协议和实施协议等协议的关键条款承保。

（五）项目权益转让审核

本项目的保险标的为银行贷款，作为有限追索的项目融资，在贷款协议中，银行已按项目融资的惯例将该项目项下的项目合同、设备资产、账户和保险收益等予以抵押、质押，该项目的资产、权益和现金流等将处于银行的监控之中。因此，在出现索赔时，项目相关资产和权益受控于银行，保险人可能面临赔后权益转让方与银行方的纠纷。为了避免后期可能存在的风险，应当在保单签署之前，首先与银行方通过书面文件就项目企业资产权益等的处理问题达成一致，确保保险人的应有权益。

第三章

融资方式的种类

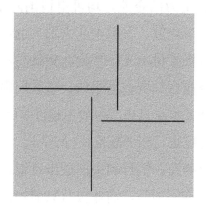

第一节　卖方信贷

出口卖方信贷，是指在大型机械设备或者成套设备的进出口贸易或国际工程承包业务中，为了解决出口商（承包商）遇到的资金周转困难，由出口商（承包商）所在国银行直接向本国出口商（承包商）提供的贷款。凡在我国工商行政管理部门登记注册，具有独立法人资格，并具有国际工程承包经营权、国际工程承包专业技术资质和实力的企业，均可申请国际工程承包贷款。卖方信贷一般为人民币贷款，根据企业需求，也可以有部分美元贷款，以方便企业直接支付美元；贷款金额最高不超过出口成本的总值减去定金和企业自筹资金的余值；贷款期限自签订借款合同之日起，至还清贷款本息日止，一般不超过10年（含宽限期）；贷款利率根据中国人民银行相关规定执行。

目前，国内主要的商业银行和中国进出口银行都可以为企业提供出口卖方信贷，不同的是，商业银行只能提供商业性卖方信贷，中国进出口银行则可以提供利率上有一定优惠的政策性卖方信贷。

1. 申请卖方信贷的基本条件

（1）借款人经营管理、财务和资信状况良好，具备偿还贷款本息的能力；

（2）已签订国际工程承包合同，必要时须经国家有权审批机关批准；

（3）国际工程承包项目带动国产设备、材料、技术、劳务和管理的出口额占项目合同总金额的比例不低于15%；

（4）对外承包合同金额不低于100万美元，预付款比例一般不低于15%，延期付款部分应提供银行认可的支付保证；

（5）国际工程承包项目应具有较好的经济效益；

（6）承包商具有实施国际工程承包的相关资质、工程履约能力；

（7）项目所在国的政治、经济状况相对稳定；

（8）投保相应的出口信用险；

（9）提供银行认可的还款担保。

2. 申请卖方信贷的程序

出口合同生效后，借款企业向贷款行提出借款申请时需提交下列文件：

（1）借款申请书（写明企业申请借款金额、币别、期限、用途、还款来源、还款保证、用款/还款计划等），股份制企业的董事会关于同意申请借款的决议和借款授权书，初次借款的企业需要提交公司章程和资本金到位情况的证明；

（2）企业经年审的营业执照，近三年经年审的财务报表和贷款卡；

（3）有关主管部门对项目的批准书（包括使用外汇贷款的进口所需的批准文件）；

（4）有关商务合同副本（含出口合同、国内采购合同和使用外汇贷款的进口合同）；

（5）项目基本情况及经济效益分析报告；

（6）进口方银行出具的延付保证（即不可撤销的信用证或保函）；

（7）已办理出口信用保险的保险单，借款人同意将出口信用保险项下的赔付款权益转让给贷款人的承诺和保险公司的同意函；

（8）借款人提供还款担保的有关资料（包括抵/质押物权属证明文件、评估报告等，以及保证人的营业执照、财务报表复印件及担保意向书等）；

（9）贷款银行需要的其他有关材料。

卖方信贷的基本流程是：在签订出口（承包）合同后，进口方（业主）支付5％～10％的定金，在分批交货、验收时再分期付给10％～15％的货款，其余75％～85％的货款则由出口商按合同规定在设备制造或交货期间通过出口方（承包商）银行取得中长期贷款，以便周转。在进口商按合同规定的延期付款时间付讫余款和利息时，出口商再向出口方银行偿还所借款项的本金和利息。

出口卖方信贷的基本流程如图3—1所示。

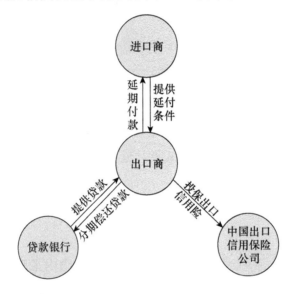

图3—1 卖方信贷的基本流程

3. 出口卖方信贷的风险规避

卖方信贷方式在人民币升值前是我国国际工程承包企业最常用的一种融资形式，也是在人民币升值后使出口企业损失最大的一种融资形式。为了保证这一融资形式在人民币升值后的经济效益，应当采取事先谈妥应收账款的买断等措施以规避风险。

在人民币升值的前提下，采用出口卖方信贷的方式到收汇期很难确保一定的利润空间，因此在工程承包项目初期就要先与出口信用保险公司谈好《再融资保单》，并与商业银行谈妥应收账款的买断费率。当承包商的建设期结束并拿到验收证明后，可将该保单的保险权益转让给商业银行，将应收账款卖断给商业银行，实现即期收汇，最大限度地规避人民币升值的风险。

出口卖方信贷借款合同主要内容参见附件 4。

第二节　买方信贷

出口买方信贷是向境外借款人发放的中长期信贷，用于进口商（业主）向中国出口商（承包商）即期支付商务合同款，以促进中国产品、技术和服务的出口。

1. 申请买方信贷的基本条件

出口买方信贷的借款人为银行认可的进口商（业主）、金融机构、进口国财政部或进口国政府授权的机构。出口商（承包商）为独立的企业法人，具有中国政府授权机构认定的实施出口项目的资格，并具备履行商务合同的能力。

申请出口买方信贷应具备以下条件：

（1）借款人所在国经济、政治状况相对稳定；

（2）借款人资信状况良好，具备偿还贷款本息的能力；

（3）商务合同金额在 200 万美元以上，出口项目符合出口买方信贷的支持范围；

（4）出口产品的中国成分一般不低于合同金额的 50％，国际工程承包项目带动国产设备、施工机具、材料、工程施工、技术、管理的出口和劳务输出一般不低于合同金额的 15％；

（5）借款人提供银行认可的还款担保；

（6）必要时投保出口信用险。

2. 申请买方信贷的程序

（1）出口商和进口商签订商务合同，合同金额不少于 200 万美元；

（2）银行和借款人签订贷款协议，贷款金额不高于商务合同金额的85％，船舶项目不高于80％；

（3）视项目情况要求担保人提供担保或采取综合担保措施以保证贷款安全；

（4）视项目具体情况要求投保出口信用险或政治险保险；

（5）借款人预付款金额不能低于商务合同总金额的15％，船舶项目不低于20％；

（6）出口商根据合同规定发运货物；

（7）银行依据贷款协议的相关规定发放贷款；

（8）借款人根据贷款协议每半年偿还一次贷款本息及费用。

办理出口买方信贷的基本业务流程如图3—2所示。

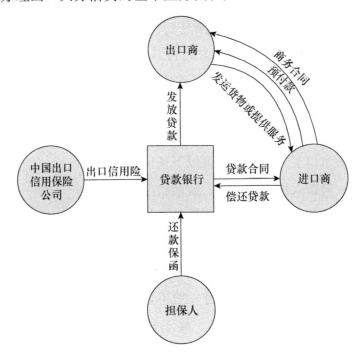

图3—2　买方信贷的基本流程

3. 出口买方信贷的风险规避

买方信贷是由出口方银行向外国进口商或者进口方银行提供贷款，给予融资便利，以此扩大本国设备出口的一种融资方式，又称为约束性贷款。在实际操作中，通常在出口商与进口商所签订的商务合同中规定为即期付款方式。随后，出口方银行根据合同规定，凭借出口商提供的交货单据将货款付给出口商，同时记入进口商偿款账户内。然后，由进口方按照与银行订立的交款时间，陆续将所借款项偿还给出口方银行，并给付利息。买方信贷又分两种情况：一种是先投出口信用保险，将保险权益转让给银行，再由银行贷款给进口方；另一种情况是直接提供买方信贷。随着外资银行的介入，不同的外资银行对于不同的国别有自身擅长的领域，例如南非标准银行对于一些非洲国家本身就有授信额度，经考察进口方的资质和还款能力后，该行可以直接给其提供买方信贷，不仅项目的融资方案成功率高，而且还可降低保费的支出成本。

由此可以看出，出口买方信贷实际上是通过借贷资本的输出带动商品的输出，它的本质是一种银行信用。在人民币升值的前提下，采用买方信贷的方式可以最大限度规避升值风险，应在工程承包项目中大力提倡。

买方信贷的主要条款参见附件 5。

第三节　中国政府优惠贷款

中国政府优惠贷款（简称优贷）是指中国政府指定中国进出口银行向发展中国家政府提供的具有援助性质的中长期低息贷款。优贷与优买（优惠出口买方信贷）均带有一定的援外色彩，因此只有国家的政策性银行可以操作，其他的商业银行不能进行优贷和优买业务。根据我国的现行规定，只有中国进出口银行可以办理优贷业务。

优贷业务意在支持在借款国建设有经济效益或社会效益的生产性项目、基础设施项目及社会福利项目，以及借款国采购中国的机电产品、成套设备、技术服务和其他物资。商务部会同外交部、财政部负责制定优贷业务政策和计划，签署优惠贷款的框架协议，中国进出口银行具体负责贷款协议的签订、项目评估审查、放款、贷款管理、本息回收等。优贷业务的借款人一般为借款国政府财政部，特殊情况下可以为受援国政府指定并经中国进出口银行认可的、财政部提供还款担保的金融机构或其他机构。

1. 申请优贷的基本条件

（1）申贷金额原则上不低于 2 000 万元人民币；

（2）项目得到中国政府和借款国政府的认可；

（3）借款国与中国有良好的外交关系，政治经济状况相对稳定，具有偿还贷款本息的能力且偿债信誉良好；

（4）项目在技术上可行，符合借款国经济发展和行业规划重点领域要求，有良好的经济效益或社会效益；

（5）项目由中方企业负责承建，采购项目所需的设备等原则上应由中方企业负责供货；

（6）贷款项下所需设备、材料、技术或服务优先从中国采购或引进，设备采购中来自中国的部分原则上不低于 50%；

（7）项目配套资金已落实。

2. 优贷业务的基本程序

（1）申请贷款。借款国政府根据发展计划和战略向中国政府或中国进出口银行提出备选项目，并提交有关申请资料。

（2）评估。中国进出口银行对受理项目进行评估审查，并将评审结果报送中国政府主管部门。

（3）签署协议。中国和借款国政府签署政府间优惠贷款框架协议，规定贷款用途、金额、贷款期限和利率等。中国进出口银行与借款人签署项目贷款协议，贷款条件与框架协议一致。

（4）项目实施和放款。项目实施是借款人和中外双方执行机构的义务，在实施中未经中国进出口银行同意不能擅自改变项目内容。借款人按贷款协议规定向中国进出口银行提交有关单据，申请提款。银行审核同意后将贷款拨付至中方执行机构账户。为保证资金有效使用，中国进出口银行按照项目进度发放贷款，并监督项目实施。借款人应向中国进出口银行报告项目进展、资金使用情况，并为实地检查提供协助。项目完工，借款人提交完工报告。

（5）贷款偿还。借款人根据贷款协议规定偿还本金和支付利息。

政府优惠贷款业务的基本流程如图 3—3 所示。

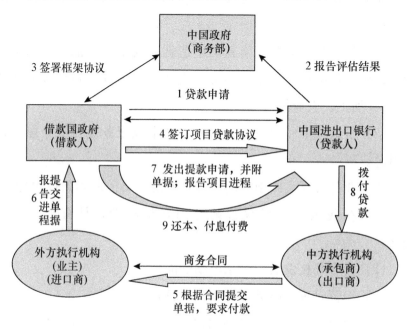

图 3—3　政府优惠贷款基本流程图

第四节　优惠出口买方信贷

优惠出口买方信贷（简称优买）主要是为政府交办项目提供优惠条件的一种买方信贷，充分体现了国家的出口和外交政策。优买是指为配合国家政治、外交需要，推动与重点国家和地区的经贸合作，采用出口买方信贷形式对外提供的具备一定优惠条件的特定贷款，根据我国现行规定，只有国家政策性银行——中国进出口银行可以提供优买。

1. 申请优买的基本条件

优买业务具有很强的政策性，因此对项目本身及实施项目的企业具有一定要求。优买业务对项目的要求包括：

（1）项目符合借款国经济发展和行业规划重点领域要求，有利于促进借款国经济和社会发展，促进与中国经贸合作关系的发展；

（2）贷款项目应能为借款国创造就业或带来外汇收入，重点投资领域为基础设施建设（能源、交通、通信等）和高效率产业（生产、加工、农业等）；

（3）贷款项下所需设备、材料、技术或服务优先从中国采购或引进。

优买业务要求实施项目的中方企业应具备的基本条件包括：

（1）在我国工商行政管理部门登记注册，具有独立法人资格；

（2）具有开拓发展中国家市场的能力；

（3）经营管理、财务和资信状况良好；

（4）承担承包工程（含项目设计）项目的企业应具有对外承包经营权及我国有关主管机关认定的相关专业的甲级（一级）资质，具备在海外承包工程的经验和履约能力；

（5）承担产品出口项目的企业应具有相应产品的出口经营权，具有进出口贸易经验和良好的经营记录；

（6）在借款国合资建厂的企业应具有相应资质，具有与项目相适应的经济实力和经营管理能力以及一定的涉外经营管理经验。

2. 申请优买的程序

（1）签订《总协议》。国务院批准国别额度，并正式对外打出后，由中国进出口银行与借款人商签《总协议》，明确借贷双方、还款担保、贷款用途、金额、条件、办理程序、适用法律等事项。

（2）申请贷款。在《总协议》范围内，由借款国政府提出使用优惠买方贷款的项目清单，并提交相关申请材料。单个项目贷款条件应与《总协议》保持一致。

（3）评估。中国进出口银行对贷款项目进行可行性审查，对项目各方包括借款人、执行人等进行资信审查，对贷款项目风险进行分析，并将评审结果报送中国政府主管部门。

（4）协议签署和生效。中国进出口银行根据行内授权和贷款谈判结果签署正式项目贷款协议，借款人提交有关文件，满足生效条件后，贷款协议生效。

（5）项目实施和放款。项目实施是借款人和中外双方执行机构的义务，在实施中未经中国进出口银行同意不能擅自改变项目内容。借款人按贷款协议规定向中国进出口银行提交有关单据，申请提款，银行审核同意后将贷款拨付至中方执行机构账户。为保证资金有效使用，中国进出口银行按照项目进度发放贷款，并监督项目实施。借款人应向中国进出口银行报告项目进度、资金使用情况等。待项目完工时，借款人应提交完工报告。

第五节 项目融资

项目融资是指项目的发起人（即股东）为经营项目成立一家项目公司，以该项目公司作为借款人筹借贷款，以项目公司本身的现金流量和全部收益作为还款来源，并以项目公司的资产作为贷款的担保物。该融资方式一般应用于发电设施、高等级公路、桥梁、隧道、铁路、机场、城市供水以及污水处理厂等大型基础建设项目，以及其他投资规模大、具有长期稳定预期收入的建设项目。

项目融资可以按追索权划分为无追索权的项目融资和有追索权的项目融资。

一、产品功能

（1）实现融资的无追索或有限追索。通常情况下，在设计项目融资产品时，项目发起人除了向项目公司注入一定股本外，不以自身的资产来保证贷款的清偿，因此，发起人将有更大的空间和更多的资源去投资其他项目。

（2）实现表外融资。如果项目发起人直接从银行贷款，则会增加负债比率，恶化部分财务指标，从而增大未来融资成本。相比之下，成立具有法人资格的项目公司，由项目公司负责项目的融资与建设，只要项目发起人在项目公司中的股份不超过一定比例，项目公司的融资就不会反映在项目发起人的合并资产负债表上。

（3）享受税务优惠的好处。项目融资允许高水平的负债结构，由于贷款利息的"抵税"作用，在某种程度上意味着资本结构的优化和资本成本的降低。

二、利率

根据项目所属行业、地区、股东、贷款币种等具体情况而定。

三、期限

项目融资贷款一般期限较长，大都为中期（一年以上、五年以下）或长期（五年以上），且大部分采取分期偿还和浮动利率。

四、收费标准

项目融资各项费用的收费标准由双方通过合同确定。

五、适用客户

凡是能够取得可靠的现金流并且对银行有吸引力的项目，都可以通过项目融资方式筹集资金。使用项目融资产品的企业通常处于行业垄断地位，并且具有一定的政府背景，主要集中于以下领域：能源开发项目、石油管道、炼油厂项目、矿藏资源开采项目、收费公路项目、污水处理项目、通信设施项目。

六、项目融资适用条件

一般来讲，要利用项目融资筹集资金，会先建立一个项目公司。项目公司的资金分为股本金与债务资金，其债务资金来源主要有：国际金融机构、各国政府出口信贷机构、项目所在国政府、公共基金机构、短期资金市场、商业金融公司、租赁公司、投资管理公司风险资金贷放单位、工程承包商、原材料及设备供应商（实际上也是承包商或分承包商）、项目产品或服务的购买者、项目发起人的贷款和预付款（承包商如作为项目发起人被要求提供从属贷款即属此情况）。

从上述分析可知，承包商主要会在三种情况下向项目提供资金支持：第一，承包商就承包的工程向业主（项目公司）垫付工程款及向业主出具各种保函或保证。第二，承包商作为项目发起人之一（但未必是股东），有可能被要求以项目从属贷款的形式提供资金支持。这种从属贷款是一种吸引主要贷款的种子资金，是项目发起人为了提高项目主要贷款者的信心，促使他们出资或放松贷款条件而为项目提供的资金。在多数情况下，承包商是被动地提供从属贷款的，即为获得工程承包合同而应项目主要发起人或项目公司或主要贷款者的要求而被动地提供从属贷款。第三，如果承包商是项目公司的股东之一，会投入一部分资本金。承包商在承包工程时，以垫资方式向业主（即项目公司）提供资金支持，当业主不能偿还承包商所垫付的工程款时，项目发起人不负有偿还责任，但如果有人就承包商垫资提供了担保或做了信贷保险，则应由担保人或保险公司偿还。项目融资与其他承包商的融资方式的根本区别在于无追索权或有限追索权。承包商能否采用项目融资方式为其所欲承包的项目提供资金支持，主要取决于承包商是否有足够的实力（包括财力），以及能否对项目的可行性做出正确的研究和判断，尤其是要确认项目是否具有预期的收益率。

此外，承包商对自己的技术必须要有把握，一是对项目本身采用的技术必须要有把握，二是对施工技术必须有把握，能保证项目按期竣工投产。建筑材料、设备的质量及供应要有保证，其价格不应超过原先的预测。除此之外，承包商对不可抗力、项目超支、建设工期延误的风险都应做出安排，采取措施，对项目有关的保险应做统筹考虑和安排。项目本身有足够的价值，可以充当贷款的担保物。项目投产后要有合格的经营者。项目投产后的原材料、能源的供应应有保证，其价格水平不应超过原先的预测，其产品或提供的服务要有稳定可靠的市场，产品运输成本合理。项目所在国必须政治稳定、友好，项目的各种执照和许可证必须齐全，不存在国家和主权风险，项目不会被所在国政府没收。项目和承包商的货币和汇率风险已得到妥善安排并充分考虑环保方面的要求。

七、申请条件

（1）项目本身经过政府有权审批部门批准立项；

（2）项目可行性研究报告经政府有关部门审查批准；

（3）引进国外技术、设备、专利等经政府经贸部门批准；

（4）项目生产所需的原材料有稳定的来源，并能够签订原料供货合同或意向书；

（5）项目公司能够向贷款人提供完工担保、基建成本超支安排，同意将保险权益转让给贷款人，同意将项目的在建工程及其形成的固定资产抵押给贷款人，同意将项目的收益质押给贷款人，项目股东同意将各自的股权质押给贷款人；

（6）项目产品销售渠道畅通，最好有"照付不议"产品购销合同；

（7）项目产品经预测有良好的市场前景和发展潜力，盈利能力较强；

（8）项目建设地点及建设用地已经落实，项目建设以及生产所需的水、电、通信等配套设施已经落实。

八、提交材料

（1）国家有权部门对项目可行性研究报告的批准文件；

（2）有关环保部门的批准文件；

（3）外商投资企业需提供对外贸易经济合作部批准的合资合同和章程及有关批复；

（4）法人营业执照复印件；

（5）税务登记证（国税、地税）；

（6）中华人民共和国组织机构代码证复印件；

（7）外汇登记证复印件（外商投资企业）；

（8）建设用地规划许可证、建设工程规划许可证等；

（9）法定代表人身份证明；

（10）贷款卡；

（11）关于"照付不议"购销合同、原料供应合同、完工担保、成本超支安排、保险权益转让、在建工程及其形成的固定资产抵押、项目收益权质押、项目股东股权质押等意向性文件。

九、办理流程

（1）项目公司向银行公司业务部门提出项目融资贷款的需求。

（2）银行与项目公司就"照付不议"购销合同、原料供应合同、完工担保、成本超支安排、保险权益转让、项目融资抵押、项目收益权质押、项目股东股权质押等各项融资条件进行磋商并达成一致意见。

（3）银行按照贷款审批程序对项目进行审批。

（4）项目贷款获得批准后，项目公司与银行就全部融资协议文本进行磋商。

（5）签署协议并提取贷款。

项目融资的基本流程如图3—4所示。

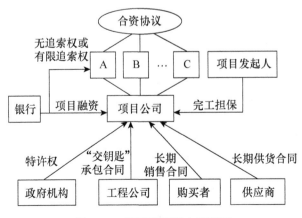

图3—4　项目融资基本流程图

十、项目融资的特点

1. 无追索权的项目融资

无追索权的项目融资也称为纯粹的项目融资，在这种融资方式下，贷款的还本付息完全依靠项目本身的经营效益。同时，贷款银行为保障自身的利益必须从该项目拥有的资产中取得物权担保。如果该项目由于种种原因未能建成或经营失败，其资产或收益不足以清偿全部贷款，则贷款银行无权向该项目的发起人追索赔偿。

2. 有追索权的项目融资

除了以贷款项目的经营收益作为还款来源和取得物权担保外，贷款行还要求有项目实体以外的第三方提供担保。贷款行有权向第三方担保人追索赔偿。但担保人承担债务的责任以他们各自提供的担保金额为限，所以称为有限追索项目融资。

3. 项目融资与公司融资的区别

项目融资与公司融资的区别见表 3—1。

表 3—1　　　　　　　　项目融资与公司融资的区别

	项目融资	公司融资
贷款对象	项目公司	项目发起人
追索性质	有追索权或无追索权	完全追索
还款来源	项目投产后的收益及项目本身的资产	项目发起人所有资产及其收益
担保结构	担保结构复杂	单一担保结构
成本	高	低

4. 融资渠道多元化

项目融资之所以适合于大型工程项目的建设开发，正是因为它具有多元化的资金筹措渠道，包括项目贷款、发行项目债券、政府贷款、多边金融机构贷款以及出口信贷等。

5. 风险分担

对于项目建设和运营中可能发生的各种风险，以合同形式在项目发起人（投资者）、贷款人、工程承包公司等项目相关方

（project stakeholder）之间进行分担。在项目融资中，将各类风险具体化，以合同形式明确规定各当事人承担多大程度的风险，用何种方式来承担。以项目合同、融资合同、项目未来产品的销售合同、担保、支持文件作为风险控制的实现形式，贯穿于整个项目周期，彼此衔接，使风险得以规避、分担。

十一、项目融资的风险分析

项目融资安排中的风险，在项目的不同阶段具有不同的表现形式，主要分为建设风险（或者叫完工风险）、能源和原材料供应风险、生产营运及管理风险、产品市场风险、金融风险、国别风险、信用风险和政治风险等。

1. 建设风险

项目的建设风险是工程项目中所面临的最主要的风险，是项目融资的核心风险之一，主要是指项目不能按照预定的目标按时、按量、按质地投入生产、营运。表现形式主要为：项目建设期的拖延，项目建设成本的超支，或者达不到设计要求的技术经济指标，甚至由于资金、技术或者其他不可控的外部因素而完全放弃项目。

项目出现建设风险将造成的直接后果是投资成本的增加，项目不能产生预期的现金流量，从而影响银行贷款的如期归还。

2. 能源和原材料供应风险

该风险指的是能源和原材料供应的可靠性和供应价格。能源和原材料的供应将直接影响预期收益的实现。

3. 生产运营及管理风险

生产运营及管理风险主要是指由于生产经营管理能力的原因，影响到项目生产效率的提高、产品质量的控制、生产成本的控制等，在项目试生产和生产运行阶段存在的技术、资源储量、原材料供应、运营等风险因素的总称。

项目主要的投资者是否在行业中具有成功的运行管理经验，是评判项目经营管理风险大小的一个主要指标。如果项目的投资者缺乏这方面的经验，应要求将项目的运行管理发包给行业中有经验的运行管理商，并签订相应的"运行管理合同"（O&M）。

4. 产品市场风险

产品市场风险主要是指项目生产的最终产品或者提供的服务所面临的市场销售风险、销售价格风险。产品销售量及销售价格是否与预期相符将直接影响项目收益，对此，贷款银行可能会要求借款人设立"共管账户"，即产品购买人支付的销售款只能打到该监管账户中，产品销售收入受到贷款银行的监管，在满足生产营运商正常的运行管理支出之外，产品销售收入产生的现金流量优先用于归还银行长期贷款。

5. 金融风险

金融风险主要包括利率风险和汇率风险。贷款利率的变化将影响到项目的盈利能力及贷款偿还能力。对于此类风险，应更多地咨询银行，寻求银行的金融服务，利用多种金融工具降低金融风险。

6. 国别风险

国别风险包括项目所在国政府政策法规风险、税收风险、环境保护风险及外交风险等，应尽可能多地在可行性研究时予以充分的考虑。

7. 信用风险

有限追索的项目融资是依靠有效的信用担保结构支撑的，各个担保结构的参与者能否按照合同文件履行其职责，在必要的时候提供其应承担的信用保证，就构成信用风险。

8. 政治风险

政治风险是指因东道国的政治原因而导致项目失败、信用结构改变以及项目偿债能力发生变化的风险。一类表现为国家风险，如项目被征用或国有化；另一类表现为政治、经济政策的不稳定，如税收制度改变、关税调整等。

十二、项目融资风险防范的主要措施

1. 加强项目考察工作

国际工程市场中项目的复杂性，对项目选择工作提出了更高的要求。国外项目风险防范的基础是考察，因此考察必须细致、深入、全面，任何一个环节的疏漏都可能导致项目失败，造成资产和信贷的风险。要全面客观地编制可行性研究报告，必须加强项目的可行性考察和专业考察，只有在保证基础资料和数据的可行性、准确性、全面性的基础上，才具备审核其经济效益及财务分析准确性的条件。

建议聘请相关行业的甲级勘察设计企业、金融机构、专业律师等共同参与考察。通过实地调查，在尽可能收集翔实的经济、技术资料的基础上，对项目的投资必要性、技术适用性、经济合理性、建设可行性、项目场址、建设规模、建设标准、产品方案、工艺流程、设备材料选型合理性、产品销售渠道等方面进行论证，并分析项目的社会及经济效益、投资回收年限和融资的可行性等。

2. 进一步规范可行性研究报告的编制

可行性研究报告的编制单位必须是相关行业具有甲级资质的设计院，内容主要包括：项目背景和历史情况，投资必要性，研究工作的依据和范围，产品需求预测、销售渠道和拟建项目规模、资源、地址方案，公用工程和辅助工程，方案设计，环境保护，企业组织、劳动定员和人员培训，劳动保护和安全措施，项目实施规划，投资、生产成本估算，资金筹措，财务经济分析及社会效益评价，融资安排和结论等部分。

3. 充分争取当地政府给予优惠政策

为了吸引外资，发展中国家往往会对重大的基础设施建设项目在税收、外汇管制、收费标准和转让条件等方面给予多项优惠政策。这就要求企业加强与我国驻外使馆的沟通，利用各种可能充分争取政府给予更多的优惠政策，选择项目的最优方案，以降低项目风险。

4. 加强与欧美发达国家企业的合作

欧美发达国家的大型工程公司在项目融资方面有着丰富的经验，拥有一批精通业务的专业人才，而且发展中国家的法律法规往往源于殖民国家的法律体系，发达国家对于其法律法规的研究比较深入（如法国与法语系非洲国家，英国与前英殖民地国家），与它们合作可以使企业在一定程度上减少法律风险，提高项目运作管理水平。加强与欧美发达国家大型工程公司的合作，将有利于我国企业以最快的方式介入此领域。

5. 在项目融资方面考虑多渠道、多途径募集

项目的融资成本直接关系到项目的总成本，因此应开拓思路、敢于创新，在与金融机构保持充分交流沟通的基础上，利用各种不同金融产品的优势进行组合，降低融资成本和负债水平，控制财务费用支出和融资风险，保证以最小的代价获取最大的利益。要达到上述目的，必须对国内外金融机构的特点、优势、产品结构、工作程序等有比较充分的了解、研究，才能在需要时得到项目所需的融资条件。

6. 运营管理人员及早介入项目

由于项目建成后，建设方还需对项目进行多年的运营管理，通过项目收益才能回收建设成本并获得一定的经济效益，所以项目高质量地建成投入运营只是成功的开始，后续运营管理至关重要。为此，投资方不仅要聘请相关行业经验丰富的人员参与运营管理，而且运营管理人员队伍必须及早构建，并应参与项目的设计、建设和验收情况，以保证其了解项目的全面情况，并根据运

营管理流程的需要提出合理的咨询意见，使得项目建设的始终都贯彻运营管理的理念，更符合效益的需求。

7. 借助项目融资顾问的作用

项目融资顾问（financial advisory）的基本作用之一就是对项目进行财务及融资方面的研究和分析（主要包括项目的经济指标和结构、项目风险和职责的合理分担、收费（销售）结构和水准、项目可融资性和给有关各方所带来的回报等），并在此基础上对融资模式、渠道、结构及财务安排等各方面提出建议，制定出融资计划并组织执行（包括准备大量的合同、法律、保险等文件），直至预计的有关项目资金全部到位。

在项目特许权采取竞争性投标的情况下，融资顾问还可以帮助准备招标文件、运作招标答疑等。由于项目有关各方有其自身利益和目的，相互之间往往还存在冲突，因此项目融资顾问的参与能起到联系、协调的作用，促使各方就利益的分配和风险的承担达成妥协或形成一致意见，最终成功完成项目的开发和融资。

目前，由于我国缺乏项目融资方面的专业人才，更没有熟悉这一领域的投资银行，因此，我国对外承包工程企业应尽快同西方知名的投资银行（例如法国东方汇理银行、JP摩根等）建立合作伙伴关系，学习它们在项目融资方面的经验。

十三、结论

项目融资的多元融资和风险分担优势，既能满足我国对外承包工程企业的融资需要，也符合我国国内主要承包工程市场的特点，因此它是适合于我国承包工程业的一种融资方式。随着国内外承包工程市场的发展和变化，项目融资已成为我国承包工程企业的现实和必然选择。我国对外承包工程企业应学习和掌握项目融资理论，借鉴国内外项目融资实践的经验和教训，不断提高融资能力，进一步提高在国际工程承包市场上的竞争力。同时，我国政府和金融机构也应加强对项目融资及其风险防范的研究，积极探索新的渠道和管理模式，为对外承包工程企业提供更大的支持，以更好地贯彻"走出去"战略。

十四、案例

某国 18 区块项目总投资 45 亿美元，其中中资所占份额为 22.5 亿美元。2006 年，为解决资金需求，某国内企业对该项目筹组融资，总额 14 亿美元。中国银行等 13 家中外资银行参与了该笔融资。该项目在融资关闭后先后荣获 2006 年欧洲—中东—非洲最佳油气融资项目奖（EMEA Oil and Gas Deal of the Year 2006，Project Finance International）和 2006 年非洲最佳油气融资项目奖（Africa Oil and Gas Deal of the Year 2006，Euro Money）两项大奖。

第六节 应收账款的买断

一、福费廷

1. 概念

福费廷（forfaiting）是指银行无追索权地买入因商品、服务或资产交易产生的未到期债权。通常该债权已由金融机构承兑/承付/保付。银行福费廷业务可接受的债权形式包括信用证、汇票、本票、有付款保函/备用信用证担保的债权、投保出口信用险的债权、国际金融公司（IFC）等国际组织担保的债权及其他可接受的债权工具。

2. 功能

福费廷业务在无须占用客户授信额度的情况下，为客户提供固定利率的无追索权买断，可以有效满足客户规避风险、增加现金流、改善财务报表、获得提前核销退税等多方面的综合需求。目前，银行福费廷业务可细分为：

（1）远期信用证项下福费廷。指银行应客户申请，在远期议付、远期承兑或延期付款信用证项下，无追索权买入经开证行承兑/承付的远期应收款项。

（2）即期信用证项下福费廷。指在即期议付信用证项下，银行是指定议付行或信用证为自由议付，在严格审单、确保单证一致的情况下，应客户要求买断开证行应付款项。

（3）D/A 银行保付项下福费廷。指在承兑交单（D/A）项下，银行应客户要求无追索权买入经银行保付的已承兑商业汇票。

（4）国内信用证项下福费廷。指在国内延期付款信用证和可议付延期付款信用证项下，银行在收到开证行真实、有效的到期付款确认后，从客户处无追索权买入未到期债权。

（5）信保项下福费廷（无追索权融信达）。指银行对已投保出口信用保险的出口贸易，凭客户提供的单据、投保出口信用保险的有关凭证、赔款转让协议等，向客户提供的无追索权买入未到期债权的业务。

（6）IFC 等国际组织担保项下福费廷。指银行作为国际金融公司（IFC）、亚洲开发银行（ADB）、欧洲复兴开发银行（EBRD）、美洲开发银行（IDB）四家国际组织全球贸易融资项目协议参与方（保兑行身份），凭国际组织担保，无追索权买入客户持有的未到期债权。

3. 产品特点

（1）无追索权买断。银行无追索权买断应收账款，使客户应收账款"落袋为安"。

（2）规避各类风险。客户将国家风险、买方信用风险、汇率风险、利率风险等全部转移给银行，达到规避风险的目的。

（3）无须占用客户授信额度。福费廷业务不占用客户授信额度，客户在没有授信额度或授信额度不足的情况下，仍可从银行获得融资。

（4）增加流动资金。客户获得100％资金融通，将未来应收账款转化为当期现金流入，避免资金占用，增加现金流。

（5）优化财务报表。客户在不增加银行负债的情况下，减少应收账款，改善现金流量，达到优化财务报表的目的。

（6）提前获得出口退税。根据国家外汇管理局的规定，办理福费廷业务，客户可以获得提前出口核销和退税，从而节约财务成本。

4．期限

可以提供1年期以下的短期融资，也可以提供3～5年，甚至更长期限的中长期融资。

5．适用客户

（1）客户流动资金有限，需加快应收账款周转速度。

（2）客户希望规避远期收款所面临的信用风险、国家风险、利率风险和汇率风险。

（3）客户授信额度不足，或没有授信额度。

（4）客户希望获得提前出口核销和退税。

6．办理流程

（1）客户与银行签订《福费廷业务合同》。

（2）客户提交《福费廷业务申请书》。

（3）取得对债务人的授信额度或确定转卖后，与客户签署《福费廷业务确认书》。

（4）债权转让。在客户持有票据的情况下，将票据背书给银行；在无法取得票据的情况下，签署《债权转让书》。

（5）贴现付款。银行取得信用证项下开证行/指定银行的承兑/承付通知，或其他符合银行要求的债权凭证后，扣除贴现息和有关费用后将款项净额支付给客户。

（6）出口贸易项下，为客户出具出口收汇核销专用联，供其办理出口收汇核销和退税。

7. 注意事项

（1）办理福费廷业务的有关债权应是合法、真实、有效的，未设立任何抵押、质押。

（2）在信用证和托收结算方式下，通过银行交单，办理福费廷业务更加便捷。

（3）在 D/A 托收项下，须由有关银行在汇票上加签保付或提供担保。

（4）选择资信良好的开证行或承兑/承付/保付银行，有利于获得优惠的融资利率。

（5）在业务前期，银行可以提供全面的咨询服务，为企业设计个性化的融资方案，并可以承诺在未来一定时间内按照既定的价格和条件买入未到期债权。在这种情况下，根据承诺期的长短，企业可能需要支付一定的承诺费。

二、通过应收账款买断规避汇率风险

应收账款买断是在满足一定条件的情况下，企业将赊销形成的未到期应收账款以无追索权的形式转让给商业银行等金融机构，以获得银行的流动资金支持，加快资金周转的一种重要融资方式。由于国际工程承包市场大部分是第三世界国家，支付能力有限，因此将应收账款买断有利于规避业主的支付风险，降低应收账款坏账损失。同时，人民币升值带来的汇兑损失是国际工程承包企业需要着力解决的关键问题，而应收账款买断等同于提前收汇，进而提前结汇，因此可以有效降低收汇风险。但是，将收汇风险转嫁给银行需要支付成本，即买断成本，人民币升值趋势越明确，银行要求的买断成本也会相应越高。因此，优秀的财务人员应该密切关注货币市场和国际金融市场的动态，尽早做出决策，以较低成本规避汇率风险。

在 2005 年 7 月人民币开始升值之前，人民币对美元的汇率长期稳定在 8.27，前后长达十年时间。在这十年期间，国际工程承包企业往往采取卖方信贷进行项目融资。原因在于采用卖方信贷是国内的银行把钱贷给国内的总承包商，在同一国度内既没有法律障碍，又没有语言障碍，相对其他融资方式而言，效率较高。然而自 2005 年 7 月之后，这种融资方式少有企业采用，原因就在于人民币升值给企业带来了汇兑损失。

面对这些损失，金融知识全面的财务人员会在伦敦同业拆借利率（LIBOR）较低的时期，尽早将应收账款卖掉，以最小的代价实现即期收汇。

例如，国内某总承包商 2003 年向某国承建某工程，合同总金额为 1 亿美元，建设期为 2 年，还款期为 10 年，按照当时 8.27 的汇率，总承包商自建设期满后可以逐年收汇并结汇，直至收回 8.27 亿元，假设项目总成本是 7 亿元，则该项目总承包商的利润预计为 1.27 亿元。由于采用卖方信贷，该项目总成本 7 亿元以人民币计价，且在 2005 年前全部支出。然而自 2005 年人民币开始升值后，人民币汇率一路下跌，假设汇率在收款期内平均是 6.5，则总承包商最终只能收回 6.5 亿元，扣减 7 亿元的成本，该项目最终亏损 0.5 亿元。

由上述案例可以看出，由于人民币升值，采用卖方信贷进行融资会给国际工程承包商带来巨额损失。由于此前人民币汇率长期稳定，财务人员对于汇率变动非常不敏感，如果财务人员具备全面的金融知识，对汇率变动有所认知，并采取适当的措施，则风险是完全可以避免的。

再举一个应收账款买断的成功案例。某企业在 2005 年以前也和其他企业一样，90% 的国际工程承包业务都是采用卖方信贷的方式进行融资。自 2003 年开始，学术界就开始讨论人民币升值的问题，为此，该企业财务人员仔细研究了相关政策，并向企业领导建议进行应收账款买断，通过支付一定的买断费用给银行，银行将剩余款项全部支付给企业。通过此项操作，企业尽管让渡一部分利润给银行，但可以实现即期收汇，同时企业将出口信用保险的权益转让给银行，一旦业主到期不还款，银行可以直接向中国出口信用保险公司索赔。

由于企业业务人员的奖金是按照净利润的一定比例提成的，实行应收账款买断后，势必会减少项目利润，进而减少业务人员的奖金，因此该项操作受到了来自业务人员的压力。但该企业的财务人员向企业领导汇报了应收账款买断的好处、人民币升值的趋势、业内专家的分析，并对人民币升值到不同程度会给企业带来的损失做了测算，最终得到了企业领导班子的支持。

在 2005 年 7 月之前，该企业将大部分应收账款都卖给了银行，当时的 LIBOR 不到 2，加上银行的费用，整体卖断成本仅为 2.7% 左右。通过此项操作，不仅收回了大量的现金，可以滚动用于其他项目，降低了贷款利息等财务成本，而且将未来人民币升值的风险锁定在有限的范围内，在现金为王的时代，其好处自然不言而喻。

事实证明，自 2005 年 7 月起，人民币一路升值，至今兑美元的汇率已达到了 6.2，回顾过去，由于及时地卖掉了应收账款，该企业每年减少了几千万元的汇兑损失。

然而，作为财务人员，当时也是顶着较大的压力进行这样的财务运作的，如果人民币没有升值甚至贬值，这些成本就白白地支出了，虽然成本不到 3%，但是由于国际工程承包的总金额较高，这笔费用也是很大的。由此可见，进行此类资金运作需要财务人员具备较强的职业判断能力、综合的专业知识，并关注国际经济形势，能果断而有魄力地做出准确的判断。

再来看看其他大部分主要以卖方信贷进行项目融资的企业，由于没有及时地进行应收账款的买断操作，自 2005 年人民币开始升值后，应收账款的买断成本一路攀升，达到 6%～7%，而国际工程承包的利润不过 10%左右。当大部分企业都意识到要进行应收账款的买断时，其买断成本企业根本无法承受，这些应收账款就成了烫手的山芋，令企业处于两难境地。至今，还有一些企业每年要承受 2 亿元以上的汇兑损失，这些企业的商务合同并没有问题，恰恰是后期财务运作没有跟上而导致亏损。

从这个案例可以看出，财务人员的职业敏感性及对国际货币和金融市场的判断非常重要。许多从事国际工程承包的企业非常重视经营过程或是商务合同签约过程，却往往忽视了财务管理环节，然而这个环节如果做不好，很可能使项目利润付诸东流。

通过上面的案例分析，可以了解到应收账款买断的好处，下面再重申一下应收账款买断的条件和实务操作流程。

1. 应收账款买断一般必须具备的条件

（1）合同金额一般应大于 50 万美元，否则银行兴趣不大；同时该商务合同已经生效，相关货物已经运出，即公司应收债权已经成立（如信用证支付方式下进口商已承兑等）。

（2）必须投出口信用保险；签订买断协议之前，保险合同已经生效。

（3）由于买断实际上是占用保险额度，因此，在签订买断协议的同时，需先将赔款权益转让给银行，所以在买断协议签订的同时，赔款转让协议也必须签订并生效。

通常银行是按 LIBOR 加点报价，至于加多少点则取决于账款期限、金额大小以及银行对项目的兴趣度。支付对价的方式有两种：一是应收账款权利凭证金额的全额，在到期时由国内企业支付约定的利息及相关手续费用；另一种则以贴现方式预先扣除利息及相关费用，差额支付给国内企业。对于银行而言，一般倾向于采取贴现方式，否则到期国外进口商不付款时再向国内企业索取利息将令自身陷入被动境地。若银行看涨 LIBOR，会要求国内企业采取阶段性后付息方式。

2. 办理应收账款买断的基本流程

（1）明确办理买断业务的目的是转移坏账风险还是提前收款。

（2）与熟悉自己背景情况及业务能力的银行进行沟通，阐明申请应收账款买断的理由和内在需求。

（3）按照银行的要求积极准备需要提供的各种材料。

（4）与银行进行反复的沟通，帮助银行信贷人员完善信贷审核报告，顺利通过银行的支行、分行甚至总行的层层审批。

（5）将出口信用保险权益转让给银行。

（6）审核并签订买断合同和赔款转让协议，对买断账款进行结汇并进行相应的账务处理。

第七节　其他融资方式

一、境外本外币融资

1. 产品说明

根据客户的委托，帮助其在国际市场上发行以人民币或外币计价的债券或组织以人民币或外币计价的银团贷款，为客户提供中长期资金来源。

2. 产品特点

帮助客户在国际市场上拓宽本外币融资渠道，筹借中长期本、外币资金，提高客户的国际声誉，支持客户的国际业务发展，向投资者提供本、外币投资渠道。

3. 适用客户

在我国境内依法注册设立的、开展进出口贸易或国际业务的金融机构法人及企事业法人。

4. 申请条件

根据政府主管部门的批准确定。

5. 利率

根据市场情况确定。

6. 办理流程

(1) 委托银行为主承销商，签署承销协议；

(2) 接受尽职调查，组建承销团，完成各项发行文件；

(3) 获得有关政府部门核准的发行额度；

(4) 公布发行公告，发行债券或组织银团；

(5) 收到募集资金后办理相关债权债务关系的契约；

(6) 根据有关规定，完成持续信息披露等其他后续工作；

(7) 按约定偿还债券。

二、结构性融资

1. 产品说明

将客户特定资产未来产生的现金流剥离表外，并以此作为第一还款来源发行债券，从而为客户进行表外融资，提供中长期资金来源。

2. 产品特点

(1) 为客户提供中长期资金来源；

(2) 提高客户资产周转率；

(3) 降低客户资产负债率；

(4) 实现信用增级，降低融资成本，丰富投资者的投资品种。

3. 利率

以货币市场同期产品收益率（shibor）为基准利率，在此基础上综合考虑发行人的信用利差、流动性利差以及其他各类风险收益因素利差，得到本期融资券的最终定价。

4. 适用客户

在中国境内依法成立的企业法人或金融机构法人，拥有未来能产生稳定现金流的资产。

5. 办理流程

客户委托中国银行为主承销商并聘请专业服务机构，完成结构性融资，具体业务流程包括：

（1）剥离资产，设立资产池；

（2）编写各项发行文件，完成各项发行准备工作；

（3）获得央行等监管机构的批准，发行债券；

（4）按约定还本付息；

（5）进行债权债务登记，按约定进行信息披露。

为了配合业务的需要，银行还可以在项目前期为企业提供可撤销贷款承诺函（revocable loan commitment）和不可撤销贷款承诺函（irrevocable loan commitment）。

可撤销贷款承诺函又称营销性贷款承诺函，是指银行对外出具的带有附加条件的单方面书面承诺。银行在有效承诺期内，按照双方约定的条件，随时准备应客户需要提供贷款。在银行承诺期内，如附加条件没有满足，则银行可撤销该项承诺。出具此类承诺函的目的主要是响应客户的需求，向客户表明银行叙做项目的态度，银行不承担任何实质性的授信约束。

不可撤销贷款承诺函又称实质性贷款承诺函，是指不经客户允许银行不得随意取消的贷款承诺，具有法律约束力。银行在有效承诺期内，按照双方约定的条件、金额和利率等，随时准备应客户需要提供贷款。出具此类承诺函的目的是向客户正式承诺银行将叙做该笔贷款，同时对具体贷款条件做出承诺。

三、补偿贸易

　　承包商采用的补偿贸易融资方式是指，业主以产品偿还的方式延期支付承包商的工程款或承包商方银行的贷款。这种融资方式与前几种融资方式的根本区别在于业主是以产品偿还工程款或贷款。国际工程承包中补偿贸易的基本形式有：直接产品支付，即业主用本项目将来生产的产品来支付；间接产品支付，即业主不是用本项目所生产的产品来支付，而是用双方（业主与承包商，或业主与承包商方银行）同意的产品来支付；综合补偿，即部分直接用产品支付，部分用其他产品间接支付。如承包商以提供卖方信贷等方式向业主垫资，则在业主与承包商签署的工程承包合同（包括设备供应合同、设计与技术服务合同等）中必须明确有关补偿贸易的合同条款，或者在工程承包合同外另行签署补偿贸易合同。如果是承包商方银行以买方信贷等方式向业主提供信贷，则业主须与该银行签署补偿贸易合同，而该银行可能要求承包商与之签署产品包销合同。用作补偿贸易的产品必须是在市场上畅销的产品，基本没有或者极少有非关税贸易壁垒，其运输成本合理，这主要取决于产品的价值、运输条件。项目应有可靠的预期效益，以保证未来的产品偿还。业主及业主方银行应有良好的信誉，能提供被承包商或承包商方银行认可的担保并投保信贷险。

四、租赁融资

　　租赁是出租人在一定时间内把租赁物租借给承租人使用，

承租人分期支付一定的租赁费的一种融资和融物相结合的经济活动。国际工程承包商为了减少自己的资金占用，缓解固定资金和流动资金的不足，避免直接进口设备的谈判、签约、入境报关等较长的过程和烦琐的手续，可通过租赁直接取得一些大型设备的使用权。通过融资租赁，长期使用的设备在租赁合同期满后经过一定的手续可以占有。对于短期使用的设备，可在租赁合同期满后再退还给租赁公司。因此，租赁是承包商一条重要的融资渠道。与利用商业银行借款购买设备相比，租赁设备不会使承包商资产负债表中的流动负债比率削弱、资产负债率提高，因而不会影响承包商的进一步融资能力，许多时候可以降低成本。如果承包商在某一个国家完成一个项目后没有承揽到下一个项目，承包商就要将用于该项目的设备卖掉、运回国或者运到第三国的工地，而有时出售旧设备的价格太低或运费太高使得这样做很不划算。如果采用租赁设备的方式就不会产生这一问题，特别是当某一设备在工程中仅有较短的时间被使用时，采用租赁的方式可以大大降低成本，简化手续。当承包商的工期较紧时，采用租赁在一定程度上有助于承包商赶工期，可以避免通货膨胀的风险，因为租金一般是固定的，不随货币的升值或贬值而变化。与承包商自己投资设备相比，利用租赁引进设备可以有效降低成本。租赁期间，承包商可以熟悉设备的性能、质量以及生产效果，为以后留购或者直接购买创造条件，以免盲目购进。但这种融资方式也存在一些弊端，如果主要设备都采用租赁，将会减少承包商的中标机会。因为在项目招投标的承包商资格预审阶段，承包商的设备能力是业主审查的重点之一，如果承包商缺少一些关键设备，业主会认为该承包商无能力承建该工程，从而导致其失去投标资格。另外，租金总计高于直接购买成本，租金的利率一般要高于贷款利率。因为出租人出租设备的目的是盈利，只有租金折算成的利率高于贷款利率，出租人才会有动力出租设备。综上所述，设备租赁融资要以不降低承包商在投

标时的竞争能力为前提。承包商的工程完工后，如果该工程所在
国或所在地的周边地区没有该承包商的后续工程，或者即使有工
程也无须使用相同的设备，那么对于一些使用寿命较长的大型设
备宜采用租赁的方式。

第四章
国际工程承包融资方式的比较

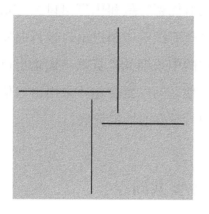

在前面章节中已经介绍了国际工程承包的融资方式，在实务操作中，仅仅了解这些融资方式是远远不够的，我们还必须掌握每种融资方式的优劣势，并比较分析它们的差异，以便选择正确的融资方式，少走弯路，快捷地解决融资问题。本章将就实务操作中如何选择融资方式加以介绍。

第一节　两优贷款的比较

两优贷款，即政府优惠贷款和优惠出口买方信贷。其中，政府优惠贷款是指中国政府指定中国进出口银行向发展中国家政府提供的具有援助性质的中长期低息贷款。优惠出口买方信贷是指为推动与重点国家和地区的经贸合作，采用出口信贷形式对外提供的由中国进出口银行承办的特定贷款。

一、两优贷款的主要共同点

（1）以出口买方信贷方式提供贷款；

（2）信贷条件均优于商业贷款；

（3）由中国进出口银行提供；

（4）具备五个要素：商务合同、项目建议书、申贷函、使馆商务处的支持函、可行性研究报告。

二、两优贷款的主要区别

两优贷款融资条件的比较见表4—1。

表 4—1 　　　　　　　　　　两优贷款融资条件的比较

政府优惠贷款	优惠出口买方信贷
以人民币提供	以美元提供
融资比例 100%	融资比例 85%
最长期限 20 年	最长期限 20 年
利率不超过 3%	利率不超过 3%
承担费 0.75%	承担费 0.75%
管理费 1%	管理费 1%
中国成分不低于 50%	中国成分不低于 50%

三、两优贷款操作程序的比较

两优贷款操作程序的比较见表 4—2。

表 4—2 　　　　　　　　　　两优贷款操作程序的比较

政府优惠贷款	优惠出口买方信贷
借款国政府向中国进出口银行提出借款申请	借款国政府向中国进出口银行提出借款申请
中国进出口银行评审项目	中国进出口银行与借款人签署贷款总协议（可省略）
评审通过的项目，商务部援外司将与借款国政府签署政府间框架协议	借款人向中国商务部推荐项目，商务部征求有关单位意见后确认项目，由中国进出口银行评审项目
中国进出口银行根据政府间框架协议签署贷款协议	中国进出口银行与借款人签署具体贷款协议

总之，两优贷款主要支持的是国家交办的、配合外交的、有利于经济双边合作的项目，政治色彩浓厚。此外，两优贷款不同于援外项目，援外项目是我国为了支持受援国而实施的，没有计划收回款项，而两优贷款只是在贷款利率和贷款期限上优于商业贷款，最终还是要收回承包款和贷款本息。从这个角度讲，项目本身的经济效益就非常重要。两优贷款主要支持收款有保证的、实力强的、前景好的项目。为此，我国特地在 2011 年发布了 38 号文件，重申了两优贷款支持的范围，那些类

似修建政府大楼之类无效益和回款能力的项目就不在支持范围内了。

第二节　使用两优贷款应注意的问题

一、关注政治和外交

两优贷款带有政治色彩，配合外交的意义重大，因此，要多关注国际政治经济形势、我国的外交关系，以及首脑高访、两国峰会、混委会等双边经贸合作，从中寻找商机。例如，某国欲与台湾地区建交，中国政府给予该国一定金额的政府优惠贷款，在一定程度上促成了该国与中国政府建交。

二、申请两优贷款的要素备齐才能进行评审

申请两优贷款的要素包括：项目建议书、申贷函、商务合同、可行性研究报告、使馆商务处的支持函。其中，申贷函要由外国政府递交给我国驻该国的大使馆，由使馆发回国内外交部、商务部和中国进出口银行，表明该国政府愿意向中国政府申请政府优惠贷款，此贷款是具有主权性质的，这也正是私人业主无法使用两优贷款的原因。商务合同的签署是履行审批的必要条件，承包企业可以事先签好带有生效条件的商务合同，即优惠贷款的协议生效，商务合同才生效，避免国外业主自商务合同签署之日开始计算工期，给承包企业带来不必要的麻烦。

三、及早沟通，少走弯路

企业一旦确定使用两优贷款，应尽早与商务部和中国进出口银行沟通，一方面确定是否符合国家的政策，另一方面申请银行尽早介入，充分听取中国进出口银行的意见和建议，这样可以少走许多弯路。不要等各要素都准备齐全了再联系中国进出口银行，以免由于资料不符合评审要求而耽误时间。

四、可行性研究报告一定要经过业主和借款人的认可

仅仅有中介机构做出的报告是不行的，还必须经过业主和借款人的认可。此外，电站项目涉及的流域争议问题也要引起足够的重视。在实务中，经常遇到承包商备齐了五要素，准备上会，却发现可行性研究报告是中介出的，未经业主认可。如果在施工过程中，业主对可行性研究报告产生疑问，承包商会付出不菲的代价。尤其是两优贷款项目，它不仅仅是商业承包行为，两国政府间的行为也在其中。因此，两优贷款承包企业应尤为重视，一旦失败，将给中国政府带来负面影响。

五、重视环境许可问题，一定要符合业主所在国的标准

近年来，环评为越来越多的国家所重视，特别是电站建设等涉及环境保护问题的项目，其环评尤为重要。例如，由于涉及上下游水域，有些项目往往因为下游所在国的反对而无法进行。还有的项目处于三国交界处，要想协调三个国家共同出具申贷函，

向中国政府申请两优贷款的难度会更大。

六、积极推动中国标准和监理咨询"走出去"

这对于今后争议的解决具有重要的意义。我们一直在呼吁"中国监理走出去",但这的确需要一个过程。现实中大部分国际工程承包的监理都是由欧美发达国家来操纵的,适用的都是国际标准。而我国承包商承揽的国际工程承包项目要带动50%以上的中国产品出口才符合国家战略,中国的产品和标准与国际接轨需要时间和过程。因此,在现阶段,由于中国监理没有"走出去",我国的承包商在施工过程中难免会受阻。

七、注重文件质量,提高效率,保证项目顺利实施

两优贷款在上会审批后,即签署贷款协议,但是在提款前一般还有许多生效条件要满足,需要准备若干份资料,其中大部分是需要外方提供给中国进出口银行的资料,生效条件和资料主要包括:

(1) 商务合同生效;

(2) 外国政府承诺的相应的优惠政策要到位;

(3) 配套资金到位;

(4) 承包类项目配套的建厂用土地、修建道路等工作完成;

(5) 外国政府出具的表明外国政府审批通过的法律意见书;

(6) 缴纳承诺费、管理费等与贷款协议相关的资料。

实务中,对于部分效率较低的国家,为避免出现提款文件反复填错,多次往返,以致延误融资审批时间,建议企业根据中国进出口银行的要求及时与外方沟通,这样可以缩短提款时间,使

贷款协议早日生效，项目早日开工。

八、优惠程度的问题

一些接受世界银行援助贷款的国家，其接受贷款要受到一定的限制，并且优惠度要达到一定的标准，计算的依据要符合世界银行的要求，而我国政府提供的两优贷款不一定能满足需要，这就要求企业进行测算并采用一定的技术进行处理。

九、注重项目质量，实现可持续发展

由于两优贷款项目不仅仅代表企业行为，更带有国家色彩，一旦项目质量出现问题，将直接有损国家的形象。例如，我国某企业在某国承揽的医院墙壁出现拳头大的裂缝，该国首脑在中国领导人访问期间明确提出质量问题，造成了不良的国际影响。诚然，有消息说是由于该国未按要求提供相关地质资料所致，但无论如何最终问题出在我国承揽的项目上。因此，我国承包商应引以为戒，要在合同中界定好外方的责任义务，在实际操作中不能因赶工期，在外方提供的资料不全或是原料不合格的情况下盲目开工，造成恶劣的质量问题。工程承包企业一定要重视工程的质量，不能偷工减料，要保质保量，只有这样才有利于承揽更多的两优项目，进而实现可持续发展的目标。近几年来，承揽两优项目的企业越来越多，目前中国进出口银行在试行黑、红名单制度，优先鼓励保质保量完成项目的企业，而实力薄弱、有失败案例的企业将被纳入黑名单，不允许再次承揽两优项目。这也是对我国承揽的两优项目既要满足外交需要，又要带动企业"走出去"的有效保证。

十、注意效率

两优贷款因需要两国政府间达成一致，所以不同于普通的商业贷款融资项目，其谈判及审批时间会加长。由于中国进出口银行的审批在签署商务合同之后，所以建议承包企业先签署有生效条件的敞口合同，明确贷款协议生效后本商务合同才生效。这样做的好处是，一方面可以节约审批时间，另一方面可以避免外方签署完商务合同就开始计算工期。由于贷款协议的签署还需要很长时间，承包商要么在贷款协议生效前自行垫资开工，要么面临保函被没收的违约风险，这种教训对于初做国际工程承包项目的企业来说不胜枚举。两优贷款中某些优惠的买方信贷要求有中国出口信用保险公司的保险，由于中国信保还需要报财政部、国务院办公厅等政府机构审批，时间更是无法控制，这种情况下，承包商在签署商务合同时应加上"待信保保单生效此商务合同生效"的条款。承包商尽快谈好商务条款并签署带有生效条件的合同，而后同步开始信保保单和贷款协议的审批手续，这样既节约了时间，又避免了违约的商务风险，承包企业在融资谈判中更加游刃有余了。

第三节 两优贷款与商业贷款的比较

两优贷款和商业贷款的比较见表 4—3。

表 4—3 　　　　　　　　　　两优贷款与商业贷款的比较

	两优贷款	商业贷款
利率	低（有政府的补贴）	高
融资成本	低	高
审批时间	慢（需要政府间签订协议）	快

续前表

	两优贷款	商业贷款
可操作的银行 信用保险	中国进出口银行 政府优惠贷款无须信保; 优惠的买方信贷根据项目的情况决定是否需要信保	所有银行 需要信保

从表 4—3 可以看出，两优贷款的主要优势在于融资成本低，由于有政府的补贴，利率一般在 2% 左右，且不需要信用保险，可以节约保费的支出，因此，对于第三世界国家很有吸引力。但是两优贷款只能用于政府间的项目，那些私人业主的项目是无法采用两优贷款的。此外，由于需要两国政府签订协议，涉及的部委较多，审批周期较长，所以对于那些急于上马的项目不推荐采用此方式。

商业贷款则相反，其主要优势是审批周期相对较短，且不受政府间额度的限制，私人业主也同样可以申请。劣势在于融资成本高，由于没有政府的补贴，因此报价采用 LIBOR 加个点，再加上中国信保的保费成本，国外业主接受起来比较困难。

两优贷款和商业贷款一样，都要收取管理费和承担费，通常都是贷款金额的 1%。其中管理费是一次性收取的，承担费每年按照未提款金额的比例收取。尤其对于商业贷款，切勿仅凭贷款利率的报价来比较融资成本的高低，必须综合考虑管理费和承担费，并将其纳入融资成本。

第四节 商业贷款之间的比较

卖方信贷与买方信贷的区别如下：

1. 借款人不同

卖方信贷的借款人是承包商（卖方），买方信贷的借款人是业主（买方）委托的银行（借款银行）。

2. 付款方式不同

卖方信贷相当于工程总承包合同项下的分期付款。建设期内工程承包企业从中国的银行贷的是人民币，业主还的是外汇，承包商收汇后折合成人民币，再归还给银行。买方信贷对承包商来讲几乎等同于现汇项目，在建设期内，承包商按照施工进度取得国外业主的认可，国外业主发指令给国内的银行，承包商即可从银行得到资金。

3. 国外业主倾向卖方信贷，国内承包商倾向买方信贷

卖方信贷业主委托一家金融机构担保还款即可，操作简便，且融资条件双方可讨论变通，如利息可计入合同总价中等。业主一般倾向卖方信贷的融资方式。买方信贷业主要委托两家金融机构介入，工作难度大，银行费用高，既要支付担保费，又要支付转贷费。国内承包商倾向用买方信贷，一方面不会增加承包商的资产负债率，另一方面，在人民币升值的前提下，汇率损失由买方承担。

4. 利率风险不同

卖方信贷存在利率风险，国内银行的人民币贷款利率每年按中国人民银行公布的利率情况进行调整。买方信贷的利率风险主要源于 LIBOR 的浮动。

5. 汇率风险不同

在人民币升值的情况下，买方信贷的汇率差由国外业主承担，而卖方信贷则是由承包企业承担。

6. 收汇风险不同

同样是投出口信用保险，卖方信贷下中国出口信用保险公司的赔付率为90%，一旦出现逾期，剩余10%要由承包商承担；买方信贷对承包商来讲则不存在上述风险，一旦出现不还款情况，贷款银行直接向中国出口信用保险公司索赔，承包商只需要协助银行和保险公司向国外业主追讨即可。

7. 对企业财务状况的影响程度不同

卖方信贷是承包企业的长期负债，且需要找信誉好、有实力

的单位为贷款担保，所以对企业压力很大，而且会增加企业的资产负债率，对于承包企业来讲，当资产负债率达到 90%，将无法参与国际投标。买方信贷则不存在上述问题，因为增加的是国外业主的资产负债率。

8. 担保情况不同

卖方信贷是业主委托银行依据工程总承包合同直接给承包商开具还款保函或信用证。买方信贷则是借款银行与国内银行签订借款协议，然后由第三家金融机构（银行、保险公司或所在国财政部）进行担保。

9. 前期工作周期和投入不同

卖方信贷项目融资条件的谈判、收汇保险和信誉担保单位的落实都由承包商自己完成，所以一般情况下工作周期较短，前期费用投入较少。买方信贷的融资、担保、保险条件由中国进出口银行和中国出口信用保险公司与各方商定，承包商要从中斡旋，投入相对较多。

10. 谈判的难易程度不同

卖方信贷的融资条件由承包商直接与业主谈判，所有融资条款都在工程总承包合同中明确，如贷款条件、保函格式、信用证格式等，谈判相对简单。买方信贷则由承包商协调和安排业主指定的借款银行与中国进出口银行谈判贷款合同，安排业主指定的担保金融机构与中国进出口银行和中国出口信用保险公司谈判担保条件（保函格式）等，由于涉及不同的国别、不同的语言、不同的法律环境，若想达到贷款协议的一致，难度较大。

11. 对项目的控制程度不同

卖方信贷的融资条件以及商务条款、技术条款确定后，承包商顺理成章地与业主签订工程总承包合同。买方信贷则存在业主公开招标的可能性。

第五章

贷款银行之间的比较

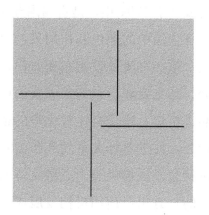

目前国内可以为国际工程承包及海外投资业务提供贷款的银行很多，每家银行都各有特点，作为总承包商和海外投资商，如何最大限度地利用各个银行的优势，是影响项目成功的主要因素之一。本章就各个银行与国际工程承包和海外投资相关的业务特点及优劣势分别进行分析。

第一节　中国进出口银行

中国进出口银行成立于 1994 年，是直属国务院、政府全资拥有的国家银行，在经济全局中的地位和作用日益突出，国际信用评级与国家主权评级一致。在境外设有东南非代表处、巴黎代表处和圣彼得堡代表处。其主要职责是为扩大我国机电产品、成套设备和高新技术产品进出口，推动有比较优势的企业开展对外承包工程和境外投资业务，促进对外关系发展和国际经贸合作提供金融服务。在为经济社会发展提供有力金融支持的同时，中国进出口银行正在从单一的官方出口信用机构发展成为新型国际经济合作银行。

通过近年来的不懈探索和努力，中国进出口银行形成了以进出口融资为基础，优惠出口买方信贷和政府优惠贷款为龙头，一揽子互惠合作为特色，"走出去"融资为重点，创新、资金、转贷和中间业务等全方位、多层次发展的金融服务体系，在支持对外合作和促进经济发展中的独特作用日益突出，成为中外经济交流与合作的重要桥梁。近 10 年，中国进出口银行支持的机电产品和高新技术产品出口合同金额约占全国同类产品出口金额的 15％，其支持对外承包工程和境外投资等"走出去"项目近 1 600 个。

作为国内最早支持企业"走出去"的金融机构之一，中国进出口银行积极提供全方位、专业化的"走出去"金融服务，帮助我国企业实现从起飞到腾飞的跨越。中国进出口银行近年来支持了一大批具有战略意义和重大影响的"走出去"项目，创造了多项"第一"和多个经典案例。相当多的中国企业都是在中国进出口银行的支持下首次进入海外市场。中国交通、中国建筑、中国水电等进入世界最大225家国际承包商之列的中国承包商，中石化、中海油、宝钢、国机、海尔、奇瑞等企业在跨国经营进程中，都得到了中国进出口银行的支持。

在发展中，中国进出口银行始终注重处理好规模、质量、结构和效益的关系，注重提高识别风险、控制风险的能力，强调在有效控制风险的前提下，实现规模的扩大和效益的提高，逐步建立起全面风险管理体系，不断推进政策、制度和流程的统一和规范。一方面，从优化贷款增量入手，严把贷款"三查"关，细化信贷资产分类标准，建立国别、行业和客户风险预警机制，加强动态跟踪和监控，并建立新增不良贷款责任追究制度；另一方面，从盘活贷款存量入手，通过采取催收、法律诉讼、资产保全、贷款重组和呆账核销等手段化解不良贷款，并建立不良贷款催收责任制，制定专项奖惩办法。按五级分类口径，中国进出口银行的不良贷款余额和比率连年实现"双下降"。

中国进出口银行的思路是要办成一个可持续发展的政策性银行，一个支持国际经济合作与发展的银行，一个为国家和民族发展做贡献的银行，一个促进社会和谐、世界和谐的银行。在这种思路的指导下，中国进出口银行在工作中冲破了"三个束缚"，强调提高"三种能力"，即冲破了亏损才是政策性、盈利就不是政策性的束缚，不断强化内部经营管理，提高了业务创新和盈利能力；冲破了只办理政策性业务、不办理自营性业务的束缚，以政策性业务带动自营性业务、以自营性业务反哺政策性业务，提高了全面协调可持续发展的能力；冲破了被动发挥作用的束缚，主动贯彻落实国家产业政策，提高了创造性开展工作的能力。

中国进出口银行的优势包括以下几个方面：

（1）政策优势。作为国家政策性银行，中国进出口银行不仅仅享受国家给予的各种优惠政策，更重要的是要肩负起配合国家政治、外交的使命。中国进出口银行与商业银行不同，不是以追求利润最大化为主要目标，对于许多艰难的项目和特殊的国别，只要国家的政治和外交需要，就得迎难而上。因此，凡是特殊国别的特殊项目，只要与政治、外交挂钩，建议企业选择中国进出口银行。

（2）国际业务谈判的话语权相对较大。因中国进出口银行具有一定的政府色彩，所以该行在国际业务谈判中话语权相对较大。在必要的时候，该行可以与商务部、外交部沟通，联合所在国的使馆、商务处共同推进项目。例如在厄瓜多尔的20亿美元的水电站项目，谈判后期不仅仅是商务问题，还涉及外交，在这种情况下，中国进出口银行积极与各方协调，最终既做成了项目，又妥善解决了外交问题，这是一般商业银行难以做到的。

（3）两优贷款的唯一指定银行。中国进出口银行是国家指定的唯一可以发放两优贷款的政策性银行，其他商业银行不能发放两优贷款。

（4）融资成本低。中国进出口银行低于融资成本放贷的利差是由国家财政予以补贴的，因此中国进出口银行的报价会比其他银行更具有优势。

（5）优惠贷款与商业贷款组合。在政府优惠贷款的额度不能满足项目需要的情况下，中国进出口银行可以采用政府优惠贷款与优惠买方信贷相结合的方式，或政府优惠贷款与商业贷款相结合的方式。由于中国进出口银行的公司业务部也可以从事商业贷款业务，因此，通过优惠贷款拉动商业贷款就比其他银行更具优势。若采用中国进出口银行的政府优惠贷款与其他银行的商业贷款相结合，由于跨两家银行，审批上会更加复杂，因此，通过两优贷款带动商业贷款还是选择中国进出口银行最好。

（6）与多国有一揽子项目框架。中国进出口银行从国家的战略出发，与世界上许多资源丰富的国家签有一揽子框架协议，即用该国的资源作为项目未来的还款保证，支持我国的承包企业"走出去"。该行目前与安哥拉、赤道几内亚、苏丹、乍得、埃塞俄比亚、刚果（布）等许多国家都签有框架协议。承包商如果有框架协议内的国别的项目，可优先采用此种融资方式，当然，需要外方政府认可并愿意纳入盘子的，一般都是与国计民生息息相关的国家重点项目。对于没有签署一揽子框架协议的国别，如果项目所在国的资源储量丰富，承包企业也可以推动一揽子框架协议的签署，只要符合以下条件即可：其一，该资源是我国所需要的；其二，该资源是在政府控制下的；其三，该资源正在生产中，仅仅是探明储量的不行。在符合上述条件的前提下，承包企业就可以协助中国进出口银行去考察并向我国政府汇报，一旦签署了一揽子框架协议，对承包企业的项目推进将会大有帮助。

（7）外币头寸充足。中国进出口银行受到中国政府的支持，因此即便在金融危机时期，仍有足够的外币头寸可以满足项目的需要。

（8）人才优势。中国进出口银行自1994年成立以来一直从事国际业务，在近20年的时间里先后培养了一批国际化人才，带出了一支国际化团队，他们拥有丰富的国际业务经营经验以及控制风险的措施。

（9）勇于创新。大多数商业银行控制风险的措施往往是要求中国出口信用保险公司担保，而中国进出口银行创新了优惠买方信贷、资源换项目等一系列无须中国出口信用保险公司担保的融资模式，并且可以借助政治、外交等手段控制贷款风险。在推动人民币国际化方面，中国进出口银行稳步开展跨境人民币结算和境外人民币贷款业务，在缅甸、蒙古等国实现突破。

（10）在实施"走出去"战略的过程中，中国进出口银行非常注重推广中国标准，支持一大批海外铁路、公路、桥梁、电站、输变电、卫星等项目采用中国标准，并与中国交通集团合作，翻译出版中国交通建设标准英、法文版。

（11）特色产品。优惠贷款是中国进出口银行区别于其他商业银行的特殊产品，正是这种优惠产品使得中国进出口银行在国际工程项目中具有一定优势。

第二节　国家开发银行

国家开发银行是国内一家非常有实力的商业银行，2011 年以加快转变经济发展方式为主线，主动发挥开发性金融与中长期投融资优势，以市场化的方式服务国家发展战略，大力支持实体经济、基础设施、民生金融和国际合作三大业务均迈上新台阶。截至 2011 年末，国家开发银行外汇贷款余额达 2 100 亿美元，其中国际合作业务贷款余额 1 517 亿美元，业务遍及全球 116 个国家和地区，资产总额突破 6 万亿元，不良贷款率 0.4%，连续 27 个季度低于 1%，较好地实现了支持发展、防范风险与优良业绩的有机统一。其特点包括以下几个方面：

1. 从所在国家战略发展入手，规划先行

国家开发银行不是以项目为主体，而是以国家为主体，即先由专门的规划局负责先为某国制定国家规划，获批后，实施该规划的全部贷款均由国家开发银行提供。最成功的案例就是委内瑞拉，由于委内瑞拉盛产石油，国家开发银行的工作组很早就进入委内瑞拉，并为该国设计了包括石油开采在内的一整套国家开发战略，获得查韦斯总统的批准后，委内瑞拉以石油作为抵押，中国政府向其提供了近 400 亿美元的贷款，用于建设紧急电站、住宅以及开发石油区块等一系列项目,大大改善了基础设施建设,受到了该国国民的好评。而这 400 亿美元的项目全部由中国承包商承揽,带动了中国企业"走出去",同时银行也获得了相应的利润。目前这种方式在国家开发银行被大力推广,并迅速在其他国家被复制。

2. 互利共赢

国家开发银行扩大合作意识,为更广泛、深入的合作创造条件,实现双边、多边自主发展。国家开发银行目前在许多国家开发出一揽子框架,如加纳、安哥拉、津巴布韦等,承包企业如有项目也可纳入框架,由于框架内的项目都是在中国承包企业中有限招标,不像国际竞标项目那样拼得你死我活,项目的利润相对有所保证。

3. 工作组遍及世界各地

国家开发银行将世界各国区域在其各个省分行进行划分,由各省抽调力量组成工作组奔赴世界的各个角落。正因如此,中国承包企业无论走到哪个国家,都可以看到国家开发银行的身影。有银行在一线支持,贷款协议更容易达成一致,企业只需专注于商务谈判即可。

4. 外币头寸充足

国家开发银行国内业务庞大、资金雄厚、外币头寸充足,一般几亿美元的项目也无须组建银团。

5. 多方协调

国家开发银行注重发挥金融的桥梁作用,把政府、企业和金融合作的优势结合起来,构建市场化企业合作平台,拓展合作空间。

6. 市场化运作

国家开发银行以市场化运作开发、选择和管理项目,有助于提高项目建设、运营、管理效益和资金使用效率。

7. 人才优势

国家开发银行不同于其他银行,其业务部门的主要领导和骨干力量大多具有专业背景，对于项目的理解比金融专业的人才更到位。

8. 国家开发银行在融资方面的特点

（1）金融合作。与当地央行，政策性金融机构，多边、双边政策性及商业性金融机构，商业银行等金融机构开展授信、转贷、货币互换等业务。

（2）银团融资。与当地金融机构共同对企业融资，共担风险。

（3）向国外企业发放贷款。向国外优质企业直接发放贷款或通过金融授信进行转贷，支持企业业务拓展和项目所在地经济社会发展，支持中国企业参与相关项目建设。

（4）向国内企业发放贷款。开展银企合作，支持其在境外直接投资、收购、并购、承包工程等，并提供财务顾问服务。

9. 海外投资

国家开发银行通过中非发展基金、中国—比利时直接股权投资基金、中国—东盟投资基金、中意曼达林基金、中巴投资公司等平台，开展直接投资、投资咨询、财务顾问等业务。

10. 租赁业务

通过国银金融租赁有限公司开展飞机资产、航材、机场设备租赁等航空租赁业务，开展传播、基础设施、商用车、轨道交通以及其他在建租赁业务，向中小企业、高新技术企业提供设备租赁服务。

📖 案例分析

案例 1　　　　　中国—委内瑞拉联合融资基金

2006 年 8 月，委内瑞拉总统查韦斯访华期间，向中国国家领导人提议设立中委联合融资基金，旨在通过长期、大额、集中资金支持委内瑞拉基础设施、农业、社会、科学技术等经济社会领域的重点项目实现科学发展。国家开发银行承担了中委联合融资基金的相关具体工作，基金合作期限 15 年，共分 5 次滚动执行。目前中委联合融资基金已支持了委内瑞拉农业、教育、基础设施、民生等领域 162 个项目建设，总规模达 180 亿美元，促进了委内瑞拉经济与社会的发展，被委内瑞拉的人民亲切地称为中国基金。中委联合融资基金巩固了中委两国共同发展的战略伙伴关系，形成了中委两国在能源领域上、中、下游一体化合作的战略格局，显著提升了双边经贸合作水平。

此外，2009 年 12 月，在中巴高文化第 8 次会议期间，国家开发银行与委内瑞拉国家石油公司签署了《关于开展融资合作联合研究的谅解备忘录》，长期融资规模为 100 亿美元及 700 亿元人民币。

案例 2　　　　　　　　**中俄石油融资合作**

2008 年 7 月，中俄副总理级能源谈判机制正式启动，同年 10 月，俄方提出希望在增加对华供油并修建远东原油管道中国支线的同时，从中方获得融资，由中方向俄石油公司和管道公司分别提供 150 亿美元和 100 亿美元长期贷款。10 月 28 日，温家宝总理访俄，两国政府签署了《关于在石油领域合作的谅解备忘录》，为建设中俄远东原油管道，国务院决定由国家开发银行牵头组织银团向俄方提供贷款，贷款期限 20 年，含 5 年宽限期。2009 年 2 月，两国政府签署了《中华人民共和国和俄罗斯联邦政府关于石油领域的合作协议》，2009 年 5 月，项目实现首笔贷款发放，意味着项目正式启动。

案例 3　　　　　　　　**非洲中信企业发展专项贷款**

2009 年，温家宝总理在中非合作论坛第四届部长级会议上宣布对非新八项举措，其中第三项是增加非洲融资能力，支持中国金融机构设立非洲中小企业发展专项贷款，金额 10 亿美元。作为中非合作论坛后续行动委员会成员单位，国家开发银行积极筹备并设立 10 亿美元非洲中小企业发展专项贷款。

1. 项目运作模式

（1）平台授信转贷。由项目所在国政府认可的金融机构或其他符合条件的机构作为借款人，并承担最终还款责任。国家开发银行向平台借款人提供一定额度授信，当地中小企业向平台借款人申请转贷款，平台借款人审核通过后，由国家开发银行核准通过后发放贷款。

（2）直贷。由在非洲当地注册的企业或其控股股东作为借款人，国家开发银行直接向其发放贷款，并由借款人承担最终还款责任。

2. 经营原则

（1）政策性。中国政府对非新八项举措之一，通过帮助非洲中小企业解决融资难题，实现中非务实合作，深化中非合作伙伴关系。

（2）商业性。国家开发银行按照商业化原则运作，根据项目重要性、借款人信用等级、项目风险评估结果等因素制定贷款价格。

（3）普惠性。根据各国实际情况，按照"一国一策"的原则开展专项贷款任务，争取惠及非洲各国。

（4）灵活性。满足各类中小企业融资需求，可以是固定政策投资贷款或流动资金贷款，贷款期限最长 5 年，可使用美元、欧元或人民币，可选择固定或浮动利率，提还款计划可视双方谈判情况灵活掌握。

第三节　中国工商银行

中国工商银行（以下简称工行）是我国大型商业银行之一，基本形成了以商业银行为主体，跨市场、国际化的经营格局，在商业银行业务领域保持国内市场领先地位。工行近几年国际业务发展迅猛，成为我国商业银行中"走出去"步伐最快的银行。其特点包括以下几个方面。

一、大力铺设海外分支机构

截止到目前，工行拥有 16 648 个境内机构、239 个境外机构以及遍布全球 136 个国家和地区的 1 669 个代理行，在商业银行业务领域保持国内市场领先地位。

二、大力发展国际现金管理平台

工行以其分布广泛的境内外分支机构及合作银行网络为依托，为承包企业提供全球账户管理、集中收付款、资金池等现金管理服务，协助企业及时、准确地掌握海内外资金信息，统一调配境内外应收应付款，统筹归集全球资金，满足企业跨境、跨银行资金集约化管理需求，降低跨国经营资金风险。中国企业在国外首选开户行是中资银行，加之工行有良好的现金管理系统，因而大量的海外现金就归集到该行，对其开拓国际市场和筹备外币头寸大有帮助。与铺设海外分支机构的成本相比，该行近几年在国际业务中获得的利润还是相当可观的，更为关键的是该行占领了国际市场的份额，其他商业银行很难在短期内缩小这种差距。工行已经在全球主要新兴市场国家设立了机构，在非洲、南美、东南亚、中东、独联体等新兴市场的出口信贷和境外项目融资方面具有明显的竞争优势。客户通过工行"一点接入"即可轻松实现全球现金管理，尊享一站式便利金融服务。工行全球资金管理系统如图 5—1 所示。

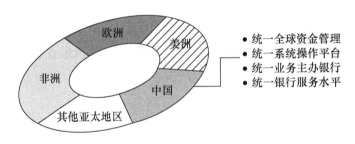

图 5—1　工行全球资金管理系统

三、大力收购国际银行或在国际银行中参股，为其国际业务保驾护航

工行国际业务起步并不早，但是其先后收购了南非标准银行23％的股份，以及阿根廷等拉美地区银行的股份，这些银行的国际业务优势帮工行补上了短板。工行在近几年日益壮大的国际业务中锻炼了自己的队伍，并使其逐步成为国际业务的主力军。南非标准银行在非洲拥有大量的客户，实力雄厚，事实证明，工行借助参股之机进一步发展了非洲市场。

四、审批效率高，服务主动

工行为提高审批效率，2亿美元以下的项目只需总行专项融资部审批即可签署贷款协议，无须上报总行的评审会，这对于小规模的项目而言非常便捷。

五、外币头寸充足

在金融危机的大环境下，许多银行都因头寸问题不得不采用银团的方式，而工行无论金额大小，都能独自完成融资，比起组建银团的方式，能够独自完成融资自然会节约许多融资谈判和审批的时间。

六、特色业务品种

（一）境外应收账款融资

1. 业务介绍

境外应收账款融资特指中国出口信用保险公司保险项下境外应收账款买断。在中国出口信用保险公司提供保险并符合其他条件的情况下，工行对出口商由于履行商务合同形成的境外应收合同款或工程款进行一次或分期买断，从而降低出口商的汇率风险。按出口商承担的责任可分为有追索权、无追索权和部分追索权；按融资关系可分为回购型和非回购型等。

2. 适用对象和范围

项目已经建成投产或出口商在贸易合同项下的义务已执行完毕；中国出口信用保险公司对延付款提供出口信用保险；应收款余额在500万美元以上，进口商资信状况良好；出口商具有较强的履约能力。

3. 业务特点

（1）工行提供的境外应收账款融资通常为对出口商无追索权、非回购型，它能有效改善出口商的资产结构，加速资金周转，规避汇率风险，提高经营效益。

（2）工行对境外应收账款买断进行贴现，可以根据出口商的实际需求提供多种灵活的贴现方式。利率水平较高的时候，可以采用后付息方式。

（二）国际商业贷款

1. 业务介绍

国际商业贷款是指在没有出口信用保险的支持下为境外企业、

银行或政府提供的中长期融资，用于支付中国企业的机电产品货款或工程款。一般与出口买方信贷结合使用，用于支付商务合同的预付款、建设期利息、保费，从而可以提供商务合同金额 100% 的融资。

2. 适用对象和范围

借款人所在国通常为国别风险较小、政治经济环境相对稳定的新兴发展中国家；借款人或者担保人的信用风险较小。

3. 业务特点

（1）一般与出口买方信贷搭配使用；如借款人/担保人的信用风险较小，可以提供商务合同金额 100% 的国际商业贷款。

（2）在出口买方信贷无法完全使用的情况下，可作为补充。

（三）境外工程承包专项贷款

1. 业务介绍

境外工程承包专项贷款指专为国内大型承包商在境外进行工程承包提供的以承包商为借款人的具有特定项目用途的流动资金贷款。例如"421"专项，是国家为支持中资企业"走出去"，在 421 亿美元的出口总额内为相关项目提供的信用保险、资金供给方面的政策支持。"421"专项融资是在"421"专项的支持下，为出口企业提供的出口买方信贷融资。目前工行有 7 个项目（约 25 亿美元）正式列入"421"专项，有 21 个项目（约 85 亿美元）列入备选清单。

2. 适用对象和范围

用于承包商在特定工程项目下需要垫付的资金，工程建设完成后立即收回；境内承包企业具有政府认定的实施出口项目的资格和相关工程建设资质，具备境外履行项目的经验和能力；境外项目业主具有很强的支付能力。

（四）境外项目融资

1. 业务介绍

境外项目融资指工行在有限追索或无追索权的基础上就境外

资源投资项目提供的信贷支持，以项目本身的资源开发收益作为信用基础，结合保险、第三方担保等工具和信用增级措施使用。

2. 适用对象和范围

石油、天然气、有色金属（如铜、铝、镍、锌、金等）、铁矿、煤矿、电力、交通等行业，投资金额大，投资回收周期长，国内企业作为承包商或项目股东。

3. 业务特点

有限追索的境外项目融资可以降低投资者风险。

（五）资源换贷款

1. 业务介绍

工行的资源换贷款模式与中国进出口银行的互惠贷款（或称"一揽子贷款"）模式类似，是为支持国内企业利用国外资源而提供的，基于境外借款人与国内企业签订的资源类产品长期购销合同，以借款人合同项下未来销售收入作为主要还款来源的结构性融资。

2010年，工行与安哥拉石油公司签订了25亿美元贷款协议，贷款用于安哥拉聘请境内企业建设10万套社会住房等基建项目，还款来源为安哥拉石油公司向境内企业销售原油的收入。

2011年，工行与委内瑞拉签署了40亿美元石油换贷款合作备忘录，贷款用于委内瑞拉聘请境内企业建设社会住房等基建项目，还款来源为委内瑞拉石油公司向境内企业销售原油的收入。

2. 融资条件

银行针对项目融资主要考虑的因素有：借款人的信用风险、财务状况、经营情况、是否有母公司担保、国别风险、政治风险、建设期风险、完工保函等保障措施、运营期风险、通过销售合同等方式锁定未来现金流、担保方式（主权担保、中国信保、母公司担保和其他国际通用担保方式）等。

3. 业务流程

委托书委托工行介入项目前期—尽职调查、收集项目信息—出具兴趣函—出具意向函、主要条款—项目评审—签订贷款协议。

工行采取境内外联动、总分行联动方式提供全方位解决方案；部门内审批权限为单笔业务2亿美元。

（六）境外投资股本金贷款

1. 业务介绍

境外投资股本金贷款特指工行为我国企业在境外进行股权投资而提供的股本金融资。

2. 适用对象和范围

境内客户实力雄厚，并且具有丰富的境外投资和项目运作经验；境外投资属于我国"走出去"政策支持范围并经国家外汇管理局等相关部门许可；境外投资项目属油气、矿产、电力、交通、通信等行业。

3. 业务特点

由境内母公司直接贷款，与项目融资方式比较，耗时短、运作快。在境外项目融资无法使用的情况下，可作为境外项目融资的补充。

（七）境外并购融资

1. 业务介绍

境外并购贷款是指为满足并购方在跨境并购交易中支付并购交易价款的需要，以并购后企业产生的现金流、并购方综合收益或其他合法收入为还款来源而发放的贷款。工行致力于为中国企业"走出去"投资、并购、工程承包、矿产开发提供境外并购融资。

2. 适用对象和范围

（1）中国企业在境外进行与产业相关的战略性并购，包括企业整合与资源整合；

（2）主业突出、经营稳健、在行业或一定区域内具有明显竞争优势和良好发展潜力的企业；

（3）与目标企业之间具有较高的产业相关度或战略相关性，并购方通过并购能够获得目标企业的研发能力、关键技术与工艺、商标、特许权、供应或分销网络等战略性资源以提高其核心竞争力；

（4）并购交易依法合规，涉及国家产业政策、行业准入、反垄断、国有资产转让等事项的，应按适用法律法规和政策要求，取得或即将取得有关方面的批准。

3．业务流程

（1）并购方向工行提出融资需求；

（2）工行对借款人资信及所提交材料进行审核，满足工行要求后出具融资意向函、融资兴趣函，并签订融资委托书；

（3）并购双方签订并购协议；

（4）工行与借款人协商贷款协议、担保协议；

（5）工行按照流程完成尽职调查、行内审批；

（6）签订合同，落实提款前提条件，提取贷款。

七、融资创新卓有成效

一般的商业银行为了规避风险，首先要求有中国出口信用保险公司的保险，而中国出口信用保险公司又要求外方主权担保，或采用其他担保方式。工行在这方面相对灵活，既采用了变通的方法，又有效地规避了风险。例如：

（1）由世界排名相对靠前的银行提供担保。

（2）由业主的母公司提供担保。

（3）用业主的其他资产作为担保物。

（4）由国内承包商提供反担保，与承包企业共担境外商业风险。

（5）对于建设期紧急的项目，在中国信保审批过程中尚未得到批复时，工行可以在收取一定比例的保费后先行放贷，而后再由工行进行投保。

工行之所以近几年来国际业务发展迅猛，与其灵活的操作模式分不开。

📖 案例分析

案例 1   共建资金池的放贷模式

某企业与工行在海外业务中合作多年，在曾经合作的每笔业务中双方各提取一部分利润共建资金池，类似财务上的坏账准备金，对于中国出口信用保险公司不予承保而银企双方又非常看好的项目，在没有信用保险的情况下予以放贷，一旦发生风险，先从此资金池中进行赔付，不足部分由双方共担。在实际业务操作中，至今未发生一笔逾期应收账款，这个资金池像滚雪球一样越滚越大，双方逐步走向了良性循环的轨道。在这种机制下，双方的合作越来越多，该企业的海外业务也越做越大，双方实现了共赢。

案例 2   博茨瓦纳出口信贷项目

本项目是由国内 A 公司承建的 B 电力公司火电站项目，B 电力公司作为项目发起人和借款人。本项目投保中国信保的政治险和商业险并由世界银行担保，博茨瓦纳政府提供主权担保。该项目融资金额大，贷款期 20 年，超出中国信保的 15 年保险期，为此工行为最后 5 年引入世界银行担保的方案，最终成功完成项目。本项目采用政策性贷款和商业贷款的有机结合，结构复杂、影响重大、专业水平高，先后被三个国际权威机构评选为年度最佳奖，包括"非洲年度最佳电力项目融资"和"非洲年度最佳融资安排行"等。

案例 3   肯尼亚某重油发电站项目融资

肯尼亚政府于 2008 年提出以独立投资电厂建设运行项目

（IPP）方式兴建一座 83MW 重油发电电厂，境内某集团下属工程公司与项目发电公司签订工程承包合同（EPC），境内某集团对于 EPC 建设期进行完工担保并对运营期进行担保，项目发电公司和购电方签署长期购电协议，多边投资担保机构（MIGA）为项目提供政治险和购电协议担保，肯尼亚政府为项目出具支持函，某外资银行开立备用信用证。本项目中，充分利用 MIGA 补充了融资结构中的担保方式，拓宽了中国信保缺位时企业融资的担保渠道。

案例4　　　　　　安哥拉资源支持性结构融资

安哥拉资源支持性结构融资项目中，由 D 石油公司作为借款实际使用人，贷款用于支付中国企业 C 公司在安哥拉的工程款。D 石油公司以销售给中国的石油收入偿还贷款，保证了我们国家急需的能源供给，石油担保也让贷款风险得到控制。通过这个项目，D 石油公司解决了暂时的资金周转问题，中国企业的建筑工程款也有了保证，同时解决了国内产能过剩的问题。

第四节　中国银行

中国银行成立于 1912 年，是中国国际化和多元化程度最高的银行，也是中国最早开始从事国际业务的银行。早在 20 世纪，承包企业刚刚走向国际时，唯一可以依赖的银行就是中国银行。中国银行拥有大量从事国际业务的人才，积累了丰富的国际业务经验。按照核心资本计算，2009 年中国银行在英国《银行家》杂志"世界 1 000 家大银行"排名中名列第 11。其特点包括以下几个方面。

一、从事国际业务最早，国际业务经验丰富

1988 年，中国银行做了国内第一笔出口买方信贷，在 1994 年中国进出口银行成立以前，中国银行是唯一一家经国家批准开办此业务的银行，先后为亚、非、拉、东欧等地的 15 个发展中国家的 28 个项目提供过出口买方信贷。

二、保函业务尤其突出

中国银行开出的保函优势明显，对国内承包企业维护利益帮助很大。

三、人民币境外结算的试点银行

中国银行力求将人民币推向国际，并在这方面做了许多工作（在后面的银行特色产品中有详细介绍）。

四、中国银行的特色产品

（一）企业发债担保

1. 产品说明

企业发行债券担保业务是指中国银行利用自身的良好信誉，

为企业在海外发行债券（包括可转换债券）出具担保函，为债券到期本金、利息的及时偿还提供连带责任担保的金融服务产品。

2. 种类

银行企业债担保分为部分担保和全额担保。

3. 适用客户

（1）在中华人民共和国境内注册的独立企业法人客户；

（2）获有权部门批准发行企业债券；

（3）资信状况符合中国银行的要求；

（4）能够应要求提供中国银行认可的反担保条件；

（5）能够满足中国银行的其他授信条件。

4. 提交材料

（1）基本材料，如企业注册文件、经审计的财务报表、董事会决议等；

（2）项目建议书、项目可行性研究报告以及相关批复；

（3）有权部门对发行企业债券的批准文件；

（4）中国银行要求的其他资料。

5. 申请程序

（1）客户提供所申请业务的具体资料；

（2）银行进行审核；

（3）批准后，客户与银行签署有关协议。

6. 收费标准

发债担保费由客户与银行通过协议确定。

例如，自 2011 年以来，海外投资者担心中国经济硬着陆，中国企业的海外筹资之路困难重重，特别是某些国有大型企业受制于财务报表亏损等诸多不利因素，在海外融资成本偏高。通过中国银行的海外发债担保业务，由中国银行为其发行的美元债担保，中国企业的发债成本大幅下降。

（二）全球统一授信

1. 产品说明

全球统一授信（global credit line）是对传统授信产品使用范围的延伸，其突出功能是能够满足企业境外分支机构的融资需求。具体来说，全球统一授信就是根据企业跨境发展的需求，凭借中国银行广泛的海外机构网络，为企业境内外分支机构提供整体性融资方案。

2. 产品特点

（1）以便捷、高效的整体合作模式，使客户迅速得到全面和规范的银行整体性服务。

（2）节省客户与银行的合作成本。银企整体合作，有利于简化工作手续，提高融资效率。

（3）可加大客户对自身融资统一管理的力度。在银行的帮助下，集团总部可以统一控制其境外分支机构的融资，加强对境外运营风险的管理。

3. 适用客户

"走出去"是我国做大做强民族产业的一个重大战略。在企业的国际化过程中，资金往往是企业集团发展的"瓶颈"因素，是各集团战略考虑的重中之重。

由国内母公司投入资金并非长久之计，且因受到我国外汇管理制度的制约而无法满足资金的时效性需求，而当地资本市场则门槛较高，或是不发达国家的资本市场无法满足境内企业的需求。在这种情况下，通过全球统一授信产品，可以从根本上解决国内优秀企业集团海外机构的融资难题，为集团海外拓展提供融资便利及其他增值服务。全球统一授信是为寻求国际化发展的大型企业集团客户量身定制的产品。这类客户在经营领域内具有较高知名度和较强的经营能力、资金实力及技术实力，是银行重点支持的对象。

表 5—1 是在境内母公司担保的情况下，企业境外机构在当地申请贷款与使用中国银行全球统一授信产品的对比。

表 5—1　　　　　　全球统一授信与普通贷款模式的对比

比较项目	普通模式	全球统一授信	全球统一授信的优势
企业手续	向国家外汇管理局提交对外担保申请材料	与中国银行境内行签署全球统一授信协议 与中国银行境内行签署担保协议	简化工作流程
报批国家外汇管理局	境外担保均须逐笔报批	总额报批，由境内母公司向中国银行境内行提供担保，中国银行境内行再向境外机构担保，境外机构直接提供贷款	缩短时间，提高效率
结果	对外担保能否得到批准，担保资格能否得到贷款人认可尚存在不确定性，可能影响融资进程	贷款得到批准的几率高	方案更易通过

4. 申请条件

(1) 集团客户是在我国境内注册的企业法人的客户；

(2) 设立境外企业已获国家有权部门的批准；

(3) 已向外汇管理部门办理境外投资外汇登记手续；

(4) 境外投资企业已在境外依法注册；

(5) 境外授信所支持的业务符合国家"走出去"战略、中国银行授信政策和企业主营业务；

(6) 集团为总行级重点客户，在中国银行的信用评级达到 A 级（含 A 级）以上标准；

(7) 提供经中国银行认可的反担保条件；

(8) 满足中国银行其他授信条件。

5. 相关费用

遵照中国银行授信业务规定执行。

6. 办理流程

全球统一授信的办理流程如图 5—2 所示。

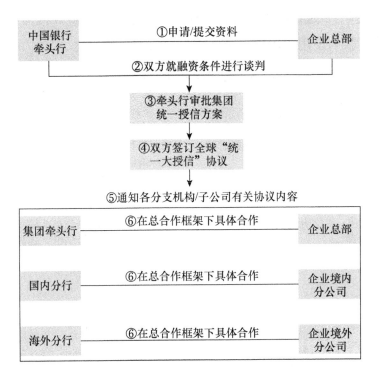

图 5—2　全球统一授信业务流程

7. 业务示例

中国银行推出全球统一授信产品的历史较长，运作模式成熟。早在 2000 年，中国银行总行与某大型韩资企业集团总部签署了全球统一授信服务协议。在全球统一授信服务框架下，企业在韩总部得到中国银行首尔分行的授信支持，在华成员企业得到中国银行境内分行的授信支持，而分布在全球各地的成员企业也可获得中国银行分布在全球各地的海外分行的授信支持。在此基础上，中国银行为集团及其成员企业提供国际结算、贸易融资、结售汇、现金管理等全方位的金融服务。目前，中国银行已成为韩国大型企业集团的主要中资合作银行之一。截止到 2008 年底，通过全球统一授信服务，中国银行向韩国大型企业集团提供授信支持达 20 亿美元，国际结算业务达 100 亿美元。

伴随着我国"走出去"战略的实施，"走出去"企业境外机构的融资需求日益凸显。中国银行进一步完善和推广全球统一授信产品，为国内企业进行对外并购、绿地投资等提供融资支持，将全球统一授信产品打造成为支持中国企业全球发展的有力工具。

（三）国际组织担保项下贸易金融

1. 产品说明

在中国银行与国际金融公司（IFC）、亚洲开发银行（ADB）、欧洲复兴开发银行（EBRD）及美洲开发银行（IDB）等国际组织签署的全球贸易融资协议下，中国银行为客户向新兴市场国家开展出口贸易和项目工程提供福费廷/信用证保兑/转开保函等贸易金融服务，由国际组织担保债务人的信用风险和国家风险。具体包括：

（1）国际组织担保项下福费廷。指中国银行凭借国际组织对承兑/承付/保付银行的担保，向客户提供福费廷融资，满足客户规避风险、改善现金流量、优化财务报表、提前办理出口退税和核销等需求。

（2）国际组织担保项下信用证保兑。指中国银行凭借国际组织的担保，应客户要求对信用证加具公开保兑，提供信用等级更高的银行付款保障，降低客户收汇风险。

（3）国际组织担保项下转开保函。指中国银行收到国外银行开来的保函后，凭借 IFC 的担保向客户转开保函，为客户向中、高风险国家/地区开展出口贸易和项目工程提供本地银行保障。

2. 产品功能

解决企业向中、高风险国家/地区开展出口贸易和项目工程过程中的融资和担保问题。

3. 产品特点

（1）针对性强。目前亚非拉等新兴市场国家的风险尚不能被很多商业银行接受，IFC 等国际组织的担保恰好填补了这一空白。ADB主要担保中亚、南亚地区风险；EBRD主要担保独联体国家风险；IDB主要担保拉美和加勒比海地区风险；IFC的范围较广，对亚非拉等多数国家都可提供担保。

（2）价格具有竞争力。国际组织为新兴市场国家提供担保的目的是促进地区经济发展，因此，其价格较市场平均水平更具竞争力。

（3）支持多种贸易结算工具，融资期限灵活。国际组织担保下贸易融资服务可支持的贸易结算工具灵活多样，不仅包括信用证、保函，还包括经银行保付的汇票/本票等。既可以为客户提供1年以下的短期贸易服务，也可满足3～5年甚至更长期限的项目融资需求。

4. 适用客户

（1）开拓新兴市场的国内企业。新兴市场国家进口需求量大但外汇资金不充裕，多以赊销方式结算且账期较长。

（2）银行核定额度较小的中小企业。这些企业规模较小，银行核定的授信额度较小，融资能力有限。

5. 办理流程

（1）客户向中国银行提出贸易融资或担保需求；

（2）中国银行查阅开证行/承兑行/反担保行是否在国际组织担保名单中；

（3）中国银行向国际组织咨询可否提供担保；

（4）国际组织确认可以，中国银行向其发送正式的"担保开立申请"；

（5）中国银行接受"国际组织担保"并为客户办理福费廷、保兑和转开保函业务；

（6）中国银行按国际组织要求的方式向其支付担保费。

（四）跨境贸易人民币结算

1. 产品说明

中国银行应客户申请，根据中国人民银行《跨境贸易人民币结算试点管理办法》及其细则和相关管理规定，为企业提供各类跨境人民币结算相关产品，如各种信贷、结算、融资、担保、资金及理财产品等。中国银行现有的国际结算和贸易融资产品均适用于跨境贸易人民币结算业务（RMB settlement in cross-border trade）。

2. 产品特点

（1）规避汇率风险，防止外币贬值带来的损失；

（2）锁定财务成本，提高企业抗风险能力和盈利能力；

（3）精简流程，简化手续，降低交易成本，提高效率；

（4）丰富跨国资金调配选择，降低资金错配风险；

（5）有利于企业拓展贸易领域，开拓海外市场，促进其贸易业务的持续开展。

3. 适用客户

主要适用于有进出口贸易结算业务需求的公司客户，满足企业在使用本币结算、规避汇率风险、简化业务流程、降低交易成本、拓展海外市场等方面的贸易需求。

4. 申请条件

（1）依法核准登记，具有年检的法人营业执照或其他足以证明其经营合法和经营范围的有效证明文件；

（2）有进出口经营权；

（3）中国人民银行《跨境贸易人民币结算试点管理办法》及其细则和相关管理规定中批准开展相关业务的进出口企业。

5. 办理流程

（1）企业到中国银行营业场所提交业务办理申请；

（2）提供人民币计价结算贸易合同、进（出）口发票、进（出）口收（付）款说明及中国银行国际结算或贸易融资业务办理所需其他材料；

（3）中国银行为企业办理相关业务手续并将业务信息报送人民币跨境收付信息管理系统（RCPMIS）。

6. 操作流程

具体操作流程如图5—3所示。

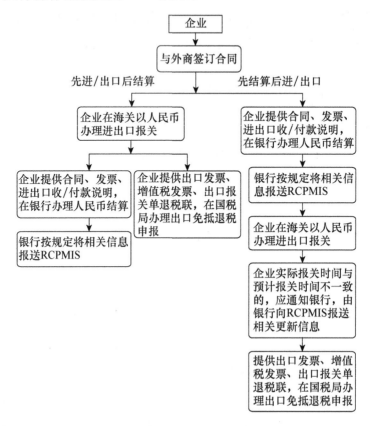

图5—3 跨境贸易人民币结算操作流程

（五）其他

中国银行通过中银国际控股集团（以下简称"中银国际"）经营投资银行业务。中银国际通过其在中国内地、香港、美国、英国及新加坡设立的分支机构为国内外客户提供上市融资、收购兼并、财务顾问、证券销售、投资研究、定息收益、衍生产品、结构产品、资产管理、直接投资、杠杆及结构融资、私人财富管理等投资银行产品和服务。

第五节　中国建设银行

一、概况

建设银行是经中央人民政府政务院批准，于 1954 年 10 月 1 日正式成立的。1994 年开始向商业银行方向转轨，并于 1996 年 3 月 26 日正式更名为中国建设银行（China Construction Bank，CCB）。2004 年，中国建设银行股份有限公司正式成立，并于 2005 年在香港正式挂牌上市。

中国建设银行（以下简称建行）是一家在中国市场处于领先地位的股份制商业银行，能够为客户提供全面的商业银行产品与服务。在四大国有商业银行中，建行率先在境外上市，其 IPO 是当年全球银行业规模最大的，也是五年内全球规模最大的。2012 年年末，建行市值约 2 000 亿美元，居全球上市银行第二位。

二、优势

（1）强大的客户基础。建行与世界 500 强跨国公司中的 85% 有融资业务往来，与中国百强企业中的 98 家有融资业务往来。

（2）植根本土，全球拓展。建行的营业网络覆盖全国的主要地区。它拥有健全的机构体系，特别是在服务网点的建设中，坚持高起点、高科技、高效率的原则，利用有人、无人、无形三位一体的服务网点，建成了全天候、全方位、多功能、多层面的服务网络。建行在中国内地拥有 13 977 个分支机构，在香港、新加坡、法兰克福、约翰内斯堡、东京、首尔、纽约、胡志明市及悉尼设有分行，在莫斯科设有代表处，拥有建行亚洲、建信租赁、建银国际、建信信托、中德住房储蓄银行、建行伦敦、建信基金等多家子公司。

（3）核心优势。基础建设是建行的融资中坚项目。建行拥有外汇资金风险管理专家及国际结构融资业务的专业化团队，因此，凡是涉及基础建设类的项目，建行颇有优势。建行经过长期的发展，逐步形成了以服务大型基础设施项目为主体、多种金融服务全面发展的经营特色。随着中国企业"走出去"步伐的加快及建行与国外企业和银行的接触不断深入，建行在不断完善现有金融产品的同时陆续推出了适应当前资本市场的产品，除了传统的出口信贷业务，还推出了境外/境内筹资转贷款、飞机融资、船舶融资和自营现汇贷款等业务品种。

（4）遍布全球的分支机构。建行对外汇资金规模给予了强有力的支持。凭借自身良好的信誉和在行业内的领头地位，它有能力牵头组织国内外银行形成大型银团，以保障对资金需求巨大的中长期项目的融资服务。

（5）从内部机构设置、人员编排及产品研发来看，建行不断优化组织架构，以实现扁平化的垂直管理，实现了在对外营销及业务办理过程中的总、分、支共同协作，提高了行内业务办理的时效性和可操作性。建行拥有具备丰富融资经验的强大专家团队，他们具备国内同业领先的国际结构融资能力，延伸"高效、专业、务实"的理念，为客户提供个性化的增值服务。

（6）多样化的融资模式。建行1980年开办了项目融资业务；1989年开办了境外借款转贷款业务，其中包括外国政府贷款转贷、出口信贷转贷、商业贷款转贷、境外发债转贷、混合贷款转贷等模式；1992年开办了飞机融资业务；1996年开办了出口买方信贷业务。

（7）优势地区。建行在伊朗这个特殊的国别市场很有优势，在亚洲，特别是东南亚和香港，其优势明显。

三、典型案例

1. 项目融资

（1）1997年，在成功完成到目前为止建行单笔最大融资——某电厂项目近8亿美元的筹资工作过程中，建行通过结构设计合理规避了有关规定，成功满足了项目较长宽限期的要求；同时，在转贷过程中首次采用有限追索权的项目融资结构协助客户落实各项条件。

（2）1998年，建行在为某电厂三期项目筹资的过程中首次应用了花旗银行特有的"GOVOC"结构，筹资水平取得重大突破，最大限度地为客户节约了筹资成本。

2. 境外筹资转贷款

（1）2004年，建行利用美国进出口银行担保贷款（美国出口信贷）为某客户引进大型养路设备项目进行了融资，融资金额8 000多万美元。

（2）2006年，建行为北京地铁五号线引进国外设备8 000万美元项目进行了融资，其中部分采用了英国出口信贷的融资方式。

3. 飞机融资

2001年，建行成功通过转贷方式为某航空公司引进一架波音767-300飞机，标志着建行突破了长期以来我国大型飞机购买的境外融资业务中只能单一使用融资租赁方式的局面，从而拓展了该类融资业务的途径和领域。该笔业务在国家计委中国飞机融资2001年高级研讨会上获得了从行业主管部门到航空公司的高度评价，被认定为飞机融资业务领域的金融创新；该笔业务在第22届世界飞机融资年会上被授予2001年度亚洲最佳交易奖，是亚洲地区唯一的获奖者。

4. 出口信贷

（1）1996年，建行作为安排行和主牵头行成功地为某国的地铁项目组织了由国内14家金融机构参加的、金额达2.7亿美元的国内银团贷款，这也是迄今为止参加银行最多、金额最大的国内银团对外贷款。

（2）2006年，建行与中国出口信用保险公司合作开发出口信贷新产品，为山东某企业出口苏丹成套水泵机组项目办理了第一笔出口信贷再融资业务，大大提高了该公司的财务流动性，同时帮助其规避了汇率风险。

第六节　外资银行

2013年是中国加入世界贸易组织第12年，也是中国金融业履行承诺对外全面开放的第7年。这7年，世界的经济格局发生了巨变，中国的经济全面快速发展，国内生产总值（GDP）更是跃居世界第二。中国人民银行、银监会和国家外汇管理局等相关管理机构认真履行对外开放承诺，为外资银行在中国发展创造了良好条件，持续增长的经济体系也为外资银行发展提供了稳定的基础。中国银行业协会提供的资料显示，截至2012年12月末，共有来自49个国家和地区的银行在华设立了42家法人、95家分行和197家代表处，包括外资银行支行在内的营业网点已达到900家。外资银行在华经营取得积极进展，经营规模、客户对象和服务能力均得到良好发展。在过去的几十年里，外资银行一直以其强大的融资能力和丰富的融资经验垄断着国际工程承包这个市场。随着中国的崛起，中国的银行业也越来越强大，中国承包商更愿意与内资银行合作，相应地，外资银行的优势也就日益减弱。外资银行的特点包括以下几方面：

（1）国际融资经验丰富。

（2）某些银行在某些地区优势明显，某些私人业主在这些外资银行拥有综合授信，这样就可以利用该授信，由这些银行为项目提供担保，这样的融资无须中国出口信用保险公司予以担保，效率会更高。例如，南非标准银行在非洲的优势就很突出。

（3）外资银行长期形成的风险意识文化显著影响在华机构的经营方式，使其在华业务的发展受到风险管控水平和能力的有效约束，这体现在其对目标客户的甄选较为严格，对在华机构授权较少。

（4）外资银行和中资银行开展合作是一大趋势，集中在银团贷款、项目融资、收购兼并、不良贷款处理以及为外资银行母公司所在国企业发展提供金融咨询服务等投行业务上。

（5）受金融危机的影响，相当一部分外资银行目前都受到头寸的限制，只能有限地开展融资业务。

（6）承包企业近期可以利用外资银行的国际融资经验，聘请它们为融资顾问，对复杂的融资模式进行设计。

总之，对于国际工程承包企业来说，认真分析、及时掌握各家银行的信息尤为重要，从项目立项的初期就选择好最具优势的银行，最大限度地发挥该银行在市场上的优势，这对于降低融资成本、提高融资效率都是不无裨益的。

第七节　世界银行及相关组织机构

一、世界银行

世界银行是世界银行集团（WBG）的简称，世界银行集团成立于 1945 年，世界银行集团的成员必须是国际货币基金组织的会员国。世界银行集团目前由国际复兴开发银行（IBRD）、国际开发协会（IDA）、国际金融公司（IFC）、多边投资担保机构（MIGA）和解决投资争端国际中心（ICSID）五个成员机构组成。世界银行仅指国际复兴开发银行和国际开发协会。世界银行与国际货币基金组织以及世界贸易组织为国际经济体制中最重要的三大支柱。

向成员国尤其是发展中国家提供贷款是世界银行最主要的任务，但世界银行贷款从项目确定到贷款归还有一套严格的条件和程序。其贷款种类主要包括项目贷款、非项目贷款、技术援助贷款、联合贷款、第三窗口贷款、调整贷款等，其中项目贷款为该行传统的贷款业务，世界银行贷款中 90％属于此种贷款，主要用于成员国的基础设施建设。

二、亚洲开发银行

亚洲开发银行（Asian Development Bank，ADB）（以下简称亚行）可以通过直接融资、信用增级和风险缓释工具帮助企业解决融资难题。在直接融资方面，主要是通过贷款和股权投资直接提供资金援助。亚行提供硬通货贷款，包括高级、次级以及夹层融资。亚行根据具体情况向某些市场提供本地货币贷款，还要求提供与贷款和融资类型相匹配的抵押品。

在贷款利率方面，亚行考虑了相关国家和地区的当前市场利率水平，以及国家和交易风险因素。亚行提供在伦敦银行同业拆借利率或欧元银行同业拆借利率基础上有一定幅度上浮的浮动利率贷款，具体以哪种利率为基础，视贷款货币而定。亚行还提供固定利率掉期下的固定利率贷款。

亚行可能在一定的限额下向企业直接进行投资。它通过股权投资提供资金，包括以普通股、优先股或可转换债券的形式提供直接股权投资。

在信用增级方面，亚行提供政治风险担保（政府不履行合同风险、货币兑换和汇出风险、影响项目的罢工和内乱风险、对项目资产的征用或国有化风险、其他政治风险）和部分信用担保，目的在于优化交易的风险特性，以吸引和鼓励外国及本地的商业贷款人为发展中成员体的项目提供资助。亚行通过联合融资和担保，支持本地投资者、银行和其他金融机构以适当的条件为亚行资助的项目提供资金。亚行还通过 B 类贷款安排来为项目筹集更多资金。

在贷款条件方面，亚行有如下要求：

（1）总额限制。来自普通资金的股本投资不得超过当时亚行未动用的实缴股本加上普通储备总和的 20%。

（2）单个项目援助。亚行对一个项目提供援助的总额（包括贷款、股本投资）一般不超过项目总投资的 25%，亚行对私营企业提供的项目贷款限额一般保持在 3 000 万美元左右，最大额度不超过 5 000 万美元。

（3）股本限额。亚行的股本投资通常不超过一个企业发行或认购资本的 25%。

三、美洲开发银行

美洲开发银行（Inter-American Development Bank，IADB）也称泛美开发银行，成立于 1959 年 12 月 30 日，是世界上成立最早和最大的区域性多边开发银行，总行设在华盛顿。该行是美洲国家组织的专门机构，其他地区的国家也可加入，但非拉美国家不能利用该行资金，只可参加该行组织的项目投标。其宗旨是"集中各成员国的力量，对拉丁美洲国家的经济、社会发展计划提供资金和技术援助"，并协助它们"单独地和集体地为加速经济发展和社会进步作出贡献"。

资金来源：（1）成员国分摊；（2）发达国家成员国提供；（3）在世界金融市场和有关国家发放债券。该行主要向成员国提供贷款以促进拉美地区的经济发展，帮助成员国发展贸易，为各种开发计划和项目的筹备和执行提供技术合作。

银行的一般资金主要用于向拉美国家公、私企业提供贷款，年息通常为 8%，贷款期 10～25 年；特别业务基金主要用于拉美国家的经济发展项目，年息 1%～4%，贷款期 20～40 年。在贷款金额方面，该行对每个项目的参与限制已经从 7 500 万美元增加至 2 亿美元。对于高度招标的项目，参与限制可高达 4 亿美元，而且美洲开发银行有灵活的投资工具提供本地货币融资，包括本地货币的担保和贷款解决方案。

美洲开发银行还掌管美国、加拿大、德国、英国、挪威、瑞典、瑞士和委内瑞拉等国政府及梵蒂冈提供的"拉美开发基金"。20 世纪六七十年代，该行主要为卫生和教育等公共项目提供资金，90 年代起逐渐加大了对私人产业的投资。

美洲开发银行能在所有经济领域进行运作，包括农业、采矿业和制造业等，能为各种形式的公司提供融资，不仅是私人公司，还包括国有企业、金融机构和 PPPS 组织。

四、非洲开发银行

非洲开发银行（African Development Bank，ADB）是于 1964 年成立的地区性国际开发银行。非洲开发银行是非洲最大的地区性政府间开发金融机构，成立的宗旨在于促进非洲的社会及经济发展。1966 年 7 月 1 日开业，总部设在科特迪瓦的经济中心阿比让，2002 年因科特迪瓦政局不稳，临时搬迁至突尼斯。

资金主要来自成员国的认缴，其中非洲国家的资本额占 2/3，这是使领导权掌握在非洲国家手中所做的必要限制。特别资金来源有：1）捐赠的特别资金和受托管理资金；2）为特别资金筹措的专款；3）从任意成员国筹借的该国货币贷款，用途是从贷款国购买商品与劳务，以完成另一成员国境内的工程项目；4）用特别基金发放贷款或提供担保所获偿还资金；5）用上述任何一项特别基金或资金从事营业活动所获得的收入；6）可用作特别基金的其他资金来源。主要业务是向成员国提供贷款（包括普通贷款和特别贷款），以发展公用事业、农业、工业项目以及交通运输项目。

普通贷款业务包括用该行普通资本基金提供的贷款和担保贷款业务；特别贷款业务是用该行规定专门用途的"特别基金"开展的贷款业务。后一类贷款的条件非常优惠，不计利息，贷款期限最长可达 50 年，主要用于大型工程项目的建设。此外，银行还为开发规划或项目建设的筹资和实施提供技术援助。

此外，为满足该行贷款资金的需要，先后设立了以下合办机构：

（1）非洲开发基金，1972 年在经济合作与发展组织的援助下设立，由该行和 22 个非洲以外的工业发达国家出资。其宗旨与职能是协助非洲开发银行向非洲 29 个最贫穷的国家贷款，重点领域是农业、乡村开发、卫生、教育事业等。此项基金向非洲国家提供长达 50 年的无息贷款（包括 10 年宽限期），只收取少量手续费。其业务由非洲开发银行管理，其资金来源于各成员国认缴的股本。

（2）尼日利亚信托基金，成立于 1976 年，由该行和尼日利亚政府共同建立。主要目的是与其他基金合作，向成员国有关项目提供贷款。期限 25 年，包括最长为 5 年的宽限期。

（3）非洲投资与开发国际金融公司，1970 年 11 月成立，总公司设在瑞士日内瓦。目的是促进非洲企业生产力的发展。股东是国际金融公司以及美国和欧洲、亚洲各国约 100 家金融和工商业机构。法定资本 5 000 万美元，认缴资本 1 259 万美元。

（4）非洲再保险公司，1976 年 2 月成立，1977 年 1 月开始营业。其宗旨是加速发展非洲保险业。总公司设在拉各斯。法定资本 1 500 万美元，该行出资 10%。

该行还同非洲及非洲以外的机构开展金融方面的合作，与亚洲开发银行、美洲开发银行的业务联系广泛，与阿拉伯的一些金融机构和基金组织建立融资项目，并在一些地区性金融机构中参股。

该行贷款的对象是非洲地区成员国，主要用于农业、运输和通信、供水、公共事业等。

中国自 1985 年 5 月加入非洲开发银行集团以来，与非洲开发银行的合作关系不断发展。中国积极参与非洲开发银行股本增资认缴和非洲开发基金集资活动，为扶持非洲国家的建设项目做出了积极的贡献。中国与非洲开发银行关系的发展为中国加强与非洲国家的经济合作开辟了一条新渠道。许多中国公司积极参与非洲开发银行集团贷款项目的投标，中标合同金额可观。

五、欧洲投资银行

欧洲投资银行（European Investment Bank，EIB）是欧洲经济共同体（以下简称欧共体）各国政府间的一个金融机构，成立于 1958 年 1 月，总行设在卢森堡。该行的宗旨是利用国际资本市场和欧共体内部资金，促进欧共体的平衡和稳定发展。为此，该行的主要贷款对象是成员国不发达地区的经济开发项目。从 1964 年起，贷款对象扩大到与欧共体有较密切联系或有合作协定的欧共体外的国家。

根据《罗马条约》第 130 条的规定，欧洲投资银行不以营利为目的，其业务重点是对在欧共体内落后地区兴建的项目、有助于促进工业现代化结构改革的计划和有利于欧共体或几个成员国的项目提供长期贷款或保证，也对欧共体以外的地区输出资本，但贷款兴建的项目须对欧共体有特殊意义（如改善能源供应），并须经该行总裁委员会特别批准。对与欧共体有联合或订有合作协定的国家和地区，一般按协定的最高额度提供资金。

资金来源主要由成员国分摊，也从欧共体内外资本市场筹措，还有成员国提供的特别贷款。银行成立之初资本为 10 亿美元，由六个成员国即原联邦德国、法国、意大利、比利时、荷兰和卢森堡按比例分摊。

业务活动：1）对在工业、能源和基础设施等方面促进地区平衡发展的投资项目提供贷款或贷款担保；2）促进成员国或共同体感兴趣的事业的发展；3）促进企业现代化。其中，提供贷款是该行的主要业务，包括两种形式：一是普通贷款，即运用法定资本和借入资金办理的贷款，主要向欧共体成员国政府（州）、私人企业发放，贷款期限可达 20 年；二是特别贷款，即向欧共体以外的国家和地区提供的优惠贷款，主要根据欧共体的援助计划，向同欧洲保持较密切联系的非洲国家及其他发展中国家提供，贷款收取较低利息或不计利息。

该行主要是吸收资金，为欧共体国家的地区发展、能源开发、公共设施兴建和老企业改造提供贷款。该行还受欧共体其他组织机构的委托，通过发行债券在资本市场上筹资，并代为管理上述信贷资金。该行还为欧共体代管援助非洲、加拿大、太平洋地区和国家发展地方工业的风险资金，向上述地区工业、农业、能源和旅游部门提供低息贷款。在欧共体以外地区的业务主要分布在地中海周围的一些欠发达国家和地区，如土耳其、南斯拉夫、阿尔及利亚、摩洛哥等，以及非洲地区、太平洋及加勒比海地区的 78 个国家。该行向上述国家提供的贷款非常优惠，期限也较长，一般是 30～40 年，利率为 1％～4.5％。

第八节　中国银行业与国际同行业的比较

伴随着近年来我国经济的高速发展，我国银行业的发展也是突飞猛进，尤其是国际业务，从若干年前中国银行的一枝独秀，到政策性银行（中国进出口银行）的崛起，之后国家开发银行、工行、建行等大型商业银行也纷纷加入到国际业务大军中来，每家银行各有所长，在竞争中谋求发展，把中国的银行业推向了一个新的时代。然而，我国银行业和国际同行业比较还有一定的差距。

一、中国银行业成本相对较高

中国银行业最重要的融资来源是企事业单位及居民存款。近年来，由于资本市场快速发展，存款理财化趋势明显，商业银行存款成本明显上升。此外，我国银行业贷存比监管较为严格，随着同业竞争日趋激烈，商业银行揽存业务普遍出现直接或间接的加点现象，这也提高了存款成本。相比较而言，欧美银行业一方面由于基准利率较低，银行存款成本和从中央银行融资的成本相应较低；另一方面，欧美银行来自货币市场与资本市场的批发融资占有较大比重，而这类融资成本通常相对较低。对于商业银行来讲，高成本就意味着银行报出的信贷价格相应增高，对于国际工程承包商在国际市场上竞争不利。

二、中国银行业的贷款风险定价能力较低

中国银行业的净利息收入主要依赖传统对公信贷业务，且公司贷款主要投向国有大中型企业，定价水平一般都低于基准利率。而国际同业普遍将零售业务作为其核心业务分部，议价能力强，对净利息收入的贡献较大。

三、境外业务收入占比低，全球化发展能力不足

近年来，虽然我国各大商业银行都意识到国际业务的重要性，纷纷出台相应政策大力发展国际业务，但由于起步较晚，与欧美发达国家相比还存在一定差距。境外业务贡献占比是衡量国际大银行全球服务能力的一个重要指标。通过金融机构大规模"走出去"抢占国际市场，控制国际资金，即便本国经济容量较小，银行实力也会显著提升。与我国银行业情况相反，国际同业的跨境发展较为成熟，各地区的利润贡献较为均衡。

四、我国政策性银行支持企业"走出去"的力度有待加强

虽然我国支持企业"走出去"的力度逐年增加，收效明显，但与欧美发达国家相比，还有一定差距。以我国现阶段最为优惠的贷款品种——政府优惠贷款为例，利率是2％，贷款期限最长不超过20年。而某些发达国家的政策性贷款能做到1％，甚至是零利率，这完全是为了提高本国的承包商在国际市场上的竞争力，其利差可以通过承包商赚取的利润和拉动本国产品出口等诸多方式来补偿。

五、我国银行业的国际化人才相对匮乏

国际工程承包是在近几年飞速发展起来的，面对复杂的金融环境和业主的实际情况，我国银行业可供承包商选择的业务品种相对单一。另一方面，真正具备丰富的银行经验，能为承包商提供切实可行的融资方案建议的人才不多，这也制约了承包企业的国际竞争力。

六、我国银行业信贷业务的利差水平较低

盈利的高增长主要来源于我国经济高增长背景下的信贷高增长，即"以量补价"。经营结构单一，核心竞争力薄弱，制约着我国银行业的真正崛起，这也是未来我国银行业需要大力改进的。

第六章

如何选择融资方式

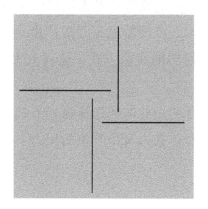

前面的章节介绍了目前可供我国国际工程承包企业选择的所有融资方式，每种方式均各有利弊。在实际的国际工程承包业务和海外投资业务中，如何选择和利用好融资方式，就成为企业需要重点关注的问题。

在实务操作中，每个项目的融资方式都各有特点，尤其针对复杂的项目，需要多种融资方式相组合。在当今承包企业激烈竞争的大环境下，商务合同报价相对透明，通过价格上的优势取得项目的可能性越来越小。承包企业间的竞争逐步转移到融资方案的优劣上来，能否为国外业主量身定制最为适合的融资方式，成为承包企业能否最终得到该项目的关键因素。

在设计融资方式时，需要综合考虑项目所在国的金融和经济环境、法律法规的要求、政治特色等因素，并寻找可行的担保方式。此外，通过选择恰当的融资方式，也可大大降低汇率风险，控制财务成本。

本章就国际工程承包企业如何选择融资方式予以阐述。针对各种工程承包业务类型，在人民币升值的压力下，建议按如下思路进行融资决策。

第一节　两优贷款

一、适用条件

对于那些与中国关系友好的第三世界国家，且该国愿意向中国政府进行主权借款，同时项目本身有经济效益，能作为还款来源，即符合38号文件规定的项目，优先推荐两优贷款（见附件6）。

对于中长期业务，如果合同总金额不大且进口国是愿意接受

援助的发展中国家，建议先咨询商务部和中国进出口银行，如有
可能应优先考虑这种贷款方式，因为它不仅成本低，而且在两国
已有框架协议的前提下成功率高。

具体地讲，中国政府对外优惠贷款，是中国政府向其他国家
提供的，具有援助性质的中长期低息贷款。它主要用于支持受援
国建设经济效益或者社会效益好、有偿还能力的生产性项目、基
础设施项目以及社会福利项目，或者用于帮助受援国购买中国的
机电产品、成套设备、技术服务以及其他物资。此外也可用于其
他偿还有保证的项目。

政府优惠贷款实质上就是在两国政府框架协议下的一种贷
款，通常它所支持的都是一些进口国急需发展的项目，例如，大
型的基础设施项目，如电站、市政污水处理等。在实际操作中，
这种资金的归口管理部门为中国进出口银行和商务部。其中，商
务部负责制定政策和计划，签署政府间的优惠贷款框架协议。中
国进出口银行负责优惠贷款项目的评估审查、放款、贷款管理，
以及本息回收等工作。采用政府优惠贷款类似买方信贷，出口商
只需承担施工期内的人民币升值风险，因此，在人民币升值的环
境下应大力推荐。由于政府优惠贷款的利率在 2% 左右，还款期
限 20 年，因此，对国外一些发展中国家而言极具吸引力。使用中
国政府优惠贷款的主要条件就是由中国企业承揽该项目，并且采
用人民币计价。这种融资方式在人民币升值的大环境下，对从事
国际工程承包的企业来讲是最具保护性的。

二、优势

（1）还款有保证。只要承包商如期履约，中国进出口银行就
会把工程款付给承包商，中国进出口银行的付款是由我国的国家
信用保证的，不会爽约。

（2）利润空间相对较大。由于两优贷款利率低，贷款期限长，对项目所在国政府很有吸引力，同时按照我国使用两优贷款的相关规定，必须由中国企业在项目所在国作为总承包商承揽项目，这是我国利用本国资金拉动出口的举措之一。其最大的好处就是总承包商可以议标或在中国企业之间有限招标，由于避开了国际招标，两优贷款项目的利润空间相对国际招标项目就会大一些。

（3）规避人民币升值的风险。如果采取政府优惠贷款，就要采用人民币作为记账本位币，对承包商来讲，可以规避未来人民币升值的风险。即便是采用优惠买方信贷，其操作模式也基本等同于买方信贷，承包商最多只在建设周期内承担人民币升值的风险。

（4）无须投出口信用保险。由于政府优惠贷款与出口信用保险一样属于国家行为，因此无须投出口信用保险。对于优惠买方信贷，则视项目本身的情况，有可能需要投保或不投保。出口信用保险费率一般在 $5\% \sim 7\%$，在无须投保的情况下，项目本身的利润自然增加了 $5\% \sim 7\%$。

三、劣势

（1）由于两国政府之间要签署协议，因此融资的审批时间长。
（2）对于未建交国以及发达国家无法采用。

第二节　一揽子项目

一、适用条件

一揽子政府互惠项目是在国外有资源抵押给中国的情况下，

双方签署一揽子协议,我国承包商为该国建设一系列项目,承包商履约完成后,中国进出口银行将质保金以外的款项都付给承包商,在进入还款期后,如外方不能按期归还中国进出口银行款项,则由该国抵押给中方的资源进行偿还。

随着我国经济的飞速发展,能源紧缺的问题越来越突出,因此,在鼓励企业"走出去"的战略指导下,国家更支持用资源换项目的出口业务,在这方面中国进出口银行成功地带领中国企业迈出了第一步。例如,2005年中国进出口银行和A国财政部签署了资源换项目的一揽子框架协议,由中国进出口银行向A国提供20亿美元的贷款,用以支持A国建设学校、医院、基础设施等,A国用10年的时间连本带息还清,A国以中方在A国开采的石油作担保。该项目有10%的预付款,建设期一年,签署商务合同后,中方承包商将合同上报至商务部和中国进出口银行审批,获批后向A国开出预付款保函和履约保函,收到外方的预付款后开始施工,凭借监理出具的施工进度证明要求A国财政部向中国进出口银行发出付款指令,承包商从中国进出口银行收款。至施工完毕,应收账款全部收回。进入还款期后,中国进出口银行凭借A国财政部的付款指令向A国收款。由于中方每年都在A国开采石油,并要向A国付款,一揽子项目的框架协议中规定这笔款项作为A国的还款担保,还款路径必须经中国进出口银行的账户,这样如果A国不能到期还款,中国进出口银行有权直接充抵应付款项。这种方式对国家而言,既能获取资源,又能带动出口,而且还款还有保证。对企业来讲,等同于即期收汇,施工完毕即可收到全款,还能规避人民币升值的风险。

承包企业要随时关注一揽子项目的国别,如安哥拉、苏丹、赤道几内亚等,如能纳入该盘子,既符合国家政策导向,又节约了信用保险费,还款很有保障,收汇风险很低,并能规避人民币升值的风险。

二、优势

（1）还款有保证。只要承包商如期履约，中国进出口银行就会把工程款付给承包商，中国进出口银行的付款是由我国的国家信用保证的，不会爽约。

（2）利润空间相对较大。一揽子项目同样是在中国企业之间有限招标，因此利润空间相对国际竞标项目来说较大。而且，在几家中国企业之间竞标，中标的可能性也相对较大。

（3）规避人民币升值的风险。一揽子项目的操作模式基本等同于买方信贷，因此，承包商只需承担建设期内人民币升值的风险。

（4）无须投出口信用保险。成本会降低。

第三节　买方信贷

一、适用条件

出口买方信贷是由出口方银行向外国进口商或者进口方银行提供贷款，给予融资便利，以此扩大本国设备的出口，又称为约束性贷款。

二、优势

（1）由于买方信贷的贷款主要流向进口方，因此可大大降低人民币升值的风险。

（2）买方信贷又分两种情况：一种是先投出口信用保险，将保险权益转让给银行，再由银行贷款给进口方；另一种情况是直接提供买方信贷。随着外资银行的介入，不同的外资银行对于不同的国别有自身擅长的领域。例如，南非标准银行对于非洲一些国家本身就有授信额度，经考察进口方的资质和还款能力后，该行可以直接给其提供买方信贷，不仅项目的融资方案成功率高，而且还可降低保费的支出。

（3）出口买方信贷实际上是通过借贷资本的输出带动商品的输出，它的本质是一种银行信用。

（4）前面两种融资方式都是两国政府间的行为，如果国外业主是私商，首推买方信贷。

三、劣势

（1）需要投出口信用保险。

（2）融资成本较前两种方式有所增加。

（3）相对卖方信贷而言，涉及不同的国家、不同的法律、不同的语言，谈判周期长。

第四节　卖方信贷

一、适用条件

出口卖方信贷是指在大型机械设备或者成套设备的进出口贸易中，为了解决出口商以延付方式出售设备而遇到的资金周转困难，由出口商所在国银行直接向本国出口商提供的贷款。卖方信贷是银行直接把款项贷给承包商（可以采用美元，也可以采用人民币）。这种方式在人民币升值前是我国出口企业最常用的一种国际贸易形式，也是在人民币升值后使出口企业损失最大的一种贸易形式。为了保证这一融资模式在人民币升值后的经济效益，应当采取事先谈妥应收账款的买断等措施以规避风险。

二、优势

融资双方均是中国人，无语言障碍，便于沟通，在同一国度，适用的法律也相同，因此，谈判周期较短，容易达成一致。

三、劣势

增加承包商的资产负债率。对于承包商来讲，如果资产负债率达到90%，则无法参与国际招投标项目。因此，能否采用这种方式还要看企业本身的财务状况。

四、注意事项

在人民币升值的大环境下，其风险都由承包商承担，除非采用应收账款买断的方式，但是买断就又增加了财务成本，压缩了项目的利润空间。因此，将此种融资方式排在最后。但是现实中，有些国外业主坚决不做借款人，承包商在别无选择的情况下，只好采用卖方信贷，但建议务必提前谈好应收账款买断的方案，并将买断成本计入项目成本，否则，等拿到验收证明再谈买断，成本就不可控了。

五、建议

在人民币升值的前提下，采用出口卖方信贷的方式到收汇期很难确保一定的利润空间，因此，对于工程承包项目在初期就要与中国出口信用保险公司谈好《再融资保单》，并与商业银行谈妥应收账款的买断费率。当外贸企业的建设期结束并拿到验收证明后，可到中国出口信用保险公司将原来的《出口卖方信贷保险单》换成《再融资保单》，将该保单转让给商业银行，同时将应收账款卖断给商业银行，实现即期收汇，最大限度地规避人民币升值的风险。

第七章
国际工程承包如何进行融资创新

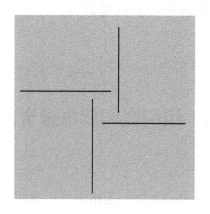

前面章节介绍了现行主要的融资模式及其区别，随着这些传统的融资模式被众多国际工程承包商所熟识，单纯的 EPC、BOT 等工程承包模式已无法满足当前国际工程承包市场的需求。即便国际工程承包企业的主业是 EPC，若无法替业主解决融资问题，EPC 合同也难以成功执行，因此，完成商务签约只能说完成了 50% 的工作，有相当一部分企业的相当一部分商务合同都因融资落实不了而搁浅。所以，承包企业越来越重视融资问题。不仅要解决融资，还要能提出别具一格的融资方案，只有这样，才能在竞争日趋激烈的国际工程承包市场中保持一定的优势，因此，融资创新就成为企业立于不败之地的杀手锏。下面重点介绍组织银团解决融资问题的方法，并对其他方法进行简要介绍。

第一节 组织银团解决融资问题

银团贷款（syndicated loan）是指由两位或两位以上贷款人按相同的贷款条件、以不同的分工，共同向一位或一位以上借款人提供贷款，并签署同一贷款协议的贷款业务。通常会选定一家银行作为代理行代表银团成员负责管理贷款事宜。

1. 产品特点

（1）贷款金额大、期限长。可以满足借款人长期、大额的资金需求。一般用于交通、石化、电信、电力等行业新建项目贷款，大型设备租赁，企业并购融资等。

（2）融资所花费的时间和精力较少。借款人与安排行商定贷款条件后，由安排行负责银团的组建。在贷款的执行阶段，借款人无须面对所有的银团成员，相关的提款、还本付息等贷款管理工作由代理行完成。

（3）银团贷款叙做形式多样。在同一银团贷款内，可根据借款人需要提供多种形式贷款，如定期贷款、周转贷款、备用信用证额度等；同时，还可根据借款人需要，选择人民币、美元、欧元、英镑等不同的货币或货币组合。

（4）有利于借款人树立良好的市场形象。银团的成功组建是基于各参与行对借款人财务和经营情况的充分认可，借款人可以借此机会扩大声誉。

（5）银团贷款与联合贷款的区别见表7—1。

表 7—1 银团贷款与联合贷款的区别

项目	银团贷款	联合贷款
银行间关系	结成统一体，通过牵头行和代理行与借款人联系	各行相互独立，分别与借款人联系
贷款评审	各银行以牵头行提供的信息备忘录为依据进行贷款决策	各行分别收集资料，多次评审
贷款合同	统一签订合同	每家银行均与借款人签订合同
贷款条件（利率、期限、担保方式等）	统一的条件	每家银行均与借款人分别谈判，贷款条件可能不同
贷款发放	通过代理行，按照约定的比例统一划款	分别放款，派生存款分别留在各行
贷款管理	由代理行负责	各行分别管理自己的贷款部分
贷款本息回收	代理行负责按合同收本收息，并按放款比例划到各行指定账户	各行按照自己与借款人约定的还本付息计划，分别收本收息

2．币种

银团贷款以人民币为主，也可包括美元、欧元、英镑等币种。根据借款人需要，在一个银团贷款内可以使用多种货币。

3．期限

短期3～5年，中期7～10年，长期10～20年。

4．利率

银团贷款的价格由贷款利息和费用两部分组成。

贷款利率根据借款人的不同情况，按中国人民银行有关贷利率政策、相关银行贷款利率管理规定和银团贷款合同的约定执行。

5. 相关费用

各项收费主要包括安排费、包销/承销费、代理费、承诺费等。

6. 适用客户

(1) 借款人有长期、大额资金的贷款需求；

(2) 借款人在业界具有较高知名度，其经营能力、资金实力、技术实力为大多数银行所认可。

7. 申请条件

(1) 银团贷款借款人应是中华人民共和国境内依法核准登记的企业、事业法人及其他经济组织；

(2) 银团贷款借款人必须符合《贷款通则》及相关银行授信管理政策关于借款人的各项基本条件和要求；

(3) 借款人须经相关银行或其他认可的评级机构信用评级，并达到一定级别要求；

(4) 借款人是经营状况和财务状况良好的大中型企业或项目公司，借款人所属行业发展前景良好，在行业中有竞争优势；

(5) 借款人与中银集团建立了稳定良好的合作关系；

(6) 参加他行组建的银团，安排行应为具备足够资信和业务实力的政策性银行、国有控股银行或国外银行。

8. 提交材料

(1) 借款人以及其中外方股东、担保人的有关资料；

(2) 借款人的营业执照、公司章程以及外商投资企业、内联企业的合资或合作合同；

(3) 政府部门批准的项目建议书、可行性研究报告和工程概算等资料以及批准文件，工商、税务、环保、海关等部门关于项目的批件；

（4）项目设备购买合同、建造合同、供销合同等；

（5）银行需要的其他文件或资料。

9．办理流程

银团贷款的办理流程见图7—1。

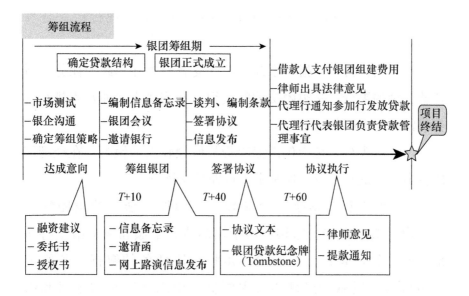

图7—1 银团贷款办理流程

（1）银行客户经理关注客户的融资需求；

（2）收到客户贷款信息/融资招标书；

（3）与客户商讨、草拟贷款条款清单、融资结构；

（4）银行获得银团贷款牵头行/主承销行的正式委任；

（5）银行确认贷款金额；

（6）确定银团筹组时间表、组团策略及银团邀请名单；

（7）准备贷款信息备忘录，拟定组团邀请函，向有关金融机构发出邀请；

（8）参与行承诺认购金额；

（9）确认各银团贷款参与行的最终贷款额度；

（10）就贷款协议、担保协议各方达成一致；

（11）签约；

（12）代理行工作。

10. 注意事项

银团贷款主要由安排行、牵头行、经理行、参加行、代理行、协调行等成员共同组成，各个成员按照合同约定或各自的放款比例履行职责、享受权益和承担风险。银团成员行主要分三个层次：一是安排行（牵头行）；二是经理行；三是参加行。

（1）安排行。是指一家或一组接受客户委托筹组银团并安排贷款分销的银行，是银团贷款的组织者和安排者。通常安排行亦会包销整笔银团贷款。

（2）牵头行。是指包销银团贷款份额较大的银行，在经理团成员中居于最高位置。通常牵头行即是安排行。

（3）经理行。是指在金额较大、参加行众多的银团贷款中，由牵头行根据各家银行所承诺的贷款金额和级别给予特殊地位的银行，是银团组团阶段承担组团任务的银行。各经理行组成银团贷款的经理团，主要负责组织评审贷款项目和组团的可行性，与牵头行讨论贷款文件，直至贷款合同签署等工作。

（4）参加行。是指接受安排行邀请参加贷款银团，并按照协商确定的份额提供贷款的银行。与经理团成员的区别是：认购相对较少的贷款份额，不承担任何包销责任与其他实质性筹组工作。

（5）代理行。在贷款期内，在借款人同意的情况下，由银团成员选定其中一家银行作为代理行。在贷款协议签订后，代理行按照贷款协议内所列条款代表银团成员办事，负责提款、还本付息、贷后管理等贷款管理事宜，负责借款人和银团成员之间的信息沟通，并处理违约事件等。

（6）协调行。是指在牵头行中挑选出的照看整个银团贷款并承担某些银团筹组任务的银行。

（7）顾问行。在银团贷款中，面对许多银行的报价和贷款条件，为正确做出借款决策，借款人可以指定一家银行担任顾问行，该行可以向借款人提供有偿的财务咨询服务，以保证全部借款工作的顺利进行。

受金融危机的影响，近两年来许多银行都由于外币头寸问题暂时告别了国际工程承包的融资市场。对于几亿美元甚至更大金额的项目，就要通过组建银团来解决融资，即由某一家银行牵头，其他银行就该国际工程承包项目的某个部分进行融资。这种模式涉及的银行较多，尤其是当国内与国外银行组合的时候，其谈判周期相对较长，因为每家出资银行都要考虑自身的收益和风险。更为重要的是，这种融资模式下，一旦出现坏账，担保方的清偿顺序是有规定的，所以银行很注重风险的把控。这就要求国际工程承包企业参与其中，尽快促成融资谈判并签署各方贷款协议，因为融资解决了，商务合同的受益人是国际工程承包企业。

案例分析

2007年，力拓集团为收购Alcal在全球筹组400亿美元银团贷款，中国银行是亚洲（除日本银行外）唯一以共同安排行（lead arranger）及包销行的身份加入此笔银团贷款的银行。系伦敦市场上第一大银团贷款项目（世界第四大）。

2008年，印度尼西亚Indramayu电站5.92亿美元出口买方信贷银团贷款项目中，由中国银行作为协调安排行、委任安排行和代理行，18家国际银行共同参与，超额认购达4.5倍。

2008年，澳大利亚最大的电信运营商澳大利亚电信股份有限公司（Telstra）6亿美元银团贷款项目中，中国银行作为独家委任安排行为该客户成功筹组一笔6亿美元的银团贷款，并获得超额认购。

第二节 解决融资问题的其他方法

一、以投资带动 EPC

近几年来，我国的国际工程承包发展迅速，业务规模持续大幅增长，国际市场不断扩展，企业实力逐步提升。国际工程承包业务正处于从起步走向成熟、从低端市场走向高端市场、从成本优势型向资本、技术和管理优势型发展的重要阶段。

而今在国际金融危机的影响下，全球经济增长放缓，国际贸易和投资活动缩减，我国的货物出口、外资引进规模也有所下滑。同时，随着竞争的日趋激烈，国际工程承包的利润空间也日益缩小。因此，不少国际工程承包企业积极发挥自身的优势，实践"工程承包与境外投资相结合"的业务模式，以实施 BOT 等具有特许经营性质的工程项目或从事工程相关领域的投资开发等方式，开展境外投资业务，探索转变传统承包方式的行业升级之路。

纵观历史发展趋势，在发展到一定阶段之后，拓展海外业务，进行全球化扩张及战略重组是国际顶级承包商普遍采取的阶段成长策略，此后它们开始更为积极地进行对外投资，包括并购和拓展海外业务、发展运营、采取服务一体化模式。以瑞典斯堪斯卡（SkanSka）公司为例，20 世纪 80 年代的几次并购有效地帮助公司实现了国际化和多元化。海外兼并是承包商进入国际市场的最佳捷径之一，也是大多数承包商采用的模式，值得中国国际工程承包企业借鉴。

总结国际工程承包企业在境外投资业务实践中的经验和教

训，制定有针对性的战略和政策，对巩固和优化国际市场布局、带动原材料出口和劳务输出、推动国际工程承包行业发展方式的转变、促进国民经济稳定增长，具有重要的现实意义。

因此，中国大型国际工程承包企业应居安思危，不能只盯着承包工程的眼前利润，而应充分考虑到市场的变化，在发扬传统企业优势的同时，积极向投融资、运营等高端服务迈进，构筑企业新的核心竞争力。目前国家出台了一系列鼓励海外投资的政策，如中国出口信用保险公司专门设有海外投资保险，中国进出口银行设立了海外投资基金，承包企业要充分利用这些支持手段。企业的海外投资走得早、走得稳，其未来发展空间必然大。

诚然，这里所说的投资有两种含义。其一，是真正意义上的投资，这种投资的比例相对较大，有时从资源战略等角度出发，甚至要控股，这种投资要谨慎地对整个项目的可行性及投资回报进行分析，并要履行国资委、发改委等政府部门的审批手续，以获取未来的投资收益为主要目的。国际工程承包企业只承揽其中部分施工内容。简言之，这种投资是以投资回报为主，以国际工程承包为辅。其二，不是真正意义上的投资，它只是通过小额的投资比例来撬动 EPC，无须控股，只为议标拿到 EPC 合同。例如，目前国际工程承包行业的平均利润率大约是 10%左右，如果承包企业能够将利润的部分以投资的方式入股，许多国际竞标项目就可以因投资的性质而采用议标的方式，承包企业不仅能拿到合同，而且利润还能有所保障。在 EPC 施工完成后，如果经营情况好，承包企业的后续利润将远远不止10%。如果经营亏损，承包企业最多也就是赔掉利润部分，达到盈亏平衡，但是增加了经营额，还锻炼了队伍。目前这种模式尚处于探索阶段，相信在未来的几年内，这种模式将在国际工程承包行业中占有一定的份额。对于这种投资不能按照传统的方式来评估，转型快的企业要加快速度设计出适合此类以投资带动 EPC 的投资评估和考核体系。

例如，某公司在巴哈马承建度假村项目，按传统的融资模式就是做 EPC 总承包，而实际操作时，外方希望中方能参与投资，而中方也希望延伸产业链，参与度假村的管理。因此，经双方协商，最终产生了传统项目融资的变形，即 EPC＋投资的模式，由中国进出口银行提供融资。这样，一方面，中方除了取得 EPC 合同收益外，还可以从后续的管理中获取利润，而且中方参与投资也可以提高中国成分的比例；另一方面，外方可以减少投资，而中方的投资使 EPC 合同的执行更有保障。目前，中国信保也在积极探索海外投资的商业保险问题，并在研究以投资带动商贷的保险模式。这一案例的成功实施，对于中国企业开拓海外承包市场极具借鉴意义。

二、以市场开发基金带动 EPC

传统的 EPC 在商务合同生效并收到预付款后，国际工程承包企业才会有实质的投入，在这之前，仅仅是投入差旅、人工等费用。但是在实际操作中，许多大的 EPC 合同的前期勘探是需要成本的，而业主往往没有资金对其进行投入。可能有许多国际工程承包商都在跟踪同一个项目，此时如果某个企业承诺可以承担前期的勘探费用，该企业拿到该项目的成功率就会大大提高。当然，这种开销不菲，企业绝不能随随便便地投入。这种模式仅限于国际工程承包企业已进入该国的承包领域，并赚取了一定的利润，了解该国的工程承包市场行情并且看好该国的未来发展。在这个大前提下，国际工程承包企业可以从既得的利润中拿出一部分作为后续拿大项目的开发基金，这样在该国的工程承包市场上越做越大，市场开发基金也越滚越多，从而走上良性循环的轨道。

三、依据国家整体规划，借力银行

我国的国际工程承包经历了从单个项目的执行，到资源换项目的一揽子阶段，再发展到对国家整体规划的设计，获批后对全部规划提供融资的阶段。这几种模式各有利弊，但从未来的发展趋势看，整体开发更容易扩大出口规模，加快中国承包企业"走出去"的步伐。因此，中国的国际工程承包企业期待国内的银行在更多国家有更多的资源换项目的一揽子框架以及更多国别和行业的整体开发，因为中国资金带动中国承包企业"走出去"具有很大的优势。在金融危机的大环境下，许多发达国家的银行都头寸紧缺，而中国恰恰在这个"现金为王"的时代拥有大量的外汇储备，如果我们能抓住这个时机，加大力度带资"走出去"，外方即便招标也是在中国企业的范围内有限招标。而相当一部分国际知名的工程承包商就是因为缺少资金而放慢了脚步，这恰恰给了中国这些"走出去"时间不长的国际工程承包商以成长壮大的机会，它们可以摸着石头过河，在实践中学会游泳。事实证明，近几年许多中国的国际工程承包商就是在政府的指导和银行的支持下发展壮大起来的。

四、利用混合贷款解决融资问题

传统的商业贷款存在融资成本高的问题，2012年初，商业贷款的报价约为LIBOR＋500BP，优贷虽然利率低，但受两国政府总盘子的限制，金额不能过大。因此，对于金额较大的国际工程承包项目，可以采用优贷＋优买或优贷＋商贷等组合方式。一方面，可以摊薄成本；另一方面，项目总金额又可以不受限制。

五、采用信托或融资租赁方式解决融资问题

这种融资模式在拉美一些地区比较盛行。例如，某国外业主由于其资产负债率很高，不愿意做借款人，而国内承包商也不愿采用卖方信贷，此时可以采用类似融资租赁或信托的方式，即选一家金融机构做信托，成立信托公司，由这家信托公司做借款人，增加其资产负债表相应项目数额。国际工程承包商只负责EPC合同的履行，建设期满取得验收证明后，信托公司将贷来的款项支付给国际工程承包商，同时，信托公司获得建成的实体10年的所有权，即这10年间该项目实体所创造的收益归信托公司所有，贷款亦由信托公司在这期间逐步偿还。10年期满后实体转归国外业主所有。这个融资方案有效解决了买卖双方都不愿意做借款人的问题。

总之，国际工程承包企业的主要任务是提供产品和服务，能否根据业主的需求为其量身定制适合的融资产品体现着企业的综合实力和国际竞争力。而今，随着人民币升值、原材料涨价、国际运费上涨、劳动力成本增加，中国承包企业的价格竞争优势越来越弱，中国承包企业不能再以低价格争市场，而应顺应时代的发展，在金融产品创新方面寻找出路。

案例分析

案例1 优惠贷款与商业贷款组合

某企业在加纳承建的布维水电站项目就是采用了优贷＋商贷的融资模式。其中优贷部分由中国进出口银行优贷部提供政府优惠贷款；商贷部分由中国信保提供保险，由中国进出口银行公司业务部提供买方信贷；因中国某集团公司每年固定从加纳采购可可豆，加纳就以该销售合同作为商贷部分的担保提供

给中国信保。在融资模式中，通过给项目业主提供一揽子的解决方案，国际工程承包企业可以在合同谈判中获得更多的话语权，进而有机会获得更为公平的合同条件和更为合理的合同价格。

由于加纳是重债穷国（HIPC），受到国际货币基金组织（IMF）的监管，举债受限，因此加纳布维水电站的融资必须满足IMF的要求，即赠予成分要达到35%的比例。由于加纳财政部对此类项目融资缺乏经验，该国际工程承包企业多次邀请中国进出口银行和中国信保的业务主管赴加纳，与加纳财政部、能源部、司法部的官员就项目的融资结构、还款担保等问题进行多轮谈判，为项目设计了切实可行的融资结构，即加纳自筹10%，剩余部分优贷和商贷各占45%，从而解决了优惠度问题。

为解决商业贷款担保难题，该国际工程承包企业对加纳的进出口情况进行全面的摸底调查，最终确定可可局签订可可出口销售协议，用可可豆销售收入作为担保，最终为各方所接受。

该贷款模式的设计得到了商务部、外交部、中国信保、中国进出口银行等政府部门和金融机构的大力支持，从而创下了很多先例：布维项目是第一个写入中加政府联合公报的项目；在组合贷款中优贷接近3亿美元，创下单一项目优贷的最高纪录；第一次用可可豆作为担保等。

案例2　　　　　　　　**卖方信贷与项目融资相结合**

此项目是位于某发达国家的电解铝生产型项目，参与各方设立了项目公司，总投资约12亿美元，资金来源为：股东出资占总投资的45%，土建承包商带资占12.5%，中方设备供应商带资占42.5%。项目公司的股东有两家，即T公司和S公司。该项目所需要的氧化铝和电力均已签署长期供应合同，且项目公司与国际知名的铝销售企业签署了长期包销合同。中方设备供应商与项目公司签署了为该项目提供设计、设备、部分建筑材料和技术服务的供货合同，预付款比例为 15.5%，其余 84.5% 为延期支付。项目公司为延期付款提供的保证包括项目公司的股权、资产以及相关产品销售、原材料及电力供应等协议权益的抵（质）押担保。中方设备供应商就承建本项目申请银行贷款 4 亿美元，贷款期限 10 年。借款人向银行可提供的担保措施包括第三方连带责任保证、借款人自有资产抵（质）押担保以及延期付款下的担保权益。

由于借款人很难提供覆盖全部贷款金额的担保，因此，传统的卖方信贷无法同时满足贷款人的风险控制要求。由于项目公司是新成立的，其资产及信用状况无法达到贷款人的信贷评审要求，因此，传统的买方信贷同样无法采用。如果采用项目融资的方式，设备供应商将既不承担作为借款人的还款责任，也不须提供境内担保措施，显然风险较大。

经过反复权衡，最终采用了出口卖方信贷与项目融资相结合的融资方式。具体而言，就是以国内的设备供应商作为借款人，以借款人的综合经济实力作为贷款偿还的基本保障，且借款人提供境内担保，同时，贷款人取得项目融资方式下的各项担保权益。这样，在出口卖方信贷的基本框架内，融入了项目公司担保的因素，从而集合了两种贷款方式下一切可能的担保措施，使贷款安全尽可能获得保障。

该融资方案对于担保方式的设计也是很有借鉴意义的。贷款银行要求项目公司将资产直接抵押给贷款人，即项目公司以公司资产作为第三人的债务，借款人对贷款人的债务提供担保，这样既可以从源头上防止抵押权瑕疵的出现，又不存在任何法律上的障碍。由于项目的收益是借款人还款的主要来源，项目公司违约必然导致借款人违约，此时，贷款人应有权行使一切担保权，包括借款人提供的担保和项目公司的担保。只要项目公司履行了延期付款协议项下的付款义务且项目未发生重大不利变化，即使借款人违约了，贷款人也不一定要对项目公司行使抵押权。

贷款人要求项目公司股东将其持有的项目公司的股份直接质押给贷款人，项目公司的其他担保直接提供给贷款人，而不是先质押（或抵押）给借款人然后再转让给贷款人。这样就兼顾了借款人、担保人（项目公司）的合理利益和要求，使项目得以顺利实施。

在本项目中，基于融资方式和担保结构的如上设置，主要的当事方及相互间的关系如图 7—2 所示。

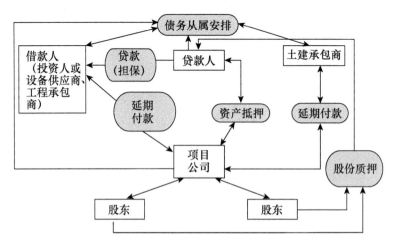

图 7—2　融资担保结构图

由此可以看出，一个融资创新项目的出台是非常艰难的，它需要政府和金融机构的支持，更需要集中企业、政府和金融机构各方的智慧，将一个个难题攻破。

第八章

海外投资的融资方式

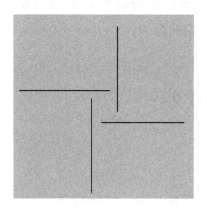

第一节 海外投资综述

一、概念

海外投资是指在我国依法设立的企业通过新设、并购等方式在境外设立非金融企业或取得既有非金融企业的所有权、控制权、经营管理权等权益的行为。

二、海外投资的意义

1. 政治意义

通过参与海外投资和运营，增强自身对国际事务的参与性，进而逐步提升国际影响力。在外交及地缘政治方面，我国企业投资的所在国大部分是发展中国家，经济相对落后，我国企业可以充分发挥自身技术先进、价格适中和资金充足的优势，进一步提升中国对广大发展中国家的影响力，进而在国际政治舞台上获得更多的支持。

2. 经济意义

从宏观经济方面讲，自金融危机以来，国际经济格局发生了深刻的变化，欧洲国家主权债务危机持续升级、高失业率以及过低的储蓄等会长期困扰发达国家，紧缩财政背景下，新兴国家经济体大量招商引资。在这样的经济环境下，中国毫无疑问应该抓住这一良好的历史机遇，在发达国家发展趋缓的时候快速发展自己,进而缩小与发达国家的差距。

3. 企业发展的意义

目前走出国门参与境外基础设施项目的中国企业主要是大型国企,这些企业在国内获得高速发展与其获得政府较多的支持分不开,因此,没有足够的外力激励这些企业改革自身存在的弊端。但是一旦走出国门,这些企业就不得不努力在各个方面与国际先进的管理机制接轨,尤其是海外投资,作为业主,对管理水平的要求比国际工程总承包商更高。一旦学会了境外生存的技能,中国企业就会获得一次新生,中国拥有这样一批企业后,就会带动国内企业转变机制,提高企业的国际化层次,获取新的发展动力。

4. 对人民币国际化的意义

经济学理论告诉我们,一个国家的货币成为国际货币,需要具备几个必要条件,其中之一就是使用这一货币在国际范围交易的规模必须足够大。但是,目前全球经济活动中以人民币计价、结算的比例还远不如美元、欧元等国际货币。由于海外投资涉及的资金量通常是巨大的,总投资几亿美元的项目只能算中等规模,如果中国在海外投资中对接受人民币作为投资货币的东道国给予某些优惠支持,就可利用对外直接投资(FDI)促进人民币国际化,显著提升人民币在国际货币中的地位。

总之,在当前的国际政治经济环境下,中国面临着前所未有的历史机遇,中国企业进行海外投资的战略意义重大而深远,这将为中国的国际政治、外交、经济发展提供有力支撑,为中国经济提供巨大的市场空间,为中国产业转型和升级提供良好的渠道,为中国企业改善自身机制、培养国际竞争力创造良好的机会,为中国缓解目前发展遇到的诸多问题提供很好的突破口,最终为中国的和平崛起注入强劲动力。

三、我国企业海外投资的现状

改革开放以来，中国企业海外投资大致经历了以下几个阶段：

（1）尝试起步阶段。最初是中央和地方的一些贸易公司在国外设立贸易公司，或在海外设立一些代表处和少数中小型生产企业，投资大多集中在餐饮、建筑工程、咨询服务等行业，主要是起着对外"窗口"的作用。

（2）20 世纪 80 年代中后期的慢步发展阶段。一些国内大中型企业、中央和地方的国际信托投资公司及综合经营类企业，甚至民营企业也加入了海外投资的行列。海外投资的地域分布扩大，由 45 个国家和地区扩大到 100 多个国家和地区，海外投资的行业也由服务业向资源开发、加工装配、交通运输、医疗卫生等行业延伸。

（3）中国加入世界贸易组织以后的快步发展阶段。由于政策的进一步放开，中国企业海外投资进入了快步发展阶段，投资的产业领域也从初期集中在贸易方面，发展到资源开发、工业生产加工、交通运输、工程承包、旅游餐饮、研究开发、咨询服务、农业及农产品综合开发等诸多领域，海外投资数量和规模快速增长。

到 2012 年，中国已经成为全球对外直接投资额最大的发展中国家。中国对外承包工程商会 2013 年 3 月 21 日发布的一项报告显示，尽管受到全球经济放缓的影响，中国对外承包工程在 2012 年新签合同额仍达到了 1 565 亿美元，同比增长 10%，全年对外承包工程业务完成营业额 1 166 亿美元，比上年增长 11.3%。根据国家统计年鉴数据，近 6 年企业对外承包工程合同金额以及完成营业额情况如图 8—1 所示。

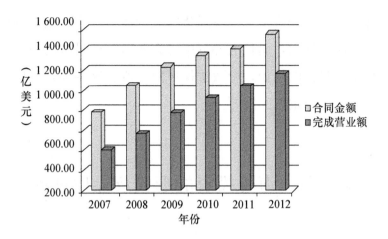

图 8—1　2007—2012 企业海外承包工程业务情况

资料来源：根据国家统计年鉴 2007—2012 年数据整理。

由图 8—1 可以看到，随着改革开放程度的进一步加深，我国企业海外投资呈现出快速发展的趋势。

另一方面，国家统计年鉴显示，企业海外投资承包工程 2011年按地区完成营业额如下：亚洲 5 102 172 万美元，非洲 3 612 187万美元，拉丁美洲 791 669 万美元，欧洲 460 042 万美元，大洋洲及太平洋岛屿 232 265 万美元，北美洲 142 232 万美元，其他1 881万美元（见图 8—2）。

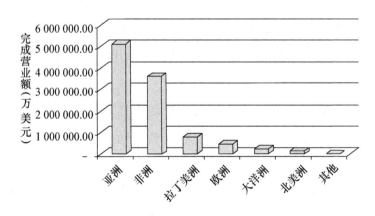

图 8—2　2011 年企业海外投资承包工程按地区完成营业额情况

资料来源：根据国家统计年鉴 2011 年数据整理。

由此可见，中国海外投资主要集中在亚洲、非洲和拉丁美洲，伴随着全球经济不景气及通货膨胀的压力，这些国家的政治动荡风险明显加大，而且大部分中国企业对海外投资的东道国法律制度缺乏足够的认识，导致法律风险加剧。这些都是我国企业在海外投资中应重视的问题。

第二节　海外投资的形式及操作过程

随着这些年的不断发展，海外投资呈现出多种多样的形式，其操作过程日趋完善。

一、形式

国际工程承包企业境外投资业务的分类可以从不同的角度进行。从是否新建企业的角度，可分为"绿地"投资（即直接投资建设新的项目设施）与并购投资（即通过兼并收购获得股权的方式，以取得目标项目公司的所有权和经营管理权为目的的投资）；从行业类型的角度，可分为基础设施建设、资源开发和房地产投资等。

1. 特许经营型投资

特许经营型投资是指由项目所在地中央或地方政府（东道国政府）将基础设施等项目的投资和经营权通过法定的程序有偿或无偿地交给选定的投资人投资经营。典型的特许经营方式有BOT，PPP和PFI等。因为国际工程承包企业参与的特许经营项目大部分为公共设施项目，所以在运营阶段结束后，一般都会移交给当地政府或公共机构，国际工程承包企业不承担永久运营。但由于项目投资运营期一般长达20～30年，与一般的工程承包项目截然不同，更接近长期投资的性质。

（1）建造—经营—移交（BOT）。建造—经营—移交（build-operate-transfer，BOT）项目是特许经营项目的一种主要组织形式，指项目东道国政府通过特许权协议授权外商或私营商作为项目主办人（或联合其他公司/股东）为该项目成立专门的项目公司，负责该项目的融资、投资、设计、建造、运营和维护，在规定的特许期内向该项目产品或服务的使用者收取规定的费用（如电厂项目由项目公司与东道国的国家电力公司签订照付不议购电协议等形式的包销合同），由此收回项目的投资（资本金和贷款利息）、经营和维护等成本，并获得合理的投资回报；特许期满后，项目公司将项目（一般是免费地）移交给东道国政府。

该投资形式的主要目的之一是解决项目东道国政府加快本国基础设施建设、促进经济发展和技术进步的要求与不足以支撑这种大规模投资的有限政府财政能力之间的矛盾，适用于投资规模较大、建设周期较长而且运营收益可预期的项目，项目领域包括基础设施项目和自然资源开发项目，如电厂、港口码头、机场、收费公路、隧道、电信、供水和污水处理设施、矿山开采等。在组织和运作形式上，BOT 适合于政府主动发包及采购的项目，所以在我国也称为"法人招标"或"特许经营招标"。

BOT 是一种统称，包含三种基本形式：BOT，项目公司没有项目所有权，只有特许期内的项目建设和经营权；建造—拥有—经营—移交（build-own-operate-transfer，BOOT），项目公司既有经营权又有所有权，项目的产品/服务价格较低，特许期较长；建造—拥有—经营（build-own-operate，BOO），即不移交，项目产品/服务价格更低。BOT 还可演变为建造—移交（build-transfer，BT），承包企业投资建成后出售给政府，政府采取一次或分期付款的事后付款方式，移交—经营—移交（transfer-operate-transfer，TOT），国际工程承包企业投资购买某项目资产（一般是公益性资产）的产权和经营权，在约定的时间内通过经营该资产收回全部投资和取得合理的投资回报后，再将该资产无偿移交给原所有人。

将 BOT 的结构予以简化，可以看到，其中涉及的参与方和各种协议合同如图 8—3 所示。

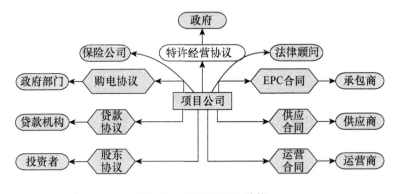

图 8—3　简化的 BOT 结构

（2）公私合营（PPP）。公私（政企）合伙或公私合营（public-private partnership，PPP）指国际工程承包企业与项目东道国政府机构签订长期合同协议，按照一定股份比例共同投资组建项目公司，授权该项目公司代替政府机构建设和管理公共基础设施，并按照服务合同规定利用基础设施向社会公众提供公共服务，而国际工程承包企业通过项目公司的运营活动获得投资回报。这一模式最早于 1992 年提出，反映更为广义的公私合营长期关系（如共享收益、共担风险和社会责任），在基础设施和公共服务（如医院、养老院、监狱、学校等）方面应用较为广泛。我国许多国际工程承包企业在积极探索和跟踪该模式的境外工程项目。

（3）私营主动融资（PFI）。私营主动融资（private finance initiative，PFI）强调国际工程承包企业在项目融资、投资活动中的主动性和主导性，政府通过特许权协议向国际工程承包企业授权，国际工程承包企业主动发起投资、建设和运营管理公共项目，为公共部门提供服务，按照服务合同的规定收取服务费用从而收回项目的投资、经营和维护等成本，并获得合理的回报。国际工程承包的 PFI 投资领域包括社会福利性质的公共服务设施建设，如教育和文体建筑、医院、养老院、监狱等；仅靠自身运营不能完全收回投资，需要政府财政补贴甚至完全由政府支付的项目。目前这种以提供服务为核心的境外 PFI 投资，由于其社会福利性质、运营期较长、政府支付能力和信用的重要性等特征，我国国际工程承包企业还处于市场跟踪和探索阶段。

2. 非特许经营型投资

非特许经营型投资是指国际工程承包企业在东道国独资或合资兴建工业生产制造设施，并通过该设施的商业运营获取投资收益的商业行为，是一种境外产业投资。与上述 BOT/PPP/PFI 等项目不同，非特许经营型投资项目一般没有移交（T）过程，是一种企业长期的属地化生产经营方式；与 BOO 形式不同，BOO 项目投资是在东道国政府的特许协议或执行协议基础上开展的，而非特许经营型投资项目是在特设法人机构营业执照规定基础上开展的。国际工程承包企业通常以工程为先导，利用在当地实施工程项目过程中积累起来的市场资源进行非特许经营型投资。投资领域往往与工程业务相关，如能源开发、建材生产、设备加工和维护、工程管理服务，以及相关的农牧业、商业物流、房地产开发与经营等。

二、操作过程

1. 寻找项目信息

在大量的海外投资项目信息中进行甄别，挑选符合国家政策导向及企业海外投资战略的项目。

2. 初步评估

对项目的经济效益、投资环境等整体情况进行初步评估。

3. MOU 签署

与外方初步达成合作意向。

4. 开展尽职调查

5. 进行可行性研究（技术、经济、社会环境）

项目投资环境分析：

（1）政治和国际环境；

（2）经济情况；

（3）投资环境；

（4）市场现状、需求及规划；

（5）相关法律法规及投资政策（如外商投资企业法、公司法）；

（6）外汇政策；

（7）税法；

（8）劳工政策；

（9）环境保护；

（10）与中国的关系及双边协定。

6. 投资回报率测算和效益分析

7. 海外投资架构安排

对海外投资项目进行全局性、系统性考虑，例如，谁做投资主体，控股比例，当地股比，是否需要引入投行等。在搭建投资架构中，要充分考虑法律、税收、国家扶持政策等多方面因素。

8. 合同安排

（1）合同架构设计。包括交易主体设置、合同群的组成、合同群的衔接关系和原则、合同群的实施计划。

（2）关键合同机制设计。主要是关于风险分配机制的设计。

（3）合同草拟和审核。

（4）合同谈判。

9. 审批

企业内立项，报国资委、商务部、国家发改委、国家外汇管理局核准。

10. 保险安排

与中国出口信用保险公司商谈海外投资保险。

11. 融资安排

与银行商谈海外投资贷款协议及相关的担保协议。

12. 税务筹划

（1）了解项目所在国的税收优惠政策。

（2）做好供应链管理的税务规划，提高供应链管理的税务效率，降低公司海外投资项目运作中所需缴纳的境内外的所得税、营业税、增值税和关税的税负，优化税务管理风险控制，改善项目的现金流状况，提高净现值和回报率。

（3）做好关联交易转让定价的税务规划，分析每一类型关联交易（包括货物购销、设备租赁等）中交易各方的具体定位，并对其所承担的职能和风险进行分析和安排。

（4）做好外派员工的个人所得税申报和规划，在避免双重征税的同时，降低整体税负。

第三节　海外投资的融资方式

按照我国现行的规定，海外投资主体的资本金部分（通常为30％）须为投资企业的自有资金，不能采用银行借款进行投资，换言之，企业不能完全依赖贷款进行海外投资。余下的70％投资额允许贷款，我国政府为了鼓励企业"走出去"，这部分贷款的利率相当优惠。

一、资本金部分的来源

(1) 企业的自有资金。包括注册资本、历史利润沉淀的现金流等。

(2) 引入战略投资人。如投资银行与企业共同参与海外投资，前期帮助企业分担资本金的出资压力，后期帮助企业运作上市，投行与企业各自发挥优势。

(3) 境内发行人民币债券。分为公开发行和非公开定向发行两种，这两种类型的比较见表8—1。

表8—1 债务融资工具公开发行与非公开定向发行比较

发行方式	公开发行	非公开定向发行
融资类型	直接融资。	直接融资。
投资人	向银行间市场所有成员不定向公开发行，包含甲类户、乙类户、丙类户和个人投资者（交易所市场）。	主要指的是在银行间市场债券综合排名位于前120名的机构投资者，具体情况需要发行人和主承销商在发行前进行遴选并向交易商协会备案确定。
融资规模	累计发行规模不超过净资产的40%。	发行规模不受净资产的40%限制，具体数量由发行人、投资人和主管机构共同确定。
流动性	对于同一发行主体，流动性最好。	定向工具仅能在特定的定向投资人之间交易流通，因此虽具备一定的流动性，但比公开发行弱。
融资成本	由市场化确定，在企业各种融资途径中通常是最低的。	对于同一发行主体，利率成本略高于公开发行，通常高20BP～50BP。
准入和融资效率	交易商协会实行注册制，准入较为严格，与私募融资相比，融资时间较长，一般需3个月左右。	交易商协会实行注册制，在定向工具投资人落实的前提下，1～3周内完成融资，融资效率大为提高。
期限	以1年、3年和5年为主，也可以为7年和10年。	参考公开发行，短期可以为3、6、9、12个月，中长期以3年居多。
信息披露要求	较为严格。	较公开发行更宽松，并且只在特定的投资者群体内披露。

二、海外投资的融资方式

（一）境外发行美元债券

美元发债首先要在香港注册公司，发债准备周期大致四到六个月，需要有实力的母公司提供担保，发债获得的资金是不允许转到国内的。境外发行美元债券通常需要国际评级，在担保结构下，债券评级将与担保人评级相同。该结构的发行前提是从国家外汇管理局获得境外担保额度，根据国家外汇管理局现行规定（国家外汇管理局出台汇发〔2011〕30 号文），应向国家外汇管理局提交"境内机构提供对外担保核准申请"。境内母公司在向国家外汇管理局提出申请之前，其境外资金用途须获得国家发改委的项目审批，方可对境外债务进行担保。境外发行美元债券的主要执行程序、发行结构及定价过程如图 8—4、图 8—5、图 8—6 所示。

图 8—4　境外发行美元债券的主要执行程序

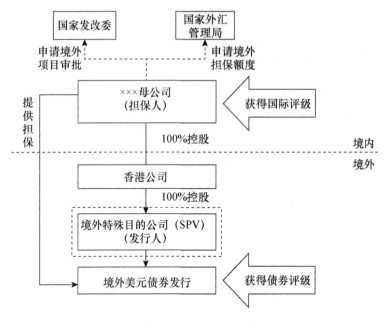

图 8—5　境外发行美元债券的发行结构

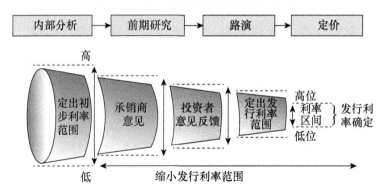

图 8—6　境外发行美元债券的定价过程

（二）境外发行人民币债券

具体参见附件 7。

（三）内保外贷

内保外贷指由企业内部的总公司给银行提供担保，银行在外部给企业解决贷款问题的一种融资方式。担保形式为：在额度内，由境内的银行开出保函或备用信用证为境内企业的境外公司提供融资担保，无须逐笔审批，和以往的融资性担保相比，大大缩短了业务流程。"内保"就是境内企业向境内分行申请开立担保函，由境内分行出具融资性担保函给离岸中心；"外贷"即离岸中心凭收到的担保函向境外企业发放贷款。

（四）内保外债

内保外债指借助银行自身的评级为企业提供融资，其特点是资金到位快，成本相对高。

表8—2就上述几种融资方式列表进行比较。

表 8—2   **三类融资方式的比较**

信用结构	优点	缺点
发行债券	拓宽融资渠道； 建立海外投资基础； 获取国际评级，有利于海外业务的拓展； 融资规模较大。	首次发行须进行评级； 须支付评级成本及4~6个月的时间成本； 需要母公司对外担保支持。
内保外贷	适合已有项目短期融资； 在综合授信的框架下审批时间短； 操作灵活。	规模有限； 需要银行对外担保额度支持； 融资成本相对较高。
内保外债	借助银行评级，通常银行评级高于企业评级； 无须对企业进行评级，省时省力。	受限于银行授信额度及银行对外担保额度； 总体融资成本相对较高； 无法树立企业国际信用形象。

（五）向境内银行申请境外投资贷款

为了鼓励我国企业"走出去"，我国的政策性银行和部分商业银行都可以对我国企业的海外投资业务进行直接贷款，下面以我国唯一的政策性银行——中国进出口银行的海外投资贷款为例，介绍该种融资方式。

境外投资贷款是指中国进出口银行对中国企业在境外投资的各类项目所需资金发放的本、外币贷款。境外投资项目主要包括：境外资源开发项目；带动国内设备、技术、产品等出口的境外加工贸易项目、境外投资建厂项目和基础设施项目；提高国内企业产品研发能力和出口竞争能力的境外研发中心、产品销售中心和服务中心项目；开拓国际市场、提高企业国际竞争力的境外企业收购、并购或参股项目等。贷款对象是在中国工商行政管理部门登记注册，具有独立法人资格的中资企业或中资控股企业。

1. 申请条件

（1）借款人具备与境外投资项目相适应的经济实力和经营管理能力，并具有一定的涉外经营管理经验。

（2）拟投资项目获得中国和项目所在国或地区有关部门的批准，有关协议已经签订。

（3）借款人在境外投资项目中出资总额不低于 100 万美元，以自有资金出资的比例一般不低于其应出资额的 30%。

（4）拟投资的境外项目配套条件落实，预期经济效益良好，有较强的贷款偿还能力。

（5）提供经中国进出口银行认可的还款担保。

（6）项目所在国政局稳定、经济状况和投资环境良好。

（7）对国别风险较高的项目应投保海外投资险。

（8）中国进出口银行认为必要的其他条件。

2. 申请程序

（1）借款人向国家有权审批机关上报项目建议书（包括投标建议书）或项目可行性研究报告，并抄送中国进出口银行。同时，该借款人向中国进出口银行提交贷款申请。

（2）国家有权审批机关审批或初审项目建议书，并将批复文件抄送中国进出口银行，作为中国进出口银行受理贷款申请的参考依据。

（3）中国进出口银行就该项目使用境外投资贷款问题出具意见函，作为国家有权审批机关审核或初审项目可行性研究报告的参考依据。

（4）项目可行性研究报告被批准后，由中国进出口银行对该项目进行审批。

3. 申请材料

（1）借款申请书。

（2）中国及项目所在国（地区）有权审批机关对境外投资项目的批准文件。

（3）投资项目的合资（合作）协议、公司章程及有关的合同等。

（4）投资项目可行性研究报告。

（5）海外投资保险承保意向性文件（如需投保海外投资险）。

（6）借款人及担保人的基本情况介绍，经年检的营业执照副本，近3年经审计的财务报告及本年近期财务报表，其他表明借款人及担保人资信和经营状况的资料以及在境外所注册公司的有关资料。

（7）还款担保意向书，采取抵（质）押担保方式的，须出具有效的抵押物、质物权属证明及价值评估报告。

（8）中国进出口银行认为必要的其他资料。

4. 需要注意的问题

（1）资本项目外汇管制。为了平衡国际收支，防止外部金融风险向国内蔓延，中国一直实行严格的资本项目外汇管制。在亚洲金融风暴中，资本项目外汇管制成为维护中国金融安全的重要手段。此后，资本项目外汇管制虽然有所放松，但对境外投资的管制仍很严格。目前，中国限制企业购汇进行境外投资，除战略性项目、援外项目和带料加工项目可以购汇进行投资外，其余项目的境外投资以企业的自有外汇为主。企业有自有外汇的，首先使用自有外汇进行投资，没有自有外汇的，可通过贷款等进行投资。另外，中国鼓励企业使用实物投资或以设备投资，或允许企业不结汇出口。企业能用于境外投资的自有外汇和筹措贷款的能力十分有限，依靠实物投资也存在很大的困难，这些都不利于境外投资企业经营规模的扩大。调查中，企业普遍反映以现有设备投资难以符合项目的需求，因为有些设备技术落后，甚至是国内已经淘汰的，为适应东道国的竞争需要，许多投资项目需要购买新设备。而以货物不结汇出口的方式投资，虽然可以部分解决企业的资金问题，但输出的货物必须销售后才能变成资本，企业的投资能力受到其销售能力的制约，结果许多项目因无法及时获得外汇资金而丧失有利商机。

（2）利润汇回保证金管理。为保证企业境外投资资产不流失，中国要求境内投资者缴纳外汇汇出金额5％的利润汇回保证金。利润汇回保证金管理属于资本项目外汇管制的重要内容，其本意是鼓励境内投资者将境外投资所得汇回国内，但对企业来说，却占压了大量资金，妨碍了企业竞争力的提高，尤其是在境外投资的初创阶段，境外企业多半无法创造利润，保证金的占压增加了企业的负担。许多企业反映保证金管理对促进利润汇回的作用并不明显，有时会迫使企业采用规避保证金管理的投资渠道。境外投资企业在获得盈利以后，多半希望扩大规模，进一步提高盈利能力，如果将利润汇回后再投资，则将再一次面临烦琐的审批程序。虽然利润直接转为再投资也需要主管部门的审批，但手续相对容易。许多企业为了降低扩大规模的成本，倾向于将利润留存在境外。为解决保证金资金占压问题，需要用现汇进行境外投资的企业，有时不得不转向境外带料加工贸易的投资方式，或是一些非正常的投资渠道，造成资源不必要的浪费。

（3）对国际商业融资的控制。境内投资者如果使用国际商业贷款进行境外投资，属于中国外债管理的范畴，需要国家发改委的审批，境外投资企业的境外借款则不受此规定的管辖。但如果需要境内投资者、金融机构或其他部门、单位提供担保，则要经过外债管理部门的批准。对境内投资者使用国际商业贷款进行境外投资的限制，实际上阻碍了企业对外部资金市场的利用，而利用外部资金市场，企业往往可以获得更有利的融资条件，对降低成本、提高其国际竞争力大有裨益。调查中有些企业反映，在其对项目进行调研论证的过程中，许多得到消息的外国金融机构也会对该项目进行考察，如果认为该项目有利可图，则会为企业提供信息便利和附有有利条件的贷款承诺。但由于上面提到的原因，使用这部分资金非常困难。

案例分析

某国 BOT 水电站项目

1. 概况

2004 年中国某企业中标了 A 国最大的水电站项目，该项目是 2006 年援助 A 国的三大工程之一，也是目前 A 国最大的引进外资项目。项目总装机容量为 19.32 万千瓦，总投资 2.8 亿美元。项目采用 BOT 模式，特许经营期 44 年，其中建设期 4 年，商业运行期 40 年。项目的主要任务是发电，同时兼顾城市供水及灌溉，主要目标是替代从 B 国进口的电能。A 国国家电力公司（以下简称 EDC）承诺购买所有发电量，由 A 国政府提供担保。某企业在 A 国设立了全资项目公司，由该公司负责设计、建设、运营，以项目公司的名义对外贷款。中国进出口银行作为项目的贷款人。与传统的公司融资相比，项目融资结构复杂，大致可分为项目基本文件（股东协议）、商务文件（承包合同、购销合同等）、贷款文件（贷款协议）、担保文件（财产抵押协议、保险合同、银行保函）等。2006 年，经过数轮谈判，中国进出口银行和某企业正式签署了贷款协议和相关保险、担保协议。

2. 融资模式

由中国进出口银行直接给项目公司贷款。项目投融资结构见图 8—7。

3. 担保模式

(1)《合同权益质押及担保协议》。

由项目公司将其在项目合同（包括《特许权协议》、《购电费

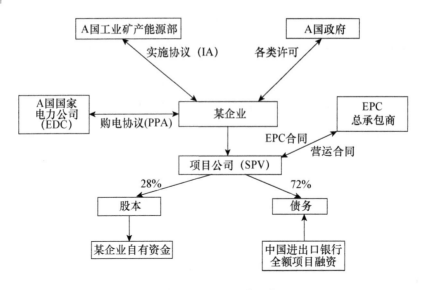

图 8—7　项目投融资结构

用担保协议》、《总承包合同》、《购电合同》、《电网调度合同》、《设备运行、管理、维修合同》等）项下的权益转让、质押给中国进出口银行。项目公司在有关银行开立若干账户，交由托管人托管。

（2）《发起人质押协议》。

项目公司股东将其在项目公司的全部股权质押给中国进出口银行。

（3）《土地及建筑物抵押协议》。

项目公司将其拥有的土地权益、厂房及其他地上定着物抵押给中国进出口银行。

（4）《机械设备抵押协议》。

项目公司将其拥有的机器设备及其他一切财产抵押给中国进出口银行。

（5）《账户质押协议》。

项目公司根据中国进出口银行的要求，在代理行开立若干账户，且项目公司同意将账户下的权益质押给中国进出口银行。

（6）《保险单质押协议》。

项目公司将其与项目有关的所有保险合同项下的权利及根据

保险合同取得的一切保险金均转让、抵押、质押和转移给中国进出口银行。

(7)《发起人支持协议》。

项目公司股东承诺如下：1）按期缴纳项目公司注册资本；2）股权处置限制；3）成本超支保证：股东承诺如发生超支情况，将立即按照项目公司合作合同章程的规定无条件地向项目公司提供项目超支融资；4）完工担保：股东承诺对贷款合同项下的贷款承担连带保证的完工担保责任。为了加强担保力度，由股东的母公司出具承诺函，承诺在股东支持不足时，由母公司提供担保支持。项目担保结构设计图见图8—8。

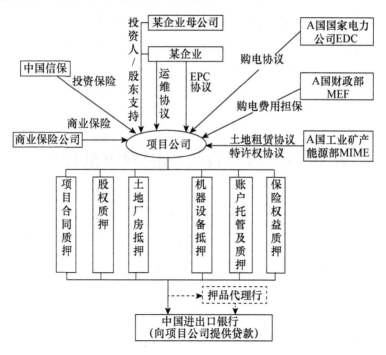

图8—8 项目担保结构设计图

4．最终方案

借款人：项目公司

币种：美元

借款额：不超过债务部分

贷款期限：结合项目建设期及投资回收期考虑

利率：6个月 LIBOR＋MARGIN，完工前、完工后采用不同利差

还款期：项目完工后起至贷款还清结束，每半年还款一次

完工担保：项目完工前，由股东的母公司提供还本付息担保。

担保及支持性安排：营运期提供项目资产质押；设立项目托管账户，提供托管账户质押；在电力购买协议上设置质押；在特许经营协议上设置质押；A国政府提供还款保证；提供借款人股权质押；投境外投资保险；其他担保和支持性安排。

5. 后续进展

2007年9月18日正式启动，目前该项目已顺利完工，并进入运营期，收益良好。

第四节　海外投资的国内审批程序

海外投资在国内主要负责审批的政府部门是国资委、发改委、商务部和国家外汇管理局。

一、国资委

国资委主要是对中央企业投资进行监督管理，其审核的内容主要包括：

（1）企业主业投资项目是否纳入企业年度投资计划并报国资委备案；非主业投资项目是否经国资委核准。

（2）海外投资项目在向有关部门报告的同时应抄送国资委。

（3）签署有法律效力的文件前应正式报国资委批准。

注意事项：在实务操作中，报国资委的程序与商务部和国家外汇管理局的审批程序无关，可同时进行，以节约审批时间。

参考文件：附件 8 以及附件 17～21。

二、发改委

发改委主要负责海外投资项目的核准。

1. 发改委审批的范围和权限

（1）地方企业实施的中方投资额 3 亿美元以下的资源开发类、中方投资额 1 亿美元以下的非资源开发类境外投资项目由省级发展改革部门核准，中央企业实施上述项目，自主决策并报国家发改委备案。

（2）超过第 1 条的规模的，由国家发改委核准。

2. 如属于备案范围的，需提供如下资料

（1）境外投资项目备案证明（一式十份）。

（2）申报备案单位出具的决定投资此项目的有关文件。

（3）银行贷款意向书（如不使用境内银行贷款，则不需提供）。

（4）其他资料。

3. 如属于核准范围的，需提供如下资料

（1）项目申请报告。包括项目名称、投资方基本情况、项目背景情况、投资环境情况、项目建设规模、主要建设内容、产品情况、目标市场、项目效益、风险识别、项目总投资额、各方出资额、出资方式、融资方案、用汇金额。对于并购及参股项目，应说明拟并购或参股公司的具体情况。

（2）附件。海外投资企业的董事决议或相关的出资决议；证明中方及合作外方资产、经营和资信情况的文件；银行出具的融资意向书；以有价证券、实物、知识产权或技术、股权、债权等资产权益出资的，应提交证明有关资产权益的第三方文件；投标、并购或合资合作项目，中方和外方签署的意向书或框架协议等文件；境外竞标或收购项目，要说明投资主体的基本情况、项目投资背景情况、投资地点、投资方向、预计投资规模和建设规模、工作时间计划表。

4. 发改委的回复周期

发改委从送交项目申请报告之日起 20 个工作日内，完成对项目申请报告的核准，或向国务院提出审核意见。如果 20 个工作日不能做出核准决定或提出审核意见，由发改委负责人批准延长 10 个工作日，并将延长期限的理由告知项目申请人。

5. 参考文件

参见附件 9~11，附件 16。

三、商务部

商务部的职能是对企业境外投资予以核准，颁发《企业境外投资证书》。

1. 核心要求

（1）中方投资额 1 亿美元及以上的境外项目，如为中央企业投资，由商务部征求驻外使领馆经商处的意见。

（2）两个以上企业共同投资设立境外企业，应当由相对最大股东在征求其他投资方书面同意后负责办理核准手续。

（3）企业应当在其对外签署的与境外投资相关的合同或协议生效前，取得有关政府主管部门的核准。

（4）企业境外投资获得核准后，持《企业境外投资证书》办理外汇、银行、海关、外事等相关手续，并享受国家有关政策支持。

（5）《企业境外投资证书》有效期为两年。

2．申报材料

（1）申请书。

（2）企业营业执照复印件。

（3）境外企业章程及相关协议或合同。

（4）国家有关部门的核准或备案文件（指发改委）。

（5）并购类境外投资需提交《境外并购事项前期报告表》。

（6）主管部门要求的其他文件。

3．商务部的回复周期

（1）收到申请后，于5个工作日内决定是否受理。

（2）受理后，应当于15个工作日内（不含征求驻外使领馆经商处的时间）做出是否予以核准的决定。

4．参考文件

参见附件12，附件22。

四、国家外汇管理局

国家外汇管理局负责对境内机构境外直接投资及其形成的资产、相关权益实行外汇登记及备案制度，并对开立境外账户进行管理。

1．核心要求

（1）多个境内机构共同实施一项境外直接投资的，由境内机构所在地外汇局分别向相关境内机构颁发境外直接投资外汇登记证，并在相关业务系统中登记有关情况。

（2）境内机构应凭境外直接投资主管部门的核准文件和境外直接投资外汇登记证，在外汇指定银行办理境外直接投资资金汇出手续。

（3）如已登记企业发生名称、经营期限、合资合作伙伴及合资合作方式等基本信息变更，或发生增资、减资、股权转让或置换、合并或分立等情况，境内机构应就上述变更情况办理境外直接投资外汇登记变更手续（发生之日起 60 日内）。

（4）境内机构可以按照《中华人民共和国外汇管理条例》和其他相关规定，向境外直接投资企业提供商业贷款或融资性对外担保。

（5）境内机构在外汇管制国家或地区投资的，可按规定在其他非外汇管制国家或地区开立专用外汇账户，用于与该项投资相关的外汇资金的收付。

（6）境内机构应按照境外投资联合年检的相关规定进行年检。

2. 申报材料

（1）填写《境外直接投资外汇登记申请表》。

（2）外汇资金来源情况的说明。

（3）境内机构有效的营业执照或注册登记证明及组织机构代码证。

（4）境外直接投资主管部门对该项投资的核准文件或证书（指商务部和发改委）。

（5）如果发生前期费用汇出的，提供相关说明文件及汇出凭证。

（6）外汇局要求的其他材料。

3. 参考文件

参见附件 13。

第五节　充分利用香港平台

近几年来，海外投资日益成为承包企业转型的热点。我国企业"走出去"之初，主要依靠承揽国际工程承包业务，发展到一定阶段之后，国际工程承包业务的竞争日趋激烈，国外业主越来越欢迎中国企业参与投资，而不是简单地带资承包。

毋庸置疑，当前是我国企业从事海外投资的良机，尤其是从事资源类投资，再由投资带动工程承包，既规避了激烈的国际竞争，又可以在未来产生稳定的收益。但是如前面所述，我国企业必须有30%的自有资本金才能从事海外投资，而现实中，企业的现金流不一定能完全满足需要，这就需要充分利用海外资本市场的融资便利，以及国际顶尖服务团队的经验等。

从事海外投资的中国企业通常会选择在一个政治经济环境稳定、资本流动和贸易环境便利，并且相对税负较低的国家或地区（如香港、新加坡等）设立海外控股、管理平台对海外项目进行有效的集中管理和运营，从而降低各项目的整体税负，提高综合收益，充分利用海外平台的各方面优势带动母公司境内业务发展，在提升企业声誉、市场占有率和国际综合竞争实力的同时，有效实现国有资产的保值增值及投资者利益的最大化。

近年来，大量央企利用海外融资平台拓宽融资渠道，寻求海外资金。海外融资平台可从事发债、设立基金、借款、上市等融资活动，相对于国内融资而言，海外融资平台有很多便利，融资利率低，周期较短，审批程序也比较简单，这些都从综合层面上降低了公司的融资成本。例如，在美元利率低迷之时发行美元债券，所募集资金量大，所需时间短，融资成本低，但美元债的发行人必须是境外全资特殊目的公司，若以国内公司作为发行人，无论在法规上还是投资者接受的程度上，都存在一定的障碍。

近年来，央企在境外债券市场通过其海外投资平台获得大量融资。在境外股票市场上，中国企业境外上市募集资金活跃。中国企业在海外上市有利于获得海外资金，利用这些资金更好地发展企业。海外的证券市场监管更为成熟，企业操作更为放心，并且对完善国内上市企业的行为规范制度、建立健全国家相关的法规有借鉴作用。中国企业选择海外上市，对提高企业在国际市场上的知名度和市场占有率有很大帮助，有利于提高企业竞争力。海外上市是企业"走出去"的一种方式，可以借以实现资本市场、经营活动与国际的接轨，帮助企业提升自身水平。

香港平台可以作为国际化人才平台为公司长期储备国际化经营人才，作为技术服务平台储备和提供高质量技术服务，作为专业服务平台充分利用国际领先专业机构的优质服务。可以利用香港平台简化海外投资的审批程序，优化全球贸易及物流安排，降低海外项目整体税负等，由于本书主要阐述融资内容，香港平台的其他优势在这里不一一赘述。

设立香港平台，充分利用香港的资本市场和多种融资渠道，是快速有效弥补现有海外项目的巨大资金缺口的不二选择。

设立香港平台有利于充分利用香港各种快捷、高效、高质量的融资方式，如发债、设立基金、借款、上市等方式，解决目前海外投资项目出现的融资难题。

（1）通过发债方式为海外项目融资。

（2）通过 H 股或红筹股为现有项目上市融资。这种方式下筹集的自有资金无须偿还，也不用支付固定的利息。通过香港平台发行股票，是一个巨大的资金来源，可以填补海外项目绝大部分的资金缺口。

（3）其他融资方式。如内保外贷，可以通过与私募基金合作，与香港其他上市公司通过借款或者共同开发的方式，迅速筹集海外投资项目的资本金及前期费用。例如可以在香港平台设立后，寻找其他已经在香港上市的信誉较好的公司进行合作，共同参与到海外投资业务中，这样可以在短时间内迅速筹集资金，缓解资金压力。另外，还可以考虑通过香港平台的子公司反向收购持有香港上市公司，进而实现短期内上市。

（4）可将海外项目打包，通过香港平台或其下设的其他海外平台如 BVI 在香港红筹上市，为项目后续的资金需求再次融资。

总之，在海外投资中，香港平台可以根据具体项目的需求提供投融资、管理、税收筹划、供应链管理、技术中心等服务，并在企业并购重组中发挥巨大的优势。

第六节　我国对于海外投资的优惠政策

我国政府为了鼓励企业海外投资，出台了一系列政策，支持力度也是与日俱增，尤其是近期，对于集团公司不再有上封顶线，只要是符合国家战略的海外投资，我国政府都给予支持，对于依赖进口比例高的特别重要的资源类海外投资，国家还予以额外的补贴。

我国设有对外经济技术合作专项资金，由财政部制定了该资金的使用办法。在此办法的指导下，每年财政部和商务部还要联合对当年的补贴办法专门发文，参见附件14。每年企业在收到当年的申报通知后，需按时自行申报，再由中介机构根据政策予以审核，最终经政府部门审批后拨付给企业。

主要补贴包括以下几部分：

（1）海外投资资本金的投入；

（2）海外投资前期费用的补贴；

（3）海外投资保险费用的补贴；

（4）海外投资贷款的贴息；

（5）法律技术及商务咨询费，勘测、调查费；

（6）项目可行性研究报告、安全评估报告编制费；

（7）特定国家及特定国家的特定地区安保费。

具体内容参见附件14和附件15。

第九章
国际工程承包企业如何控制融资风险

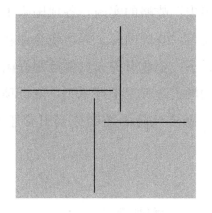

第一节　融资要关注的问题

我国的国际工程承包业务经过多年发展取得了显著进展，国际工程承包业务的增长率已经远远超过了同期对外贸易的增长率，成为对外经济贸易业务新的增长点。国际工程承包业务投资大、风险大，承包企业面临着巨大的资金、利率风险，以及外汇和汇率风险，融资业务是国际工程承包的一项重要内容。近年来，随着中央"走出去"战略的实施，各项国际工程承包政策和配套服务体系逐步完善，我国国际工程承包企业获得了很好的发展机会。在这种背景下，企业财务人员要运用好国家提供的各种配套政策，在具体的融资过程中把握原则，降低项目风险，以取得较高的经济效益。融资风险的控制应当贯穿于承包业务的全过程。

一、在项目的选择上要慎重

当前我国企业的国际工程承包业务主要集中在不发达甚至是一些比较落后的国家和地区，国别风险相对较大，容易出现战争风险、政治风险、施工能力风险、收汇风险等，因而在目标市场选择上应当非常慎重，从源头避免出现风险。针对这些风险较高的市场，规避风险的最好办法是投保出口信用险。中国信保是政策性保险公司，其目标是支持国家外贸、外交、金融等方面战略目标的实现。因此，承包企业要选择那些符合国家战略的市场和项目进行开发，才能获得中国信保的支持，从而获得融资。中国信保对世界各个国家的风险进行了分类，在分类的基础上，对高风险国家实施信用限额控制，限额高低的调整体现了本国外交政策的变化。每年年初，国际工程承包企业都会收到由中国信保编制的《国家风险分析报告》，其中详述了世界各国的风险分析，企业财务人员应仔细研读这些报告，把握国家的政策导向，帮助本企业选择有利的目标市场，从而降低项目融资风险。

在项目的选择上，企业应把握主要市场上带有导向性的重大项目、有助于实施战略资源开发的项目、有助于配合中国经济结构调整及发挥我国优势生产能力的项目和高科技项目、有经济效益且有稳定还款来源的项目等，如船舶、电信、电站、资源开发类项目，最大限度地利用好国家的出口信用保险、保函额度支持、贷款贴息、各种发展扶持基金等扶持政策，充分发挥商业贷款、优惠贷款等融资功能。

二、及时与银行和出口信用保险机构沟通，提前落实担保条件和出口信用保险

在取得和跟踪项目信息的最初阶段，企业应与银行和出口信用保险机构取得联系，了解国别风险、保险意向、贷款意向和是否有额度等方面的限制，使自身对市场与项目有更深入的了解，从而提高谈判效率。银行和出口信用保险机构及时参与到项目的评估过程中对于双方都是有利的，不仅使银行和信用保险机构对项目、业主和借款人等利益相关者的资料与决策信息增加了解，也有助于承包商对项目风险进行综合评估。此外，这种在整个谈判过程中与上述机构持续的沟通和互动，可以促使银行与信用保险机构更加顺利地拟定承保、承贷的方案以及最后的报价，使企业更加完整地做出项目概预算并开始报价谈判。事先的沟通不仅是将来项目签约后投保和申请贷款的必要铺垫，对于企业在报价

谈判时考虑融资成本也非常关键，提前落实担保条件和出口信用保险是正式融资的必要前提。

例如，某国的某个项目拟采用买方信贷，企业首先要咨询中国信保该国是否有买方信贷额度，而后根据合同金额确定是否需要报财政部和国务院办公厅审批，按时间进度将相关的项目资料报中国信保审批。同时，根据项目的国别和特点，确定选择哪家银行合作，并将资料报该行审批。只有这样，才能提高工作效率，及时沟通信息，节约审批时间。

这里尤其需要说明的是，商务合同的签署要注明以贷款协议和保险协议的生效为生效条件，以免由于信保和融资未落实给企业造成损失。

三、配合贷款银行做好项目评估和贷前审查

在申请贷款的全过程中，承包企业作为融资的申请人，走在项目的最前沿，能更便利地了解更多的相关信息，因此承包企业有义务认真配合贷款银行做好项目评估和贷前审查。对于申请人申请的各种银行融资类别，银行首先要考察申请人的资格和资质，尤其是出口卖方信贷，由于资金直接贷给承包企业，将来由承包企业负责还贷，所以承包企业必须如实说明自身的财务情况、能力情况和项目情况等，以保证银行顺利开展项目评估和贷前审查工作。对于买方信贷等融资，由于涉及的关系人比较多，且距离遥远，更需要承包商从中穿针引线，协助贷款银行做好项目调研、考察工作，帮助各方传递资料、互通信息，以促成融资的最终落实。

如果借款人是项目所在国的财政部或有主权担保，那么银行贷前主要进行国别风险评估，评估的主要内容包括：当前政治形势分析、经济状况和经济风险分析（包括宏观经济指标、经济结

构、外债情况）、货币政策和金融体系分析、存在的问题分析及前景展望等。如果借款人是其他企业或金融机构，银行贷前审查的主要内容包括：借款人和担保人的注册资料或商业登记资料、机构性质、历史和隶属关系、股东和管理者情况、经营状况、财务状况、公共记录（法律记录和抵押记录）、付款记录等。承包企业要做到对上述评估内容有一定的了解，以便配合银行做好项目评估和贷前审查，加快借贷的进度。

四、贷款协议的谈判

鉴于国际工程承包业务的特点，这类项目的贷款协议通常比较复杂，借贷双方谈判的灵活性和难度都比较大。一方面，国际贷款的贷款协议中浮动及可变条款很多，如币别的选择、利率的选择、偿还期限及如何分期等，还有诸多的解释和限制条款；另一方面，借款人和贷款人对对方国家的法律不太熟悉，谈判往往需要在律师的帮助下进行，以签订详细、全面的贷款协议。

国际贷款协议的谈判所需时间一般比较长，为了将商务合同的谈判和贷款的落实进度相匹配，承包企业一定要积极承担起借贷双方的中间人角色，从中起到穿针引线的作用。当借贷双方由于某一细节或条件无法达成一致时，承包企业可以帮助提出解决方案，或者通过自身的运作消除双方的分歧。如做买方信贷时，有时借贷双方无法就利率水平达成一致，致使贷款谈判陷入困境，为了使项目能够顺利推进，在贷款行允许的前提下，承包企业可以向贷款行承诺由自己承担一部分利息，以保证借贷双方的利益实现，同时，承包企业将这部分成本计入商务合同的价款中。通过这样的运作，往往能非常有效地促成项目的谈判。

五、注重项目管理，确保项目顺利执行和贷款按期偿还

除了给业主提供项目的资金外，承包企业自身的财务和资金状况也尤为重要。一个大型国际工程承包项目在招标时，投标人的财务状况往往被列为重要的资格预审条件之一，没有足够的资金作后盾的承包商是不能通过资格预审获得国际工程承包项目投标资格的。此外，如果没有足够的资金，即使中标也可能因资金拮据、周转困难或融资成本过高而使项目以失败告终。

在拿到一个好项目以后，承包企业必须配备强有力的项目管理团队，选择好的实施单位，保证在技术、管理、财务、金融等各方面都有专家把关，确保该项目顺利执行。

在项目执行过程中，企业财务人员应及时落实项目融资的进度，编制动态现金流量表，并做好现金流量表的即时调整和更新。在与各类商业银行进行综合授信额度谈判时，可以根据自身的财务状况向银行申请综合授信额度，包括保函额度、信用证额度、流动资金贷款额度等。在取得综合授信额度后，财务部门应留出一定的流动资金贷款额度，以备应急之需，并以此作项目融资的补充。如果承包企业隶属于企业集团，还可以采取财务公司或内部银行的方式，统一调度系统内的资金，以降低融资成本。

六、出现意外情况和风险事件时积极采取措施降低风险

出现意外情况和风险事件时，承包企业要及时通知贷款行和中国出口信用保险公司，并积极采取必要措施以最大限度地降低

风险，减少损失。

无论是卖方信贷还是买方信贷，在出口信用保险协议的框架下，都严格规定了承包企业的通知义务和责任。比如，如果商务合同下任何一方出现违约，承包企业得知任何可能造成不能履约、阻碍或延误履约的事件，或获悉借款人可能在贷款协议下违约，承包企业应本着诚信的原则，立即通知保险公司和银行，并采取积极的措施防止或减少可能的损失。承包企业只有严格履行各项义务和责任，才能保证贷款协议和商务合同较好地执行，也才能在真正发生损失时，按照出口信用保险协议的规定及时获得赔偿。

七、加强对利率、汇率的风险管理

企业面临的利率风险是指利率的波动导致融资成本变化的风险。汇率风险主要包括交易类汇率风险和会计报表类汇率风险。交易类汇率风险指在以非主要经济收入货币计价的收支交易中，因汇率波动而导致以主要经济收入货币计价的收入减少或支出增加的风险。会计报表类汇率风险指因持有的资产和负债币种不匹配，而在非主要经济收入货币汇率波动时盈利或权益资本降低，信用评级指标、债权融资财务约束指标或其他财务风险监控指标恶化的风险。

利率风险管理的方法有：针对中长期浮动利率融资，应部分锁定融资成本，该项业务应该在总部的协调和授权下完成。具体金融产品有：远期利率合约、利率掉期、利率结构性产品。

汇率风险管理的方法有：

（1）降低当地币收款比例，利用当地采购尽可能地消耗当地币，无法消耗的当地币应及时转换成可自由兑换货币。

（2）可自由兑换币种资金的收付尽量自然对冲，结余部分应根据市场动态合理利用金融工具进行管理。

（3）对于部分小币种，可由总部根据资金使用情况，利用无本金交割远期进行管理。具体金融产品有：远期外汇交易、货币期权、货币掉期、汇率结构性产品。

在当前的国际经济环境中，金融市场非常活跃，因此承包企业在融资过程中要充分考虑利率、汇率的现状和未来可能的变化，选择适当的融资品种和融资方案。如预期利率上升时，尽可能选择固定的贷款利率；预期利率下降时，则争取选择浮动的贷款利率；预期本币贬值时，尽量直接进行本币融资，选择出口卖方信贷；预期本币升值时，则要争取按业主支付的外币币种进行融资，选择出口买方信贷等。当然，承包企业还可以灵活运用掉期、远期外汇交易等金融手段规避融资过程中的风险。

总之，通过拓展国际工程承包企业的融资渠道，大力发展国际工程承包业务，不仅可以有效提高国家的竞争力，还可以促进我国利用国内外两种资源、两个市场完成国内产业结构调整，从而更好地为国民经济的发展服务。在国际工程承包的各个环节中，有效规避和控制融资风险，有助于承包企业提高自身的竞争力，获得更大的经济效益。

第二节　规避融资风险的具体措施

国际工程承包业务建设周期较长，在建设过程中会产生大量以外币为计价单位的应收账款。在汇率较为稳定的时期，这些应收账款的价值受汇率的影响较小。但当人民币汇率浮动时，应收账款的价值会受到影响，进而会影响整个项目的利润。作为优秀的财务人员，应该敏锐洞悉汇率变动的风险，采用各种可行的资本运作手段控制风险、锁定利润。

一、通过应收账款买断规避汇率风险

应收账款买断是在满足一定条件的情况下，企业将赊销形成的未到期应收账款以无追索权的形式转让给商业银行等金融机构，以获得银行的流动资金支持，加快资金周转的一种重要融资方式。通过这种方式，企业将因业主无法支付而产生的坏账风险和因人民币升值而带来的收汇风险都转嫁给了银行，与此同时，企业需要向银行支付买断成本，人民币升值趋势越明确，银行要求的买断成本也会相应越高。因此，优秀的财务人员应该密切关注货币市场和国际金融市场的动态，尽早做出决策，以较低成本规避汇率风险。

关于应收账款买断的一些案例以及办理应收账款买断所需具备的条件、基本流程详见本书第三章第六节。

二、项目报价阶段采取固定汇率或强势货币

在国际工程承包项目报价阶段，应选择对企业有利的币种进行报价，如采用与本币实行固定汇率的外币，或者尽量选择币值较强的货币作为计价货币，而在申请贷款时，尽量选择币值较弱的货币作为借款货币。

以人民币报价就是最好的规避汇率风险的结算方式。如果签订了人民币的合同，就意味着无论将来人民币汇率变动的幅度多大，业主都要将外币换成商务合同约定的人民币金额用于还款，因此，业主的成本是不确定的，而国内承包企业的收入却是固定的。这种操作方式只能限于中方比较强势的项目，或是特殊的贷款条件（我国的政府优惠贷款就规定必须以人民币结算）。

对于中方不是处于绝对优势的项目，承包企业提出按人民币结算显然很难实行。可以退一步，依旧采用美元结算，但锁定人

民币兑美元的汇率。未来的收汇期内人民币升值幅度超过锁定汇率部分，由国外业主来承担；在锁定汇率内的升值损失，由中国的承包企业承担。这样等于双方共同分担了汇率的升值成本。

如果谈判时处于不利的地位，即外方不接受人民币计价，则可选择一些相对强势的币种，可参考金融机构远期结汇汇率报价进行汇率走势的判断，并适当留出富余量。

下面举某企业的一个成功案例，该企业在某国承揽一个国际工程承包项目，项目签约时美元兑人民币的汇率是 1∶8，由于预测到未来人民币升值的必然性，该企业的财务人员建议业务人员在商务合同谈判时在报价上适当让利给业主，条件就是要求业主接受锁定汇率的支付方式。企业按当时人民币报价锁定了美元兑人民币 1∶7 的汇率，目前汇率为 6.2，人民币相对签约时升值幅度已达 22%，但该项目却只产生了汇率由 8 变为 7 的损失，且这部分也早已计入承包商的成本中，至于收汇期内人民币升到多少，都是由业主承担损失。对于该承包企业来说，这部分避免的汇率损失远远大于商务合同让利的部分。

三、通过远期结售汇操作规避汇率风险

对于收汇比较稳定、有确切收款期间的应收外汇账款，从锁定利润的角度来说，可以考虑采用银行远期结售汇业务，锁定汇率水平，以规避汇率波动带来的风险。

远期结售汇业务是确定汇价在前而实际外汇收支发生在后的结售汇业务（即期结售汇中两者是同时发生的）。客户与银行协商签订远期结售汇合同，约定将来办理结汇或售汇的人民币兑外汇币种、金额、汇率以及交割期限。在交割日当天，客户可按照远期结售汇合同所确定的币种、金额、汇率向银行办理结汇或售汇。远期结售汇的期限有 7 天、20 天、1 个月、2 个月、3 个月至 12 个月共14 个期限档次，交易可以是固定期限交易，也可以是择期交易。

例如，某国内承包商预计在 6 个月后收到 3 000 万美元工程款，此时美元即期售汇价为 7.27。客户为了防范人民币汇率上升所造成的汇兑损失，可通过银行的远期结售汇业务来固定其 6 个月后的换汇成本。若银行 6 个月远期美元对人民币的报价为 7.230/7.250，则承包商在与银行签订了远期合同后，便可于 6 个月后按 1 美元兑 7.230 元人民币的价格向银行卖出美元 3 000 万，同时买入人民币 2.169 亿元。一旦此笔交易成交，则 6 个月后无论即期结售汇市场美元兑人民币的汇率如何，客户都将按该合同价格进行交割。这样，客户便可按 7.230 的汇价固定出口收汇，从而实现货币保值的目的。

远期结售汇价格是根据外币和人民币两者利率差计算得来的，高息货币远期贴水，低息货币远期升水，如果美元利率高于人民币利率，则美元兑人民币远期汇率低于即期汇率。如果客户有远期出口收汇，若担心到时美元贬值，则可通过远期结售汇业务卖出远期美元以锁定成本。

四、通过掉期交易规避汇率风险

既有进口业务也有出口业务的企业可以通过掉期交易来规避汇率风险。掉期交易是在买入或卖出即期外汇的同时，卖出或买入同一货币的远期外汇，以防止汇率风险的一种外汇交易。这种金融衍生工具是当前用来规避由于汇率变化而给企业带来的财务风险的一种主要手段。

掉期交易与即期交易、远期交易有所不同，即期与远期交易是单一的，要么做即期交易，要么做远期交易，并不同时进行，因此，通常也称为单一的外汇买卖。掉期交易的操作涉及即期交易与远期交易的同时进行，故称为复合的外汇买卖。掉期交易可以有效轧平公司的外汇头寸，避免汇率变动引发的风险。例如，如果企业有一笔 1 个月后的美元收汇和一笔 3 个月后的付汇,企业可以选择相对应的掉期业务来规避汇率风险。

货币掉期又称"货币互换",是一项常用的债务保值工具,主要用来控制中长期汇率风险,把以一种外汇计价的债务或资产转换为以另一种外汇计价的债务或资产,达到规避汇率风险、降低成本的目的。例如:如果企业现有人民币债务,但有美元支出的需求,同时远期又有美元收汇,由于收付汇时间的不匹配,企业可以在对人民币有升值预期的情况下,通过货币掉期把人民币债务转换成美元债务,并且锁定企业在期末将美元转换为人民币的汇率。由于美元融资成本较低,将人民币贷款转换成美元贷款可以达到节省利息支出的目的。按照目前的市场水平,一年期的产品可以节约大于 1% 的利息成本。

五、通过外汇对冲操作规避汇率风险

规避汇率风险的另一个措施就是对冲。对冲可以有多种方式:开展进口业务,以出口所得外汇支付进口所需外汇,以抵消出口业务的汇率风险;在工程项目下对分包单位也使用外币进行结算(一般贸易项下,目前国内政策还不允许外币结算)。这些方法在一些公司已经有成功的例子。

例如,某承包企业曾在某国签订 8 200 万美元的对外承包合同,其中施工合同、设计合同、佣金合同、清关运输费、现场管理费等都以美元结算,累计金额 6 400 万美元。这意味着美元汇率波动对公司的影响额只有 1 800 万美元(8 200 − 6 400)。成本项下大量采用美元结算后,汇率波动将只影响利润部分金额的汇率,而不再影响项目是否盈利等。如果该项目分包采用人民币结算,那么人民币兑美元汇率每升值 0.1 元,项目利润将减少 820 万元人民币。分包采用美元结算后,同样的升值幅度,利润将减少180万元人民币，这大大降低了项目亏损的风险。

六、通过外汇结构性存款获取收益

外汇结构性存款是一种特殊的外汇存款业务，是根据客户所愿承担的风险程度及对汇率、利率等金融产品的价格预期设计出的一系列风险、收益程度不同的存款产品。客户通过承担一定的市场风险获取比普通利息更高的收益。结构性存款业务主要是将客户收益率与市场状况挂钩，可与利率（LIBOR 等）、汇率、信用主体等挂钩，也可以根据客户的不同情况量身定制。

外汇结构性存款通常有以下特点：

（1）存款本金有保障。

（2）对市场判断准确时可获得大大高于一般性存款的收益率。

（3）期限、支取条款、付息方式等根据客户要求灵活安排。

企业可以通过银行提供的外汇结构性存款业务来实现大额资金的保值增值。因为相对于普通的定期存款来说，结构性存款一般由银行自行或者委托一些国际专业机构进行运作，所以收益相对较高。

利息测算表和汇率风险计算表分别如表9—1和表9—2所示。

表 9—1　　　　　　　　　　　利息测算表

项目名称：

总报价 (万美元)		对外明利率						
折合人民币 (万元)		对内借款利率						
序号	时间	收入（万元）				支出	净现金流	计息基数	利息计算
		收入	利息收入	退税及其他收入	收入合计				
0									
1									
2									

序号	时间	收入（万元）				支出	净现金流	计息基数	利息计算
		收入	利息收入	退税及其他收入	收入合计				
3									
4									
5									
6									
7									
8									
9									
10									
11									
12									
13									
14									
15									
16									
合计									
明示的出口信用险									
含保险费的还款额									
条件									
还款方式									
利率									

表 9—2　　　　　　　　汇率风险计算表

序号	时间	Global Insight预测汇率	汇率差	预计收汇金额	收汇后预计支付外币金额						收支净额（如果为负数，则取0）	汇率风险
					佣金	境外分包	现场管理费	项目税费	其他	合计		
0												
1												
2												
3												
4												
5												
6												
7												
8												

续前表

序号	时间	Global Insight 预测汇率	汇率差	预计收汇金额	收汇后预计支付外币金额						收支净额（如果为负数，则取0）	汇率风险
					佣金	境外分包	现场管理费	项目税费	其他	合计		
9												
10												
11												
12												
13												
14												
15												
16												
合计												

七、收汇风险的控制

收汇风险的控制要受到企业高度重视，一个项目如果不能收汇，即使项目效益再好，执行得再完美，也是为他人做嫁衣。只有高度重视收汇环节，才能更好地实现企业利益最大化的目标。控制收汇风险的措施主要有以下几种：

1. 提高预收外汇账款比例

全额预收款项目当然不存在收汇风险，然而，对于国际工程承包项目来说，全额预收款并不现实，因此，为有效控制收汇风险，企业应争取尽可能高的预付款比例。

（1）在承包企业资金紧缺时，若企业需要贷款采购，可以考虑在贷款利息范围内适当让利来提高预收款比例，财务人员只要算清楚这两种方式的成本，择优选择即可。

（2）某些国家要求进口商（国外业主）开信用证时存入全额保证金，因此，如果以信用证结算，进口商（国外业主）的全部资金将被占用，从而失去对资金的支配权。但如果让进口商（国外业主）将保证金作为预付款支付给承包企业，进口商（国外业主）又会对出口商（承包商）是否履约产生顾虑。对于这种情况，完全可以通过开出预付款保函或履约保函来打消进口商（国外业主）的顾虑。

2. 投出口信用保险

对于非预收款项目，争取到出口信用保险对收汇将是一个非常好的保证。有了出口信用保险，不但收汇风险大大降低，而且对于长期收款信贷项目的后续应收账款的融资也大有帮助。可以与银行洽谈应收账款买断业务和押汇操作，这在很大程度上扩大了企业资金的操作余地。需要注意的是，出口信用保险也非万能，一旦发生出险提赔，会影响企业后续投保，而且信用保险赔付比例也非百分之百，中长期信用保险的赔付率一般是90％，因此企业还是会承担一部分损失。

3. 利用信用证结算并争取由信用等级高的银行进行保兑

在国际工程承包和国际贸易业务中，信用证是一种比较有保障的结算方式。然而，由于开展国际工程承包业务的大部分地区都欠发达，如非洲地区的某些银行信用等级不高，即使以信用证结算也不可靠，建议寻找世界排名相对靠前的银行进行保兑。

4. 控制发货进度

对于一些常年合作的老客户，企业可适当给予一定的额度，采用一批压一批的分批发货方式，一旦出现风险，立即停止发货，这样企业只承担一批的风险，从而将风险敞口控制在一定范围之内。

5. 适当调整出运产品的金额

对于成套设备出口业务，如果是以信用证结算且分批议付的，可以考虑通过适当调整出运产品的金额来提前收汇，例如，可适当提高早出运货物的发票金额，实现提前收汇，晚出运货物的发票价格相应降低，最终保持对外总价不变即可。

6. 通过OA自动化办公系统预警提示

在企业的OA系统中，可以添加收汇到期预警提示功能，以帮助管理者随时了解收汇的进度，督促到期未收汇账款的收回。在收汇预警提示中，可以设置类似交通指示灯的红、黄、绿指示灯。绿色代表收汇进度正常；黄色代表收汇即将到期；红色表示收汇超期，可能无法收回。当出现黄色指示灯时，管理者应该引起足够重视，及时督促相关部门做好收汇工作。当出现红色指示灯时，管理者应该及时查明未收汇原因及相关部门的责任，严重时甚至应该对相关部门或者人员做出相应惩罚。OA 系统的软件应与企业实际情况相结合，企业的决策层、经营层、执行层等各个层面的人员根据自身的管理权限，在打开 OA 系统后即可浏览到逾期应收账款的内容。例如，企业总经理看到逾期 5 000 万美元的应收账款并出现红色指示灯时，必须立即采取相应措施。这样可以避免出现问题不及时汇报，或相关人员推卸责任等问题。

八、通过信息化控制规避风险

在企业资金充足或者有能力应用信息化系统来处理各项业务时，通过信息化控制可以使得企业各项业务的处理拥有更加客观的依据，为企业控制风险带来便利。

信息化系统的建立可以根据企业的实力选择合适的方案。当企业实力较强，资金充足，能够负担信息化系统上线成本时，可以建立全面的 ERP 信息化系统。信息化系统的建立需要企业领导的支持及各部门的配合，也需要软件企业、顾问企业的辅助支持。信息化系统的上线过程可能持续的时间较长，因为会涉及各个部门的信息整合以及部门之间信息的协调。当企业实力一般，或者暂时没有能力完成信息化系统的上线时，可以采取分步分阶段实施的措施。下面对通过信息化进行境外分支机构管理和使用网络报销解决日常管理问题这两种信息化控制方法进行说明。

1. 通过信息化进行境外分支机构管理

境外分支机构财务管理存在诸多问题：有些项目现场财务负

责人员态度不端正，容易导致收支随意并出现审批手续不全、随意挪用款项的情况；有些项目现场的固定资产缺少专人管理，一旦人员更迭频繁，就会导致大量物品遗失、无法查找；有些项目现场拖延向总部报账的时限，使得总部发现问题出现滞后，导致问题无法得到及时解决；有些项目现场由于信息不够畅通，无法及时交流，导致出了问题无人承担、相互推卸责任等。

境外分支机构在日常经营中出现上述问题会给企业运营带来巨大的不良影响，导致项目无法按照预期顺利完成，进而影响企业的整体经营计划。

对于上述问题，企业可以采取的应对措施包括：向境外分支机构外派财务人员，或者借助财务管理系统实现高效的财务集中管理；借助大型通信支撑平台，实现项目运作中的信息即时反馈与管理，达到国内外沟通流畅及时，做到国外账务定期报告总部。如果限于企业资金不足等原因无力建立通信支撑平台或者财务信息管理系统，可以采取在总部设专岗的措施，监管境外分支机构。

通过银行的现金管理平台对海外资金进行管理。国内几大主要银行都有现金管理平台系统，一般情况下都是向企业免费提供的，前提是企业将所有海外账户的存款均开在该银行，银行可以为企业提供现金的查询、管理、授权等等一系列措施，便于企业总部对海外项目现场的管理

2. 使用网络报销解决日常管理问题

报销往往是业务人员与财务人员产生矛盾的焦点，常常把财务人员推到风口浪尖上。网络报销系统的使用，可以规范报销流程，增强报销依据的客观性，提高财务人员报销的工作效率。网络报销流程如下：

首先，将企业的报销制度植入软件，每个员工申报时，如不符合制度，则无法形成报销单，自然就无法流转到财务部门。

其次，报销单必须一单一填，并注明请客对象。当然，如果

所请对象不便在系统内注明，网络报销也开出了一个特殊通道，经与总经理沟通后，可以走特殊通道审批。

第三，企业员工在网上提交报销的申请后，只要符合报销的制度，就可以生成报销凭证，即时系统会以短信的形式通知其主管领导，主管领导只需审批该报销事项是否允许，而无须查看实物单据。当主管领导点击同意后，员工就可以将实物单据交到财务部门，财务部负责审核票据的真实性，并在24小时内将款项打入报销人员的银行借记卡中。

网络报销系统的使用能为企业日常管理带来便利。网络报销系统可以自动批量生成凭证等数据信息，使企业整体报销数据信息更加准确高效地流动。网络报销系统可以加入企业控制变量，使输入有误或者不符合要求的报销申请得到及时提示，并支持部门、项目与个人的报销查询。审批领导可以随时随地地对报销申请单据履行审批手续，提高了领导审批效率。通过对网络报销进行权限设置可以增加报销系统的公开化程度，使得整个报销流程透明化、标准化，在整个信息系统的支持下避免发生单据丢失、遗漏等现象，并且在更加快捷安全的方式下提高企业报销单据的管理效率。由于自动生成报销凭证，网络报销还大大减少了财务人员和出纳的工作量，提高了财务的工作效率。

九、通过建立各种规章制度控制风险

企业依法制定并实施规章制度是保证企业规范运作的重要方式之一。企业除了受到国家相关法律、法规的约束外，还需要根据企业的具体情况制定准确详尽、可直接运作的规范。成功企业的制度体系大都较为完备，可以保证企业运作平稳、流畅、高效，防患于未然。财务工作也需要一系列相关制度加以规范。

十、通过国债收益率锁定（T-lock）来控制风险

鉴于近两年在境外发行美元债券的成本相对较低，所以许多企业纷纷采取境外发行美元债券的方式解决融资问题，然而 2013年 5 月以来，伴随着美国经济的复苏、美国退出量化宽松（QE）的暗示，长期利率市场出现底部回升的势头，十年期国债收益率上涨大于 1%。美联储主席伯南克在 6 月 19 日的新闻发布会上，透露了减少并最终结束当前的 QE 政策的计划，若美国真正开始逐步收缩 QE 规模，预期公债收益率将进入上升通道，这也就意味着境外发行美元债券的成本会呈上升趋势。

其应对措施，就是采用国债收益率锁定方案。国债收益率锁定方案 "T-lock"，是一种名义本金协定，可以帮助客户提前锁定某个特定国债在未来某个既定时刻的价格。在企业计划发行固定利率债券前，"T-lock" 经常被用来对冲国债基准收益率波动的风险。采用此方案需要注意的问题就是对冲时间错配。

附　件

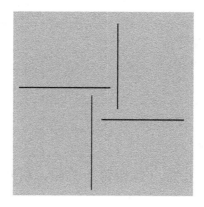

附件 1

出口买方信贷保险投保单

一、出口方概况

1. 出口方名称：_____

2. 注册地址：_____

3. 法定代表人姓名及职务：_____

4. 组织机构代码：_____

5. 经营范围：_____

6. 获得外贸（外经）权时间：_____

7. 相关领域出口经验：_____

8. 上年度主要财务指标（包括营业总额、利润、进出口总额 等）：_____

9. 联系人：_____

10. 电话：_____

11. 传真：_____

二、进口方概况

1. 进口方名称：_____

2. 注册地址：_____

3. 法定代表人姓名与职务：_____

4. 与出口方以往贸易记录：_____

5. 进口方往来银行名称和地址：_____

6. 电话：_____

7. 传真：_____

三、借款人概况

1. 借款人名称：_____

2. 注册地址：_____

3. 资信情况（包括财务状况、外汇收支及对外借款权限等，并
附有关报表和证明文件）：_____

4. 是否有外部评级：_____

四、贷款银行概况

1. 贷款银行名称：_____

2. 贷款银行注册地址：_____

3. 贷款银行 SWIFT 代码：_____

4. 联系人：_____

5. 电话：_____

6. 传真：_____

五、项目概况

1. 项目名称：_____

2. 项目所在国家（地区）：_____

六、商务合同概况

1. 商务合同名称及编号：＿＿＿＿＿＿＿＿＿＿＿＿＿＿＿＿

2. 商务合同签署日期：＿＿＿＿年＿＿＿＿月＿＿＿日

3. 商务合同生效条件或日期：＿＿＿＿＿＿＿＿＿＿＿＿

4. 商务合同范围与内容（包括供货范围、工程分担等）：＿＿＿

   ＿＿＿＿＿＿＿＿＿＿＿＿＿＿＿＿＿＿＿＿＿＿＿＿＿

5. 商务合同金额及币种

   （1）合同总金额：＿＿＿＿＿＿＿＿＿ □含利息　□不含利息

   （2）中国成分：＿＿＿＿＿＿＿＿＿％

   （3）进口方当地成分：＿＿＿＿＿＿＿％

   （4）第三国成分：＿＿＿＿＿＿＿％

   （5）商业保险费和运费：＿＿＿＿＿　其中：工程保险费＿＿＿

   　　运输保险费＿＿＿　运输费＿＿＿

   （6）利息额：＿＿＿＿＿＿＿（年利率：＿＿＿＿＿＿）

6. 商务合同付款条件（请注明金额、期限、比例及支付方式）

   （1）预付款：＿＿＿＿＿＿；支付方式：＿＿＿＿＿＿

   （2）出口买方信贷融资：＿＿＿＿＿＿＿＿＿＿＿＿＿

7. 出口方的合同地位

   （1）总包或分包：＿＿＿＿＿＿＿＿＿＿＿＿＿＿＿＿＿

   （2）如属分包，请注明总包人情况及自己的收款途径：＿＿＿

   ＿＿＿＿＿＿＿＿＿＿＿＿＿＿＿＿＿＿＿＿＿＿＿＿＿

8. 国内供货商情况（名称和地址；资质或供货历史）

   （1）＿＿＿＿＿＿＿＿＿＿＿＿＿＿＿＿＿＿＿＿＿＿＿＿

   （2）＿＿＿＿＿＿＿＿＿＿＿＿＿＿＿＿＿＿＿＿＿＿＿＿

   （3）＿＿＿＿＿＿＿＿＿＿＿＿＿＿＿＿＿＿＿＿＿＿＿＿

   （4）＿＿＿＿＿＿＿＿＿＿＿＿＿＿＿＿＿＿＿＿＿＿＿＿

(5) _____

(6) _____

(7) _____

(8) _____

(9) _____

(10) _____

(11) _____

(12) _____

9. 设计方情况

  (1) 名称和地址：_____

  (2) 资质或项目经验：_____

10. 项目预计执行情况

  (1) 发运： 始于_____止于_____

  (2) 安装： 始于_____止于_____

  (3) 调试运行：始于_____止于_____

  (4) 其他阶段：始于_____止于_____

  (5) 最后验收交接：_____

七、贷款协议概况

1. 贷款协议名称及编号：_____

2. 贷款协议签署时间：_____

3. 贷款金额及币种：_____

4. 贷款期限：宽限期_____个月＋还款期_____个月

5. 贷款利率：_____

6. 本息测算表（请单独提供经贷款银行确认的本息测算表）：

  （见附件）_____

八、还款担保概况

1. 担保种类：＿＿＿＿＿＿＿＿＿＿＿＿＿＿＿＿＿＿＿＿＿

2. 担保人名称及注册地址：＿＿＿＿＿＿＿＿＿＿＿＿＿＿

3. 担保人概况及资信介绍：＿＿＿＿＿＿＿＿＿＿＿＿＿＿

4. 其他担保方式：＿＿＿＿＿＿＿＿＿＿＿＿＿＿＿＿＿＿＿

九、保险需求

1. 投保人：＿＿＿＿＿＿＿＿＿＿＿＿＿＿＿＿＿＿＿＿＿＿

2. 被保险人：＿＿＿＿＿＿＿＿＿＿＿＿＿＿＿＿＿＿＿＿＿

3. 保险金额：＿＿＿＿＿＿＿＿＿＿＿＿＿＿＿＿＿＿＿＿＿

4. 期限：＿＿＿＿＿＿＿＿＿＿＿＿＿＿＿＿＿＿＿＿＿＿＿＿

5. 要求承保的风险：□政治风险和商业风险　□只保政治风险

十、其他需要说明的情况

＿＿＿＿＿＿＿＿＿＿＿＿＿＿＿＿＿＿＿＿＿＿＿＿＿＿＿＿

十一、投保人声明与承诺

　　我公司郑重声明已经详读《出口买方信贷保险条款》，对上述保险条款，尤其是涉及免除或限制保险人责任的黑体字部分的条款内容，中国出口信用保险公司已向我公司进行了明确的提示和说明，我公司也已充分理解且无异议，并在此基础上填写本《投保单》。

在中国出口信用保险公司同意承保的情况下，将按保险单规定缴纳保费并承担保单规定的义务；在业务经营中遵守有关外汇制度，并保持应有的谨慎；未经中国出口信用保险公司书面同意，不向其他不相关机构泄露本保单的存在及细节；以上申报正确无误，没有误报或漏报任何与本保险有关的重要情况；以上申报构成本保险的基础，所申报情况的真实性、完整性以及投保人对上述承诺事项的忠实履行构成中国出口信用保险公司承担保险责任的先决条件。

我公司声明，在该项目中，我公司、代表我公司从事交易的人员及我公司与上述人员的代理人不存在行贿、贿赂行为，并保证在项目将来的执行过程中，不以任何方式行贿或贿赂。

法定代表人或授权代表人姓名：

职务：

签名：

公司名称：

公司盖章：

申请日期：＿＿＿ 年＿＿＿月＿＿＿日

附件 2

出口卖方信贷保险投保单

我们特向中国出口信用保险公司投保中长期出口卖方信贷保险，请根据以下申报、要求、保证和保险条款的规定对我公司依照 No. _____ 商务合同进行的出口予以承保，并通知承保条件及费率。

一、投保人情况

1. 名称：_____

   地址：_____

   邮政编码：_____

2. 联系电话：_____ 传真：_____

   联系人：_____

3. 成立年份：_____ 开始出口年份：_____

4. 企业类型：_____

5. 经营范围：_____

6. 上年（　　年）各类经济指标完成情况

   进出口总额：_____ 万美元　销售总额：_____万元

   出口总额：_____ 万美元　税金：_____万元

   进口总额：_____ 万美元　利润：_____万元

二、买方情况

1. 名称（英文）：＿＿＿＿＿＿＿＿＿＿＿＿＿＿
   地址（英文）：＿＿＿＿＿＿＿＿＿＿＿＿＿＿

   ＿＿＿＿＿＿＿＿＿＿＿＿＿＿＿＿＿＿＿＿＿

2. 买方所在国：＿＿＿＿＿＿＿＿＿＿＿＿＿＿＿
3. 买卖双方以往贸易情况：＿＿＿＿＿＿＿＿＿＿
4. 买方往来银行名称（英文）：＿＿＿＿＿＿＿＿
   地址（英文）：＿＿＿＿＿＿＿＿＿＿＿＿＿＿

   ＿＿＿＿＿＿＿＿＿＿＿＿＿＿＿＿＿＿＿＿＿

三、担保情况

1. 担保方式：＿＿＿＿＿＿＿＿＿＿＿＿＿＿＿＿
2. 担保人名称：＿＿＿＿＿＿＿＿＿＿＿＿＿＿＿
   地址：＿＿＿＿＿＿＿＿＿＿＿＿＿＿＿＿＿＿
3. 担保人资信情况介绍（包括财务状况、信用记录等，附有关报表和证明文件）：

   ＿＿＿＿＿＿＿＿＿＿＿＿＿＿＿＿＿＿＿＿＿

   ＿＿＿＿＿＿＿＿＿＿＿＿＿＿＿＿＿＿＿＿＿

4. 担保人与投保人关系（说明担保人与投保人是否有共同母公司，是否相互有直接或间接的投资利益）：

   ＿＿＿＿＿＿＿＿＿＿＿＿＿＿＿＿＿＿＿＿＿

四、融资情况

1. 融资银行名称：＿＿＿＿＿＿＿＿＿＿＿＿＿＿

地址：_____

2. 融资方式：_____

3. 融资货币：_____ 融资金额：_____

4. 融资期限：_____ 融资利率：_____

五、项目情况

1. 项目所在国：_____

2. 商务合同简介（注明投保人责任范围）：

_____

_____

_____

_____

3. 合同货币及有关汇率：_____

4. 合同总金额：USD_____ □含利息 □不含利息

（1）中国商品及服务金额：USD_____

（2）买方当地商品及服务金额：USD_____

（3）第三国商品及服务金额（注明国别）：USD_____

（4）商业保险费和运费：USD_____

（5）利息额：USD_____ 年利率：_____

（6）其他：_____

5. 代理手续费（金额或比例）：_____

6. 合同支付条件（注明付款期限、相应金额或所占比例）

预付款：_____

进度款：_____

延期付款：_____

其他：_____

7. 合同履行时间

发运期：　　开始于＿＿＿＿＿＿　　结束于＿＿＿＿＿＿＿

安装期：　　开始于＿＿＿＿＿＿　　结束于＿＿＿＿＿＿＿

调试运行期：　开始于＿＿＿＿＿＿　　结束于＿＿＿＿＿＿＿

其他阶段：　　开始于＿＿＿＿＿＿　　结束于＿＿＿＿＿＿＿

最后验收交接：＿＿＿＿＿＿＿＿＿＿＿＿＿＿＿＿＿＿＿＿＿

8. 项目商品的使用（请详细说明商品是否为买方自用。如用于转卖或租赁，请说明转卖或租赁的条件及国别等；如用于生产其他产品，请说明生产周期及销售条件等；如用于履行其他合同，请说明合同期及支付条件等；如商品为二手货，请说明预期使用年限、原生产国以及在中国已使用的时间等）：

＿＿＿＿＿＿＿＿＿＿＿＿＿＿＿＿＿＿＿＿＿＿＿＿＿＿＿＿

＿＿＿＿＿＿＿＿＿＿＿＿＿＿＿＿＿＿＿＿＿＿＿＿＿＿＿＿

＿＿＿＿＿＿＿＿＿＿＿＿＿＿＿＿＿＿＿＿＿＿＿＿＿＿＿＿

9. 运抵港（如商品不在买方所在国交货、货款不从买方所在国支付，或货款的支付取决于货物运进买方所在国以外的国家，请详细说明）：

＿＿＿＿＿＿＿＿＿＿＿＿＿＿＿＿＿＿＿＿＿＿＿＿＿＿＿＿

＿＿＿＿＿＿＿＿＿＿＿＿＿＿＿＿＿＿＿＿＿＿＿＿＿＿＿＿

＿＿＿＿＿＿＿＿＿＿＿＿＿＿＿＿＿＿＿＿＿＿＿＿＿＿＿＿

10. 投保人的合同地位　　　　　　　□总包　□分包

（1）如属分包，提供总包人详情：

＿＿＿＿＿＿＿＿＿＿＿＿＿＿＿＿＿＿＿＿＿＿＿＿＿＿＿＿

（2）如属分包，注明收款途径（从总包人处收取或从买方直接收取）：

＿＿＿＿＿＿＿＿＿＿＿＿＿＿＿＿＿＿＿＿＿＿＿＿＿＿＿＿

11. 与执行项目有关的其他方

（1）设计方：＿＿＿＿＿＿＿＿＿＿＿＿＿＿＿＿＿＿＿＿＿

（2）国内供货商：＿＿＿＿＿＿＿＿＿＿＿＿＿＿＿＿＿＿＿

（3）其他有关方：＿＿＿＿＿＿＿＿＿＿＿＿＿＿＿＿＿＿＿

12. 项目谈判情况

   （1）目前阶段：＿＿＿＿＿＿＿＿＿＿＿＿＿＿＿＿＿＿

   （2）合同签订日期（注明预计或实际）：＿＿＿＿＿＿＿＿

13. 合同生效条件：

   ＿＿＿＿＿＿＿＿＿＿＿＿＿＿＿＿＿＿＿＿＿＿＿＿＿

   ＿＿＿＿＿＿＿＿＿＿＿＿＿＿＿＿＿＿＿＿＿＿＿＿＿

   ＿＿＿＿＿＿＿＿＿＿＿＿＿＿＿＿＿＿＿＿＿＿＿＿＿

14. 其他需要说明的事项：

   ＿＿＿＿＿＿＿＿＿＿＿＿＿＿＿＿＿＿＿＿＿＿＿＿＿

六、保险要求

1. 投保内容及投保金额：USD＿＿＿＿＿＿＿＿＿＿＿＿＿＿＿

2. 投保期限：＿＿＿＿＿＿＿＿＿＿＿＿＿＿＿＿＿＿＿＿＿＿

3. 其他保险要求：＿＿＿＿＿＿＿＿＿＿＿＿＿＿＿＿＿＿＿＿

七、保证事项

   1. 我们承诺，如中国出口信用保险公司同意承保，将在保险单规定时间内向保险人缴纳保险费并履行保险单规定的义务；

   2. 我们承诺，在执行项目中，我们将遵守有关安全收汇制度并保持应有的谨慎；

   3. 我们保证，未经中国出口信用保险公司书面同意，不向除融资银行以外的任何机构或其他人泄露本保险的存在及细节；

   4. 我们保证，以上申报正确无误，没有误报或漏报任何与本保险有关的重要情况。

　　我们同意，以上申报将构成本保险的基础，我们申报情况的真实性和履行我们的保证是中国出口信用保险公司承担保险责任的先决条件。

投保单位盖章：

负责人签字：

签字人职务：

签字日期：＿＿＿年＿＿＿月＿＿＿日

附件 3

特险投保单

中国出口信用保险公司：

　　遵照贵公司短期出口信用保险特定合同保险条款的规定，并在出具以下申报、要求、保证的基础上，我公司特向贵公司提出投保短期出口信用保险特定合同保险的申请。请贵公司对我公司依照下述商务合同进行的出口予以审核承保，并及时通知我公司承保条件及费率。

一、投保人基本情况

公司名称（中文）：＿＿＿＿＿＿＿＿＿＿＿＿＿＿＿＿＿＿

　　　　（英文）：＿＿＿＿＿＿＿＿＿＿＿＿＿＿＿＿＿＿

注册地址：＿＿＿＿＿＿＿＿＿＿＿＿＿＿＿＿＿＿＿＿＿＿

＿＿＿＿＿＿＿＿＿＿＿＿＿＿＿＿　地区：＿＿＿＿＿＿＿

营业地址：＿＿＿＿＿＿＿＿＿＿＿＿＿＿＿＿＿＿＿＿＿＿

＿＿＿＿＿＿＿＿＿＿＿＿＿＿＿＿＿＿＿＿＿＿＿＿＿＿＿

组织机构代码：＿＿＿＿＿＿＿＿＿＿＿＿＿＿＿＿＿＿＿＿

工商注册号：＿＿＿＿＿＿＿＿＿＿＿＿＿＿＿＿＿＿＿＿＿

电话：＿＿＿＿＿＿＿传真：＿＿＿＿＿＿＿邮编：＿＿＿＿＿＿＿

电子信箱：＿＿＿＿＿＿＿＿＿＿＿＿＿＿＿＿＿＿＿＿＿＿

网址：＿＿＿＿＿＿＿＿＿＿＿＿＿＿＿＿＿＿＿＿＿＿＿＿

企业类型（请在适合的框内打"√"）

国有企业 □	国有独资 □	国有控股 □	国有联营 □
民营企业 □	乡镇企业 □	私营企业 □	个体企业 □
外资企业 □	外国独资 □	中外合资 □	中外合作 □
其他　　　□（请说明）			

经营性质（请在适合的框内打"√"）：

贸易公司 □　贸易代理 □　生产性企业 □

是否上市公司（请在适合的框内打"√"）：　是 □　否 □

营业范围：_____

出口开始年份：_____

法定代表人：

姓名：_____　职务：_____　电话：_____

委托代理人：

姓名：_____　职务：_____　电话：_____

电子信箱：_____

主要联系人：

姓名：_____　职务：_____　电话：_____

电子信箱：_____

姓名：_____　职务：_____　电话：_____

电子信箱：_____

二、投保人内部风险管理状况（请在适合的空格内打"√"）

(一) 风险管理系统				
1. 风险控制责任人	● 有专门的风险管理部门 ● 有专职风险管理的高级经理	公司高级财务经理	专职人员负责，但职位较低	没有专职风险管理人员
2. 风险控制规则	有明文风险管理规则，任何人不能突破	有明文风险管理规则，有时有突破	有明文风险管理规则，仅供业务参考	没有明文风险管理规则
3. 风险控制激励体系	风险管理规则中明确规定激励体系，全公司员工认同风险控制理念并履行	风险管理规则中明确规定激励体系，仅责任人员认同风险控制理念并履行	风险管理规则中未明确规定激励体系，公司量力而行	无风险控制激励体系

（二）通过有关质量体系认证	已于＿＿＿＿通过＿＿＿质量体系认证	未通过任何质量体系认证
	（如选择本项，请填写以上空格内容）	

三、投保人出口情况

（一）近两年主要经济指标

主要经济指标	年	年	备注
进出口总额（万美元）			
出口（万美元）			
进口（万美元）			
净利润（万元人民币）			
流动资产总额（万元人民币）			
自有净资产（万元人民币）			

（详细情况见《资产负债表》）

（二）与投保合同相关业务的业绩

年份	项目名称	项目所在国或买方所在国	项目金额（万美元）	备注

四、买方情况

（一）买方基本情况

名称（英文大写）：＿＿＿＿＿＿＿＿＿＿＿＿＿＿＿＿＿

地址（英文大写）：＿＿＿＿＿＿＿＿＿＿＿＿＿＿＿＿＿

＿＿＿＿＿＿＿＿＿＿＿＿＿＿＿＿＿＿＿＿＿＿＿＿＿＿

电话：＿＿＿＿＿＿＿＿＿＿＿ 传真：＿＿＿＿＿＿＿＿＿

负责人或联系人姓名：＿＿＿＿＿ 职务：＿＿＿＿＿＿＿

开户银行（英文大写）：＿＿＿＿＿＿＿＿＿＿＿＿＿＿＿

＿＿＿＿＿＿＿＿＿＿＿＿＿＿＿＿＿＿＿＿＿＿＿＿＿＿

买方付款资金来源：＿＿＿＿＿＿＿＿＿＿＿＿＿＿＿＿＿

（二）与投保人以往交易情况

年份	出口商品/服务	金额（万美元）	付款条件	有无违约情况

（3）与投保人是否有另外合同或进一步合作意向：_____

如有，详情如何：_____

五、商务合同情况（请在适合的框内打"√"）

合同基本情况

合同名称（英文）：_____

合同编号：_____

出口商品

名称：_____ 数量：_____

规格：_____ 特性：_____

用途：_____

是否标准商品：_____

是否可以转卖：_____

最低转卖比例：_____

合同是否经过招标：_____

出口合同总金额：_____

合同货币：_____

合同签署日期：_____

生效日期：_____

价格条件：预付款：USD_____ 占合同总额比例：_____%

发货前付款总额：USD_____ 占合同总额比例：_____%

其他付款：支付方式 D/P□ D/A□ OA□ 期限：_____天

金额：USD_____ 占合同总额比例：_____%

付款担保：_____

运输方式：海运□　　空运□　　　陆运□　　　联运□

首批出运时间：＿＿＿＿＿　金额：USD＿＿＿＿＿共＿＿＿次发运

最大单批发货金额：USD＿＿＿＿＿＿＿＿＿＿＿＿＿＿＿＿＿

相邻两批最大发货金额：USD＿＿＿＿＿＿＿＿＿＿＿＿＿＿＿

六、对赔偿比例的选择

鉴于下述赔偿比例的选择会影响最终保险费率的确定，我们承诺下述选择正确无误，并且保险单一经签署不可变更。

拒收风险所致损失的赔偿比例	其他商业风险所致损失的赔偿比例	选择结果（请在下面打"√"）
80%	90%	
70%	80%	
60%	70%	
50%	60%	
	50%	

七、对争议解决方式的选择（请在下述"仲裁"和"诉讼"中打"√"，二选一。）

仲裁	在北京仲裁委员会仲裁 □
诉讼	在保险人所在地法院诉讼 □　　在被保险人所在地诉讼 □ 在保单签发地诉讼 □

八、其他需要说明事项（被保险人有特殊要求，可在此填写）

九、随本投保单所附资料清单

十、保证事项

（一）我们郑重声明已经详读《短期出口信用保险特定合同保险单》的条款，对该条款已经充分理解，并在此基础上填写本《投保单》。

（二）我们保证未经中国出口信用保险公司书面同意，不向除我们开户银行以外的任何机构、买方或其他人泄露本保险的细节。

（三）我们保证将按保险单规定，对所有适保范围内的出口按时向中国出口信用保险公司申报并足额缴纳保险费。

（四）我们保证按照《短期出口信用保险特定合同保险单》条款的规定全面履行被保险人的义务。

（五）我们保证本《投保单》中所填写的内容均是真实的，无故意隐瞒任何与本保险有关的重要情况，并同意以此作为贵公司承担保险责任的先决条件。

投保单位盖章

法定代表人：_____

（请用正楷填写）

签字：_____

签字人职务：_____

签字日期：___年___月___日

附件4

出口卖方信贷借款合同的主要内容

第一章　贷款金额、用途及期限

第二章　贷款利率和利息计收

第三章　贷款的提取

第四章　借款人的声明与承诺

第五章　代理行的参与

第六章　贷款的偿还

第七章　担保

第八章　保险

第九章　违约事件与处理

第十章　合同变更

第十一章　抵消、转让和权利放弃

第十二章　适用法律及争议解决

第十三章　其他

附件5

出口买方信贷的主要内容

CONTENTS

General undertakings

Events of default

SECTION 8   CHANGES TO PARTIES

Changes to the lenders

Changes to the borrower

SECTION 9   THE FINANCE PARTIES

Role of the agent, the arrangers and the insured

Conduct of business by the finance parties

Sharing among the finance parties

SECTION 10   ADMINISTRATION

Payment mechanics

Set-off

Notices

Calculations and certificates

Partial invalidity

Remedies and waivers

Amendments and waivers

Counterparts

SECTION 11   GOVERNING LAW AND ENFORCEMENT

Governing law

Arbitration

THE SCHEDULES

1 The Original Lenders Schedule

2 Conditions precedent Schedule

3 Utilisation Request Schedule

4 Form of Transfer Certificate Schedule

5 Timetables Schedule

6 Form of Confidentiality Undertaking

7 Form of Accession Letter

附件6

国际金融组织和外国政府贷款赠款管理办法

（中华人民共和国财政部令第 38 号）

第一章 总 则

第一条 为了进一步规范和加强国际金融组织和外国政府贷款、赠款管理，合理、有效地使用资金，根据国务院有关规定，制定本办法。

第二条 国际金融组织和外国政府贷款（以下简称贷款）以及赠款的管理工作适用本办法。

第三条 财政部负责贷款、赠款的管理工作，是政府外债的统一管理部门。

第四条 贷款、赠款的使用应当符合国民经济和社会发展战略，体现公共财政职能，促进经济社会和城乡区域协调发展。

第五条 贷款的筹借、使用、偿还应当体现责权利相统一的原则，实现债务可持续性和良性循环，有效防范和化解债务风险。

第六条 本办法下列用语的含义：

（一）贷款，是指国际金融组织贷款和外国政府贷款；

（二）国际金融组织贷款，是指财政部经国务院批准代表国家向世界银行、亚洲开发银行、国际农业发展基金、欧洲投资银行等国际金融组织统一筹借并形成政府外债的贷款，以及与上述贷款搭配使用的联合融资；

（三）外国政府贷款，是指财政部经国务院批准代表国家向外国政府、北欧投资银行等统一筹借并形成政府外债的贷款，国务院批准的参照外国政府贷款管理的其他国外贷款，以及与上述贷款搭配使用的联合融资；

（四）赠款，是指财政部或者财政部经国务院批准代表国家作为受赠方接受的、不以与贷款搭配使用为前提条件的国际赠款。

第二章　管理机构与职责

第七条　财政部对贷款、赠款实行统一管理，履行下列工作职责：

（一）研究确定贷款、赠款的管理原则，制定基本规章制度；

（二）会同国务院有关部门研究拟定贷款规划；

（三）统筹开展贷款、赠款的对外工作，与国际金融组织和外国政府等进行磋商谈判并签订法律文件；

（四）负责贷款、赠款的转贷、转赠、资金使用、偿还、统计、监测等；

（五）对贷款、赠款活动进行政策指导、协调与监督。

第八条　地方财政部门是本级政府贷款的债权、债务代表和贷款、赠款归口管理机构，统一负责本地区贷款、赠款的全过程管理。

第九条　财政部直接转贷、转赠给国务院有关部门的项目，国务院有关部门应当确定中央项目执行机构，由其具体负责项目的组织实施。

第十条　财政部直接转贷、转赠给地方政府的跨省、自治区、直辖市的联合项目，需要国务院有关部门组织或者协调的，国务院有关部门应当确定中央项目协调机构，由其统一负责项目的指导、组织与协调工作。

第十一条　地方政府承担债务的贷款项目或者接受赠款的项目，地方政府应当确定地方项目执行机构，由其具体负责项目的组织实施。

第十二条　中央项目执行机构、中央项目协调机构和地方项目执行机构，在业务上接受同级财政部门的指导和监督，有关经费开支计划应当报同级财政部门审批或者备案。

第三章　贷款筹借

第十三条　贷款的筹借工作包括贷款申请、评审与评估、对外磋商与谈判、贷款法律文件签署与生效、转贷关系确定以及还款责任落实等。

第十四条　拟利用国际金融组织贷款的地方应当由省、自治区、直辖市、计划单列市财政部门以及新疆生产建设兵团财政局（以下简称省级财政部门）代表本级政府向财政部提交贷款申请书。

拟利用国际金融组织贷款的国务院有关部门和其他机构应当向财政部提交贷款申请书。凡债务由地方承担的，还应当附送省级财政部门出具的还款承诺函。

贷款申请书包括以下主要内容：

（一）贷款的目的和必要性；

（二）贷款项目主要内容；

（三）贷款资金及配套资金来源；

（四）转贷及债务偿还安排。

第十五条　财政部应当对贷款申请书进行审查，并根据本办法第四条、第五条的规定以及贷款方的要求等决定是否将贷款申请列入国际金融组织贷款规划。

第十六条　省级财政部门对已列入国际金融组织贷款规划的有关项目应当组织评审，并向财政部提交评审意见书。财政部根据评审意见书决定是否安排对外磋商谈判。评审事项主要包括：

（一）省级政府的债务负担和财政承受能力；

（二）贷款项目的财务效益、经济效益和社会效益；

（三）项目单位的财务状况和配套资金的落实情况；

（四）转贷安排、还款责任和还款资金来源等。

第十七条　按照不同的还款责任，外国政府贷款项目分为以下三类：

（一）省级财政部门或者国务院有关部门作为债务人并承担还款责任的项目；

（二）项目单位作为债务人并承担还款责任，省级财政部门或者国务院有关部门提供还款保证的项目；

（三）项目单位作为债务人并承担还款责任，转贷机构作为对外最终还款人的项目，在此类项目中，省级财政部门或者国务院有关部门既不作为债务人也不提供还款保证。

第十八条　省级财政部门对拟利用外国政府贷款的项目应当组织评审。评审事项按照本办法第十六条的规定确定。

第十九条　省级财政部门应当就评审后符合要求的、拟利用外国政府贷款的项目向财政部提出申请，并提交以下材料：

（一）与债务人有关政府的债务负担情况；

（二）省级财政部门利用外国政府贷款申请书，贷款申请书应当说明项目简要情况、贷款项目的贷款来源、贷款金额、债务人、转贷机构、转贷类型和配套资金来源等情况；

（三）根据贷款方的要求需要提供的项目环境影响评估报告和英文可行性研究报告。

第二十条　财政部对省级财政部门提交的外国政府贷款申请材料予以审核确认后，应当根据贷款方的发展援助政策要求以及资金承诺情况，统一对外提出备选项目。

第二十一条　需要改变贷款国别和增加贷款金额的外国政府贷款项目，省级财政部门应当向财政部提出书面申请，并由财政部统筹考虑贷款方要求、项目实际需要及其他情况后确定。

第二十二条　财政部负责就符合条件的贷款项目与国际金融组织或者外国政府等进行贷款磋商谈判、组织签署贷款法律文件并办理生效事宜。其他部门应当协助财政部做好相关工作。

第二十三条　财政部负责根据外国政府贷款项目类型委托或者通知转贷机构及时办理评估等相关转贷手续。

第二十四条　外国政府贷款的转贷机构应当按有关规定与国外金融机构签订贷款法律文件、与债务人签署转贷协议，确保对外还本付息和资金垫付。

第四章　贷款使用

第二十五条　贷款使用主要包括贷款项目的采购、贷款资金支付、技术援助与人员培训、项目实施进度监测和报告等。

项目单位应当按照国家法律法规和贷款法律文件的规定，组织实施贷款项目。

第二十六条　地方政府承担债务的国际金融组织贷款项目，其出国计划、采购计划、采购代理机构的选择等事项，应当经省级财政部门审核确认后执行。

其他国际金融组织贷款项目的出国计划应当经财政部审核确认后执行。采购计划、采购代理机构的选择应当报财政部备案。

经财政部审核确认的外国政府贷款项目，省级财政部门应当按照财政部有关规定组织或者指导、监督项目单位确定采购代理机构，并将结果报财政部备案。

第二十七条　采购代理机构应当根据委托代理协议，按照贷款方的要求对外国政府贷款项目依法开展采购工作。

第二十八条　贷款资金的使用应当符合贷款法律文件的规定，任何单位和个人均不得以虚报、冒领或者其他手段骗取贷款资金，不得以任何理由和形式滞留、截留、挪用贷款资金或者擅自改变贷款资金用途。

第二十九条　省级财政部门应当加强对国际金融组织贷款项目的管理与监督，有关工作事项主要包括：

（一）组织制定贷款项目管理制度，对贷款项目的资金、财务、债务管理工作进行指导与监督；

（二）监督贷款资金、配套资金的落实与使用；根据财政部的委托负责贷款资金的支付以及专用账户管理；负责贷款资金的债务分割以及贷款的还本付息付费；

（三）会同其他有关部门对贷款项目采购工作进行指导与监督；

（四）其他与项目实施有关的监督和管理工作。

第三十条　地方、中央项目单位应当按照有关贷款法律文件的要求，分别经由省级财政部门或者直接向财政部及贷款方报送项目进度报告、财务报表及审计报告。

第三十一条　各级财政部门应当对项目执行情况实施监督检查，对发现的问题，应当责令项目单位采取有效措施，限期加以解决和纠正。

第三十二条　贷款项目完工后，项目单位应当及时办理竣工决算，对实施情况进行全面评价和总结，并根据有关规定编制、提交项目竣工报告，办理资产移交和登记手续。

各级财政部门应当指导和督促项目单位做好项目的后评价与总结。

第三十三条　贷款项目完工前，项目单位应当及时制定项目未来运营计划，监测项目的实际运行情况。

在还清贷款前，各级财政部门应当负责对项目运营计划的实施情况进行监督检查，并对项目的效益情况及时进行了解和分析。

第三十四条　国际金融组织贷款项目实施期间，项目单位应当按照国家财务会计制度和具体的贷款项目财务会计管理规定，对贷款项目进行独立的财务管理和会计核算，建立、健全内部财务会计制度。

第五章　债务偿还

第三十五条　贷款法律文件签署后，转贷机构以及债务人应当按照国家有关外债管理规定办理外债登记手续。

第三十六条　债务人应当严格遵守转贷协议，制定贷款项目到期本金、利息、承诺费及其他相关费用的偿还计划，保证按时足额偿还。

第三十七条　国际金融组织贷款项目的债务人应当按照财政部的有关规定，进行贷款债务会计核算和债务统计，及时编制本地区、本单位完整、准确的债权债务总体情况报告，并定期报送上级主管部门及同级地方政府。

外国政府贷款项目的转贷机构应当根据财政部和有关省级财政部门的要求及时提供债权债务统计信息和资料。

第三十八条　债务人应当按照财政部有关规定设立贷款还贷准备金，专项用于垫付国际金融组织和外国政府贷款到期债务。

各级政府的贷款还贷准备金由同级财政部门设立并管理。

第三十九条　各级财政部门应当建立政府外债的统计、监测、预警体系，防范和化解债务风险。

第四十条　债务人在遵循审慎原则和建立健全内部控制机制的基础上，可以根据法律、法规的规定运用金融工具保值避险。

债务人在选择交易对象时应当遵循竞争原则，在进行交易时避免损失本金。交易结束后，债务人应当将交易有关文件送财政部备案。

第四十一条　贷款项目竣工验收时，应当明晰产权关系和债权债务关系，防止国有资产流失和债务逃废。

第四十二条　债务人实行资产重组、企业改制等产权变更或者破产时，应当事先征得转贷机构和财政部的同意，必要时还需要征得贷款方的同意，并就有关债务偿还安排达成协议，保证优先偿还政府外债。

第六章　赠款管理

第四十三条　赠款管理包括赠款项目的前期工作、资金使用、完工评价与总结、资产管理等。

第四十四条　赠款项目的前期工作包括提出赠款申请、编制项目建议书、磋商与谈判、法律文件签署与生效、转赠关系的确立等内容。

地方财政部门应当加强对本地区赠款前期工作的协调与管理。

第四十五条　申请赠款的项目单位应当提出赠款申请，并附送项目概要。

中央项目单位应当直接向财政部申请并报送项目概要，地方项目单位应当通过省级财政部门向财政部申请并报送项目概要。项目概要内容主要包括：

（一）项目背景；

（二）项目目标；

（三）项目内容；

（四）项目预算；

（五）项目可持续性与示范作用；

（六）项目风险。

第四十六条　在财政部审查同意赠款申请以及项目概要后，中央项目单位应当直接向财政部报送项目建议书，地方项目单位通过省级财政部门向财政部报送项目建议书。

项目建议书的内容主要包括：

（一）项目目标；

（二）项目必要性和可行性；

（三）项目活动；

（四）项目实施计划和组织安排；

（五）项目预算；

（六）项目质量和风险控制；

（七）项目成果应用及推广；

（八）监测与评估。

第四十七条　财政部根据审核通过的项目建议书，负责与国际金融组织或者外国政府进行磋商谈判、组织签署赠款法律文件并办理生效事宜。其他部门应当协助财政部做好相关工作。

第四十八条　财政部可以直接或者委托其他机构与国内受赠方签署转赠协议或者执行协议，规范双方的权利和义务，并根据财政部有关规定收取赠款总额1％的有偿使用费。

与贷款搭配使用的联合融资中的赠款的有偿使用费的收取按照前款规定办理。

第四十九条　赠款资金的使用应当符合赠款法律文件的规定，任何单位和个人均不得以虚报、冒领或者其他手段骗取赠款资金，不得以任何理由和形式滞留、截留、挪用赠款资金或者擅自改变赠款资金用途。

第五十条　赠款项目单位应当建立、健全内部财务会计监督制度；按照财政部有关赠款项目财务与会计管理的规定，对项目进行独立的财务管理和会计核算；按照赠款法律文件的要求，制定项目实施计划、组织项目实施、办理竣工决算、编制报送完工报告；向财政部门及赠款方报送项目实施情况报告和审计报告。

第五十一条　赠款项目完工前，财政部应当根据国家有关规定与赠款法律文件的要求明确赠款形成资产的所有权归属和处置方式。

赠款形成的资产为国有资产的，有关单位应当参照本办法第四十一条及其他国家有关规定防止国有资产流失。

第七章　法律责任

第五十二条　项目单位违反本办法第三十一条的规定，没有解决和纠正监督检查中所发现问题的，财政部门可以对其采取暂停贷款资金支付、要求退回已支付资金、暂停出国计划审批等措施。

第五十三条　项目单位违反本办法第三十四条、第五十条规定的，由财政部门责令限期改正，并可以依照国家有关会计管理的法律、法规规定进行处罚。

第五十四条 债务人违反本办法第三十六条规定，没有按时足额偿还贷款项目到期本金、利息、承诺费及其他相关费用的，财政部门可以采取以下措施：

（一）收取资金占用费或者违约金；

（二）暂停新贷款项目的准备工作；

（三）暂停贷款项目出国计划的审批和执行；

（四）暂停贷款项目的资金支付；

（五）加速贷款项目未到期债务的偿还；

（六）通过预算扣款或者其他方式依法予以清收。

第五十五条 违反本办法规定，以虚报、冒领或者其他手段骗取贷款资金的，或者滞留、截留、挪用及其他违反规定使用贷款资金的，或者从政府承贷或者担保的贷款中非法获益的，依照《财政违法行为处罚处分条例》以及相关法律、法规规定处理。

第五十六条 对于违反本办法第四十九条规定的，由财政部门责令限期改正，情节严重的，予以警告，并可以采取暂停赠款资金支付、暂停出国计划审批等措施。

第五十七条 财政部门、项目主管部门的工作人员在贷款、赠款的管理、资金使用和偿还过程中，贪污受贿、滥用职权、玩忽职守、徇私舞弊的，依法给予行政处分。

第八章 附 则

第五十八条 国务院有关部门、计划单列企业集团以及中央管理企业拟利用外国政府贷款、赠款项目的，参照本办法执行。

第五十九条 转贷机构可以根据本办法制定具体的实施办法。

第六十条 本办法自 2006 年 9 月 1 日起施行。

附件 7

国家发展改革委关于境内非金融机构赴香港特别行政区发行人民币债券有关事项的通知

（发改外资〔2012〕1162 号）

各中央管理企业，各省、自治区、直辖市及计划单列市、新疆生产建设兵团发展改革委：

为进一步推动香港债券市场发展，规范境内非金融机构赴香港特别行政区发行人民币债券行为，有效防范外债风险，根据国家外债管理有关规定，现就境内非金融机构赴香港特别行政区发行人民币债券有关事项通知如下：

一、本通知所称境内非金融机构是指在中华人民共和国境内注册登记的具有法人资格的非银行机构。

本通知所称人民币债券是指境内非金融机构依法在香港特别行政区内发行的、以人民币计价、期限在 1 年以上（含 1 年）按约定还本付息的有价证券。

二、境内非金融机构赴香港特别行政区发行人民币债券，要按照本通知规定的程序，报我委核准。

中央管理企业可直接向我委提出申请；地方企业向注册所在地省级发展改革委提出申请，经省级发展改革委审核后报我委。

三、境内非金融机构赴香港特别行政区发行人民币债券应符合下列条件：

（一）具有良好的公司治理机制；

（二）资信情况良好；

（三）具有较强的盈利能力；

（四）募集资金投向应主要用于固定资产投资项目，并符合国家宏观调控政策、产业政策、利用外资和境外投资政策以及固定资产投资管理规定，所需相关手续齐全；

（五）已发行的所有企业债券或者其他债务未处于违约或者延迟支付本息的状态；

（六）最近三年无重大违法违规行为。

四、境内非金融机构发行人民币债券的申请材料应当包括：

（一）发行人民币债券的申请报告；

（二）董事会同意发行人民币债券的决议或具有相同法律效力的文件；

（三）拟发债规模、期限及募集资金用途；

（四）人民币债券发行方案；

（五）发行人最近三年的财务报告和审计报告；

（六）法律意见书；

（七）《企业法人营业执照》（副本）复印件；

（八）我委要求提供的其他文件或材料。

五、我委受理境内非金融机构申请后，征求有关方面意见，自受理之日起 60 个工作日内作出核准或者不予核准的决定。

六、境内非金融机构自核准之日起 60 个工作日内须开始启动实质性发债工作。核准文件有效期 1 年，有效期内须完成债券发行。

七、债券募集资金应按照核准的用途使用，不得擅自挪作他用。如有重大调整，须按本通知规定的程序，办理有关调整手续。

八、境内非金融机构应当在人民币债券发行工作结束后 10 个工作日内，将人民币债券发行情况书面报告我委。

九、境内非金融机构在香港特别行政区发行人民币债券形成的外债，按现行外债管理规定办理外债登记、还本付息等手续。

十、人民币债券在香港特别行政区的发售、交易、登记、托管、结算以及信息披露等事宜按照香港特别行政区的有关规定执行。

十一、境内非金融机构境外分支机构在香港特别行政区发行人民币债券由境内机构提供担保的，境内非金融机构应在其分支机构人民币债券发行前 20 个工作日内，将发债规模、期限及募集资金用途等材料向我委备案。

十二、境内非金融机构在境外除香港特别行政区之外的国家或地区发行人民币债券，参照本通知执行。

上述规定自本通知发布之日起施行。

国家发展改革委

二〇一二年五月二日

附件 8

国务院国有资产监督管理委员会
关于进一步加强中央企业投资管理的通知

（国资发规划〔2008〕143 号）

各中央企业：

为进一步规范中央企业投资管理，国资委印发了《关于进一步规范中央企业投资管理的通知》（国资发规划〔2007〕114 号，以下简称《通知》），重申了遵守投资报告制度，加强企业投资风险管理与控制，严禁违规使用银行信贷资金，严格落实责任追究制度等有关规定。绝大部分中央企业认真贯彻执行，减少了市场前景不明朗、投资风险大的项目建设。但仍有部分企业投资规模明显超出了企业经济合理承受能力；发展战略不清晰，主业不突出，存在盲目收购、扩张和重复建设的倾向；不严格履行投资活动报告制度，投资风险加大。针对当前中央企业投资活动中存在的问题，现将加强中央企业投资管理的有关事项通知如下：

一、加强企业投资决策管理。企业投资活动必须符合企业发展战略，并纳入规划管理。进一步明确战略定位和发展方向，制定方向明确、主业清晰、重点突出的发展战略和规划。根据发展战略和规划选择投资项目，不符合企业发展战略和主业的重大投资项目要慎重决策，原则上不作安排。国资委将加大对企业非主业投资活动的监管力度，遏制企业投资冲动和盲目投资的倾向，将有限资源集中投向关系国家安全和国民经济命脉的重要行业和关键领域，优化中央企业布局。

二、企业投资规模应与企业经济合理承受能力相适应。国资委将加强对高负债率企业投资活动的监管，企业投资规模应严格控制在合理负债率之内。根据企业滚动发展规划，企业资产负债率处于"红灯区"的，原则上不应安排重大投资活动；资产负债率处于"黄灯区"的，投资要严格履行内部投资管理制度。企业年度投资安排和具体投资项目均要落实自有资金，自有资金比例原则上不应低于40%。集团公司应加强对所属子企业投资活动的管控，子企业的重大投资活动应纳入集团公司规划、计划，统一公司内部资金平衡。

三、清理调减投资项目。根据"聚焦主业、突出重点、量入为出、有保有压"的指导方针，对固定资产投资、产权收购和长期股权投资项目进行全面清理，在确保重点项目建设的同时，调整核减不必要的投资项目，严格控制非主业投资，将有限资源管好、用好。国资委将要求部分投资规模偏大、资产负债率较高的企业对建设项目进行清理排队，调减市场前景不明朗、资金不落实、潜在风险大、不确定因素多的投资项目；确保市场前景好、发展潜力大、经济效益好，有利于产业结构调整优化升级、能够尽快见效、投资回报率高的重点项目。对已启动的重点投资项目要做好资金平衡与落实工作。

四、加强对并购重组工作的管理。并购重组工作要以企业发展战略和规划为指导，做好前期准备和全过程跟踪工作，搞好尽职调查，必要时聘请中介机构进行法律、财务、风险防范等方面的咨询、评价，禁止不符合企业发展规划和主业发展方向、超出自身投资能力、投资回报率低的并购重组项目。要统筹安排并购后新企业的战略调整、管理体制建设、业务流程再造、资源合理配置及企业文化融合等工作。适时开展并购重组项目后评价工作。

五、加强对境外投资项目的协调和管理。企业境外投资项目要符合企业发展战略和规划，符合国资委确认并公布的企业主业。企业境外投资要遵循必要的优先原则，后进入的企业应主动与先进入的企业沟通和协调，鼓励企业之间通过股份制方式开展业务合作。通过相应渠道争取到境外开发项目，缺乏开发优势和经验的企业，应主动寻求有经验、有实力和有优势的企业合作，共同开发。对在境外投资开发中采取不正当竞争手段、损害国家形象的，国资委将根据情节轻重，依照有关规定追究当事人和企业相关责任人的责任。

六、严格遵守重大投资活动报告制度。企业要认真执行《中央企业投资监督管理暂行办法》（以下简称《办法》）及相关实施细则的规定，进一步规范投资管理。企业主业投资项目应纳入企业年度投资计划并报国资委备案；非主业投资项目须经国资委核准。对需由国务院或国务院有关部门批（核）准的投资项目，企业在报送的同时，应抄送国资委。境外投资项目在向有关部门报告的同时应抄送国资委，签署有法律效力的文件前应正式报国资委（包括子企业的境外投资项目）。严格控制高风险领域投资活动，禁止企业违规使用银行信贷资金投资金融、证券、房地产、保险业等项目。

中央企业要严格执行《办法》及相关实施细则、《通知》和本通知有关规定，根据实际情况对企业投资进行专门研究，采取措施，进一步建立健全企业内部投资管理制度，严格重大投资项目管理的流程控制，规范企业内部决策程序，加强投资管理，有效规避投资风险。国资委将依照有关规定进行检查，将中央企业投资活动纳入监督和考核的范畴，对违反有关投资规定的行为，提出批评；情节严重的，追究企业相关人员的责任。

国务院国有资产监督管理委员会

二〇〇八年九月十九日

附件9

境外投资项目核准和备案管理办法

(中华人民共和国国家发展和改革委员会令第9号)

第一章　总　则

第一条　为促进和规范境外投资，加快境外投资管理职能转变，根据《中华人民共和国行政许可法》、《国务院关于投资体制改革的决定》和《国务院对确需保留的行政审批项目设定行政许可的决定》，特制定本办法。

第二条　本办法适用于中华人民共和国境内各类法人（以下简称"投资主体"）以新建、并购、参股、增资和注资等方式进行的境外投资项目，以及投资主体以提供融资或担保等方式通过其境外企业或机构实施的境外投资项目。

第三条　本办法所称境外投资项目是指投资主体通过投入货币、有价证券、实物、知识产权或技术、股权、债权等资产和权益或提供担保，获得境外所有权、经营管理权及其他相关权益的活动。

第四条　本办法所称中方投资额是指投资主体为境外投资项目投入的货币、有价证券、实物、知识产权或技术、股权、债权等资产和权益或提供担保的总额。

第五条　国家根据不同情况对境外投资项目分别实行核准和备案管理。

第六条　国家发展和改革委员会（以下简称"国家发展改革委"）会同有关部门加强对企业境外投资的宏观指导、投向引导和综合服务，并通过多双边投资合作和对话机制，为投资主体实施境外投资项目积极创造有利的外部环境。

第二章 核准和备案机关及权限

第七条 中方投资额 10 亿美元及以上的境外投资项目，由国家发展改革委核准。涉及敏感国家和地区、敏感行业的境外投资项目不分限额，由国家发展改革委核准。其中，中方投资额 20 亿美元及以上，并涉及敏感国家和地区、敏感行业的境外投资项目，由国家发展改革委提出审核意见报国务院核准。

本办法所称敏感国家和地区包括：未建交和受国际制裁的国家，发生战争、内乱等的国家和地区。

本办法所称敏感行业包括：基础电信运营，跨境水资源开发利用，大规模土地开发，输电干线、电网，新闻传媒等行业。

第八条 本办法第七条规定之外的境外投资项目实行备案管理。其中，中央管理企业实施的境外投资项目、地方企业实施的中方投资额 3 亿美元及以上的境外投资项目，由国家发展改革委备案；地方企业实施的中方投资额 3 亿美元以下的境外投资项目，由各省、自治区、直辖市及计划单列市和新疆生产建设兵团等省级政府投资主管部门备案。

第九条 对于境外投资项目前期工作周期长、所需前期费用（包括履约保证金、保函手续费、中介服务费、资源勘探费等）规模较大的，根据现行外汇管理规定的需要，投资主体可参照本办法第七、八条规定对项目前期费用申请核准或备案。经核准或备案的项目前期费用计入项目中方投资额。

第十条 中方投资额 3 亿美元及以上的境外收购或竞标项目，投资主体在对外开展实质性工作之前，应向国家发展改革委报送项目信息报告。国家发展改革委收到项目信息报告后，对符合国家境外投资政策的项目，在 7 个工作日内出具确认函。项目信息报告格式文本由国家发展改革委发布。

本办法所称境外收购项目，是指投资主体以协议、要约等方式收购境外企业全部或者部分股权、资产或其他权益的项目。境外竞标项目，是指投资主体以参与境外公开或不公开的竞争性投标等方式获得境外企业全部或者部分股权、资产或其他权益的项目。

本办法所称对外开展实质性工作，境外收购项目是指对外签署约束性协议、提出约束性报价及向对方国家或地区政府审查部门提出申请，境外竞标项目是指对外正式投标。

第三章　核准和备案程序及条件

第十一条　由国家发展改革委核准或由国家发展改革委提出审核意见报国务院核准的境外投资项目，地方企业直接向所在地的省级政府发展改革部门提交项目申请报告，由省级政府发展改革部门提出审核意见后报送国家发展改革委；中央管理企业由集团公司或总公司向国家发展改革委报送项目申请报告。

第十二条　向国家发展改革委报送的项目申请报告主要包括项目名称、投资主体情况、项目必要性分析、背景及投资环境情况、项目实施内容、投融资方案、风险分析等内容。项目申请报告示范大纲由国家发展改革委发布。

项目申请报告应附以下附件：

（一）公司董事会决议或相关的出资决议；

（二）投资主体及外方资产、经营和资信情况的文件；

（三）银行出具的融资意向书；

（四）以有价证券、实物、知识产权或技术、股权、债权等资产权益出资的，按资产权益的评估价值或公允价值核定出资额，并应提交具备相应资质的会计师事务所、资产评估机构等中介机构出具的审计报告、资产评估报告及有权机构的确认函，或其他可证明有关资产权益价值的第三方文件；

（五）投标、并购或合资合作项目，应提交中外方签署的意向书或框架协议等文件。

第十三条　对于项目申请报告及附件不齐全或内容不符合规

定要求的，国家发展改革委在 5 个工作日内一次性告知申报单位予以补正。

第十四条　涉及敏感国家和地区、敏感行业的境外投资项目，国家发展改革委在受理项目申请报告之日起 3 个工作日内征求有关部门意见，有关部门应当自收到征求意见函之日起 7 个工作日内出具书面意见。

第十五条　国家发展改革委在受理项目申请报告后，若确有必要，应在 5 个工作日内委托有资质的咨询机构进行评估。接受委托的咨询机构在规定时限内提出评估报告，并对评估结论承担责任。评估时限原则上不超过 40 个工作日。

评估费用由国家发展改革委承担，咨询机构及其工作人员不得收取申报单位或投资主体的任何费用。

第十六条　国家发展改革委自受理项目申请报告之日起，对于符合核准条件的境外投资项目在 20 个工作日内完成核准，或提出审核意见报国务院核准。如 20 个工作日不能做出核准决定或提出审核意见的，由国家发展改革委负责人批准延长 10 个工作日，并将延长期限的理由告知申报单位。

前款规定的核准期限，不包括委托咨询机构评估的时间。

第十七条　国家发展改革委对核准的项目将向申报单位出具书面核准文件；对不予核准的项目，将以书面决定的方式通知申报单位并说明理由，投资主体享有依法申请行政复议或者提起行政诉讼的权利。

第十八条　国家发展改革委核准项目的条件为：

（一）符合国家法律法规和产业政策、境外投资政策；

（二）符合互利共赢、共同发展的原则，不危害国家主权、安全和公共利益，不违反我国缔结或参加的国际条约；

（三）符合国家资本项目管理相关规定；

（四）投资主体具备相应的投资实力。

第十九条　属于国家发展改革委备案的项目，地方企业应填报境外投资项目备案申请表并附有关附件，直接提交所在地的省级政府发展改革部门，由省级政府发展改革部门报送国家发展改革委；中央管理企业由集团公司或总公司向国家发展改革委报送备案申请表及有关附件。

境外投资项目备案申请表格式文本及附件要求由国家发展改革委发布。

第二十条　对于备案申请表及附件不齐全或内容不符合规定要求的，国家发展改革委在 5 个工作日内一次性告知申报单位予以补正。

第二十一条　国家发展改革委在受理备案申请表之日起 7 个工作日内，对符合备案条件的境外投资项目出具备案通知书。对不予备案的境外投资项目，国家发展改革委将以书面决定的方式通知申报单位并说明理由，投资主体享有依法申请行政复议或者提起行政诉讼的权利。

第二十二条　国家发展改革委对申请备案的境外投资项目，主要从是否属于备案管理范围，是否符合相关法律法规、产业政策和境外投资政策，是否符合国家资本项目管理相关规定，是否危害国家主权、安全、公共利益，以及投资主体是否具备相应投资实力等进行审核。

第二十三条　对于已经核准或备案的境外投资项目，如出现下列情况之一的，应按照本办法第七、八条规定向国家发展改革委申请变更：

（一）项目规模和主要内容发生变化；

（二）投资主体或股权结构发生变化；

（三）中方投资额超过原核准或备案的 20％及以上。

第四章　核准和备案文件效力

第二十四条　投资主体凭核准文件或备案通知书，依法办理外汇、海关、出入境管理和税收等相关手续。对于未按规定权限和程序核准或者备案的项目，有关部门不得办理相关手续，金融机构不得发放贷款。

第二十五条 投资主体实施需国家发展改革委核准或备案的境外投资项目，在对外签署具有最终法律约束效力的文件前，应当取得国家发展改革委出具的核准文件或备案通知书；或可在签署的文件中明确生效条件为依法取得国家发展改革委出具的核准文件或备案通知书。

第二十六条 核准文件和备案通知书应规定有效期，其中建设类项目核准文件和备案通知书有效期二年，其他项目核准文件和备案通知书有效期一年。

在有效期内投资主体未能完成办理本办法第二十四条所述相关手续的，应在有效期届满前 30 个工作日内申请延长有效期。

第五章 法律责任

第二十七条 国家发展改革委工作人员有下列行为之一的，责令其限期整改，并依据《行政机关公务员处分条例》等有关规定追究有关责任人的行政责任；构成犯罪的，由司法机关依法追究刑事责任。

（一）滥用职权、玩忽职守、徇私舞弊、索贿受贿的；

（二）违反本办法规定的程序和条件办理项目核准、备案的；

（三）其他违反本办法规定的行为。

第二十八条 投资主体应当对境外投资项目申请报告或项目备案申请表及附件的真实性、合法性负责。投资主体在境外投资项目申报过程中违反法律法规，隐瞒有关情况或提供虚假材料的，国家发展改革委将不予受理或不予核准、备案；已经取得核准文件或备案通知书的，国家发展改革委将撤销核准文件或备案通知书，并给予警告。

第二十九条 对于按照本办法规定投资主体应申请办理核准或备案但未依法取得核准文件或备案通知书而擅自实施的项目，

以及未按照核准文件或备案通知书内容实施的项目，一经发现，国家发展改革委将会同有关部门责令其停止项目实施，并提请或者移交有关机关依法追究有关责任人的法律和行政责任。

对于按照本办法第十条规定投资主体应报送项目信息报告但未获得信息报告确认函而对外开展实质性工作的，国家发展改革委将予以通报批评，责令其纠正。对于性质严重、给国家利益造成严重损害的，国家发展改革委将会同有关部门依法进行处罚，并提请或者移交有关机关依法追究有关责任人的法律和行政责任。

第六章　附则

第三十条　各省级政府投资主管部门要加强对本地企业境外投资的引导和服务，并参照本办法规定制定相应的备案管理办法。国家发展改革委对省级政府投资主管部门境外投资项目备案工作进行指导和监督，并对发现的问题及时予以纠正。

第三十一条　投资主体在境外投资参股或设立股权投资基金，适用本办法。

自然人和其他组织在境外实施的投资项目，参照本办法规定另行制定具体管理办法。

第三十二条　投资主体在香港特别行政区、澳门特别行政区实施的投资项目，参照本办法执行。

投资主体在台湾地区实施的投资项目，参照本办法规定另行制定具体管理办法。

第三十三条　本办法由国家发展改革委负责解释。

第三十四条　本办法自 2014 年 5 月 8 日起施行。国家发展改革委于 2004 年 10 月颁布的《境外投资项目暂行管理办法》（第 21 号令）同时废止。

附件 10

国家发展改革委办公厅
关于境外投资项目备案证明的通知

（发改办外资〔2007〕1239 号）

各中央管理企业：

按照深化投资体制改革以及鼓励和规范我国企业对外投资合作的要求，为进一步简化对中央管理企业限额以下境外投资项目的管理程序，现就有关事项通知如下：

一、根据《境外投资项目核准暂行管理办法》（国家发展改革委第 21 号令）第六条，"中央管理企业投资的中方投资额 3 000 万美元以下的资源开发类境外投资项目和中方投资用汇额 1 000 万美元以下的其他境外投资项目，由其自主决策并在决策后将相关文件报国家发展改革委备案"。为使此项备案工作更为规范和便利，现正式启用境外投资项目备案证明。

二、自本通知印发之日起，中央管理企业向我委报备境外投资项目，只需按要求填报境外投资项目备案证明（一式十份），并提交其中所列附件（统称备案材料）。境外投资项目备案证明的样式可在我委网站（www.ndrc.gov.cn）下载。

三、境外投资项目备案证明加盖我委办公厅印章后有效，一式十份。其中 3 份留存我委，1 份送申请备案的企业，其余 6 份送其他相关部门。

四、我委自收到符合条件的备案材料之日起七个工作日内出具备案证明。因企业申报材料不全或不实导致项目无法备案或产生其他影响的，其责任及后果由企业自负。

五、凡已备案项目出现以下情况之一的，需重新申请备案：

（一）建设规模、主要建设内容及主要产品发生变化；

（二）投资项目地点发生变化；

（三）投资方或股权发生变化；

（四）中方投资超过原备案的中方投资额 20% 及以上；

（五）在计划建设或收购交割期内未实施。

特此通知。

国家发展和改革委员会办公厅

二〇〇七年五月三十日

附件 11

国家发展改革委关于做好
境外投资项目下放核准权限工作的通知

（发改外资［2011］235 号）

各省、自治区、直辖市及计划单列市、新疆生产建设兵团发展改革委，各中央管理企业：

为适应新形势下境外投资发展的需要，经报请国务院同意，现将下放境外投资项目核准权限有关事项通知如下：

一、下放项目核准权限。地方企业实施的中方投资额 3 亿美元以下的资源开发类、中方投资额 1 亿美元以下的非资源开发类境外投资项目（特殊项目除外），由所在省、自治区、直辖市及计划单列市和新疆生产建设兵团等省级发展改革部门（以下简称"省级发展改革部门"）核准；中央管理企业实施的上述境外投资项目，由企业自主决策并报国家发展改革委备案。中方投资额 3 亿美元及以上的资源开发类、中方投资额 1 亿美元及以上的非资源开发类境外投资项目，由国家发展改革委核准。

二、有关特殊项目核准。前往未建交、受国际制裁国家，或前往发生战争、动乱等国家和地区的投资项目，以及涉及基础电信运营、跨界水资源开发利用、大规模土地开发、干线电网、新闻传媒等特殊敏感行业的境外投资项目，不分限额，由省级发展改革部门或中央管理企业初审后报国家发展改革委核准，或由国家发展改革委审核后报国务院核准。

三、坚持政企分开原则。省级发展改革部门在核准境外投资项目时，应按照《境外投资项目核准暂行管理办法》（国家发展改革委令第 21 号）第十八条的要求进行外部要素审查。境外投资项目的市场前景、经济效益、资金来源和产品技术方案等由企业进行自主决策、自担责任和风险。省级发展改革部门应对境外投资项目可能发生的政治、经济、法律风险进行提示。

四、建立项目登记制度。为甄别本通知第二条的境外投资项目，做好协调工作，对中方投资额 3 000 万美元以上至 3 亿美元以下的资源开发类、中方投资额 1 000 万美元以上至 1 亿美元以下的非资源开发类境外投资项目，省级发展改革部门在下发核准文件前，需报国家发展改革委登记，国家发展改革委将在收到核准文件的 5 个工作日内出具《地方重大境外投资项目核准登记单》。经登记的项目核准文件是办理相关手续和享受相关政策的依据。

五、完善备案管理办法。中央管理企业的中方投资额 3 000 万美元以上至 3 亿美元以下的资源开发类、中方投资额 1 000 万美元以上至 1 亿美元以下的非资源开发类境外投资项目的备案办法，参照《国家发展改革委办公厅关于境外投资项目备案证明的通知》（发改办外资〔2007〕1239 号）执行。

六、调整信息报告范围。根据新的境外投资项目核准权限，将《国家发展改革委关于完善境外投资项目管理有关问题的通知》（发改外资〔2009〕1479 号）规定报送的项目信息报告范围调整为中方投资额 1 亿美元及以上的境外收购和竞标项目。

七、赴港澳台地区投资。前往香港特别行政区、澳门特别行政区的投资项目适用本通知；前往台湾地区的投资项目，按照国家发展改革委、商务部和国台办《关于印发〈大陆企业赴台湾地区投资管理办法〉的通知》（发改外资〔2010〕2661 号）执行。

各省级发展改革部门、中央管理企业应结合实际，认真做好下放境外投资项目核准权限的指导组织实施工作，进一步完善境外投资项目管理办法，建立健全境外投资项目协调机制和责任追究制度，加强对各类投资主体特别是对设在境外企业开展境外投资合作的管理，促进境外投资健康发展。各省级发展改革部门应按照政企分开的原则，积极鼓励有条件的企业开展境外投资合作，落实企业投资决策自主权，避免不同行业、地区企业的恶性竞争，切实防范投资风险。

附：地方重大境外投资项目核准登记单

国家发展改革委

二〇一一年二月十四日

附件 12

《境外投资管理办法》

（中华人民共和国商务部令 2009 年第 5 号）

第一章　总　则

第一条　为促进和规范境外投资，根据《国务院对确需保留的行政审批项目设定行政许可的决定》，制定本办法。

第二条　本办法所称境外投资，是指在我国依法设立的企业（以下简称企业）通过新设、并购等方式在境外设立非金融企业或取得既有非金融企业的所有权、控制权、经营管理权等权益的行为。

第三条　企业开展境外投资应当认真了解并遵守境内外相关法律法规、规章和政策，遵循"互利共赢"原则。

第四条　商务部负责对境外投资实施管理和监督，省、自治区、直辖市、计划单列市及新疆生产建设兵团商务主管部门（以下简称省级商务主管部门）负责对本行政区域内境外投资实施管理和监督。

第二章　核　准

第五条　商务部和省级商务主管部门对企业境外投资实行核准。商务部建立"境外投资管理系统"（以下简称"系统"）。对予以核准的企业，颁发《企业境外投资证书》（以下简称《证书》，样式见附件 1）。《证书》由商务部统一印制，实行统一编码管理。

第六条　企业开展以下情形境外投资应当按本办法第十二条

的规定提交申请材料，并按本办法第十三条的规定报商务部核准：

（一）在与我国未建交国家的境外投资；

（二）特定国家或地区的境外投资（具体名单由商务部会同外交部等有关部门确定）；

（三）中方投资额1亿美元及以上的境外投资；

（四）涉及多国（地区）利益的境外投资；

（五）设立境外特殊目的公司。

第七条　地方企业开展以下情形的境外投资应当按照本办法第十二条要求提交申请材料，并按第十四条的规定报省级商务主管部门核准：

（一）中方投资额1 000万美元及以上、1亿美元以下的境外投资；

（二）能源、矿产类境外投资；

（三）需在国内招商的境外投资。

第八条　企业开展本办法第六条、第七条规定情形以外的境外投资，须提交《境外投资申请表》（以下简称申请表，样式见附件2），并按第十六条规定办理核准。

第九条　企业境外投资有以下情形之一的，商务部和省级商务主管部门不予核准：

（一）危害我国国家主权、安全和社会公共利益，或违反我国法律法规；

（二）损害我与有关国家（地区）关系；

（三）可能违反我国对外缔结的国际条约；

（四）涉及我国禁止出口的技术和货物。

境外投资经济技术可行性由企业自行负责。

第十条　商务部核准第六条规定的境外投资应当征求我驻外使（领）馆（经商处室）意见。涉及中央企业的，由商务部征求意见；涉及地方企业的，由省级商务主管部门征求意见。

省级商务主管部门核准第七条第二款规定的境外投资应当征求驻外使（领）馆（经商处室）意见；其他情形的境外投资核准，省级商务主管部门可视情征求驻外使（领）馆（经商处室）意见。

第十一条　商务部和省级商务主管部门征求意见时应当向驻外使（领）馆（经商处室）提供投资事项基本情况等相关信息。

驻外使（领）馆（经商处室）主要从东道国安全状况、对双边政治和经贸关系影响等方面提出意见，并自收到征求意见函之日起 10 个工作日内予以回复。

第十二条　企业开展本办法第六条、第七条规定情形的境外投资须提交以下材料：

（一）申请书，主要内容包括境外企业的名称、注册资本、投资金额、经营范围、经营期限、投资资金来源情况的说明、投资的具体内容、股权结构、投资环境分析评价以及对不涉及本办法第九条所列情形的说明等；

（二）企业营业执照复印件；

（三）境外企业章程及相关协议或者合同；

（四）国家有关部门的核准或备案文件；

（五）并购类境外投资须提交《境外并购事项前期报告表》（样式见附件 3）；

（六）主管部门要求的其他文件。

第十三条　企业开展第六条规定的境外投资，中央企业向商务部提出申请，地方企业通过所在地省级商务主管部门向商务部提出申请。

收到申请后，省级商务主管部门应当于 10 个工作日内（不含征求驻外使（领）馆（经商处室）的时间）对企业申报材料真实性及是否涉及本办法第九条所列情形进行初审，同意后将初审意见和全部申请材料报送商务部。

商务部收到省级商务主管部门或中央企业的申请后，于 5 个工作日内决定是否受理。申请材料不齐全或者不符合法定形式的，应当在 5 个工作日内一次告之申请人；受理后，应当于 15 个工作日内（不含征求驻外使（领）馆（经商处室）的时间）做出是否予以核准的决定。

第十四条　企业开展第七条规定的境外投资，向省级商务主管部门提出申请。

收到申请后，省级商务主管部门应当于 5 个工作日内决定是否受理。申请材料不齐全或者不符合法定形式的，应当在 5 个工作日内一次告之申请人；受理后，应当于 15 个工作日内（不含征求驻外使（领）馆（经商处室）意见的时间）做出是否予以核准的决定。

第十五条　对予以核准的第六条、第七条规定的境外投资，商务部和省级商务主管部门应当出具书面核准决定并颁发《证书》；不予核准的，应当书面通知申请企业并说明理由，告知其享有依法申请行政复议或者提起行政诉讼的权利。

第十六条　企业开展第八条规定的境外投资按以下程序办理核准：

中央企业总部通过"系统"按要求填写打印申请表，报商务部核准。地方企业通过"系统"按要求填写打印申请表，报省级商务主管部门核准。

商务部和省级商务主管部门收到申请表后，于 3 个工作日内进行审查，申请表填写完整且符合法定形式的即予颁发《证书》。

第十七条　两个以上企业共同投资设立境外企业，应当由相对最大股东在征求其他投资方书面同意后负责办理核准手续。商务部或相对最大股东所在地省级商务主管部门应将相关核准文件抄送其他投资方所在地省级商务主管部门。

第十八条　商务部或省级商务主管部门核准矿产资源勘查开发类境外投资应当征求国内有关商会、协会的意见，以作为核准时的参考。

第三章　变更和终止

第十九条　核准后，原境外投资申请事项发生变更，企业应参照第二章的规定向原核准机关申请办理变更核准手续。企业之间转让境外企业股份，由受让方负责申请办理变更手续，商务部或受让方所在地省级商务主管部门应当把相关核准文件抄送其他股东所在地省级商务主管部门。

第二十条　企业终止经核准的境外投资应向原核准机关备案，交回《证书》。原核准机关出具备案函，企业据此向外汇管理等部门办理相关手续。企业及其所属境外企业应当按当地法律办理注销手续。

终止是指原经核准的境外企业不再存续或我国企业均不再拥有原经核准的境外企业的股权等任何权益。

第四章　境外投资行为规范

第二十一条　企业应当客观评估自身条件、能力和东道国（地区）投资环境，积极稳妥开展境外投资。境内外法律法规和规章对资格资质有要求的，应当取得相关证明文件。

第二十二条　企业对其投资设立的境外企业冠名应当符合境内外法律法规和政策规定。未按国家有关规定获得批准的企业，其境外企业名称不得冠以"中国"、"中华"、"国家"等字样。境外企业外文名称可在申请核准前在东道国（地区）进行预先注册。

第二十三条　企业应当落实各项人员和财产安全防范措施，建立突发事件预警机制和应急预案，并接受驻外使（领）馆在突发事件防范、人员安全保护等方面的指导。

在境外发生突发事件时，企业应当及时、妥善处理，并立即向驻外使（领）馆和国内有关主管部门报告。

第二十四条　企业应当要求境外企业中方负责人当面或以信

函、传真、电子邮件等书面方式及时向驻外使（领）馆（经商处室）报到登记。

第二十五条　企业应向原核准机关报告境外投资业务情况和统计资料，确保报送情况和数据真实准确。

第二十六条　企业应当在其对外签署的与境外投资相关的合同或协议生效前，取得有关政府主管部门的核准。

第五章　管理和服务

第二十七条　商务部负责对省级商务主管部门及中央企业总部的境外投资管理情况进行检查和指导。

第二十八条　商务部会同有关部门建立健全境外投资引导、促进和服务体系，强化公共服务。

商务部发布《对外投资合作国别（地区）指南》，帮助企业了解东道国（地区）投资环境。

商务部会同有关部门发布《对外投资国别产业导向目录》，引导企业有针对性地到东道国（地区）开展境外投资。

商务部通过政府间多双边经贸或投资合作机制等协助企业解决困难和问题。

商务部建立对外投资与合作信息服务系统，为企业开展境外投资提供统计、投资机会、投资障碍、预警等信息服务。

第二十九条　企业境外投资获得核准后，持《证书》办理外汇、银行、海关、外事等相关手续，并享受国家有关政策支持。

第三十条　企业自领取《证书》之日起 2 年内，未在东道国（地区）完成有关法律手续或未办理本办法第二十九条所列境内有关部门手续，原核准文件和《证书》自动失效，《证书》应交回原核准机关。如需再开展境外投资，须按本办法规定重新办理核准。

第三十一条　《证书》不得伪造、涂改、出租、转借或以任何形式转让。已变更、失效或注销的《证书》应当交回发证机关。

第六章 罚 则

第三十二条 企业提供虚假申请材料或不如实填报申请表的，商务部和省级商务主管部门不予受理或不予核准，并给予警告，且可在一年内不受理该企业任何境外投资核准申请；企业以提供虚假材料等不正当手段取得境外投资核准的，商务部及省级商务主管部门应当撤销相关文件，并可在三年内不受理该企业任何境外投资核准申请。

第三十三条 违反本办法规定的企业三年内不得享受国家有关境外投资政策支持。

第三十四条 省级商务主管部门未按本办法规定进行核准和履行管理监督职责的，商务部责令改正并提出批评。

第三十五条 商务主管部门有关工作人员不依本办法规定履行职责，或者滥用职权的，依法给予行政处分。

第七章 附 则

第三十六条 省级商务主管部门可依照本规定制定相应的管理办法。

第三十七条 本办法所称特殊目的公司系指企业为实现其实际拥有的境内公司权益在境外上市而直接或间接控制的境外公司。

第三十八条 事业单位法人开展境外投资、企业在境外设立非企业法人适用本办法。企业赴香港、澳门及台湾地区投资参照本办法执行。

第三十九条 企业控股的境外企业的境外再投资，在完成法律手续后一个月内，应当由企业报商务主管部门备案。企业为地方企业的，须通过"系统"填报相关信息，打印备案表（样式见附件4）并加盖本企业公章后向省级商务主管部门备案；企业为中央企业的，中央企业总部通过"系统"填报相关信息，打印备案表并加盖公章后向商务部备案。企业递交备案表后即完成备案。

第四十条　本办法由商务部负责解释。

第四十一条　本办法自 2009 年 5 月 1 日起施行。《关于境外投资开办企业核准事项的规定》（商务部 2004 年 16 号令）和《商务部、国务院港澳办关于印发〈关于内地企业赴香港、澳门特别行政区投资开办企业核准事项的规定〉的通知》（商合发〔2004〕452 号）同时废止。此前有关规定与本办法不符的，以本办法为准。

附件1：《企业境外投资证书》样式

2：《境外投资申请表》样式

3：《境外并购事项前期报告表》样式

4：《境外中资企业境外投资备案表》样式

《企业境外投资证书》（实样）

《企业境外机构证书》（实样）

附件 13

国家外汇管理局关于发布
《境内机构境外直接投资外汇管理规定》的通知

（汇发〔2009〕30 号）

国家外汇管理局各省、自治区、直辖市分局、外汇管理部，深
圳、大连、青岛、厦门、宁波市分局：

为贯彻落实"走出去"发展战略，促进境内机构境外直接投
资的健康发展，对跨境资本流动实行均衡管理，维护我国国际收
支基本平衡，根据《中华人民共和国外汇管理条例》等相关法
规，国家外汇管理局制定了《境内机构境外直接投资外汇管理规
定》（以下简称《规定》），现予以发布。《规定》自二〇〇九年八
月一日起施行，请遵照执行。

各分局、外汇管理部接到本通知后，应及时转发辖内各分支
机构、城市商业银行、农村商业银行、外资银行；各中资外汇指
定银行应及时转发所辖分支机构。

二〇〇九年七月十三日

境内机构境外直接投资外汇管理规定

第一章　总　则

第一条　为促进和便利境内机构境外直接投资活动，规范境
外直接投资外汇管理，促进我国国际收支基本平衡，根据《中华
人民共和国外汇管理条例》等相关法规，制定本规定。

第二条　本规定所称境外直接投资是指境内机构经境外直接
投资主管部门核准，通过设立（独资、合资、合作）、并购、参

股等方式在境外设立或取得既有企业或项目所有权、控制权或经营管理权等权益的行为。

第三条　国家外汇管理局及其分支机构（以下简称外汇局）对境内机构境外直接投资的外汇收支、外汇登记实施监督管理。

第四条　境内机构可以使用自有外汇资金、符合规定的国内外汇贷款、人民币购汇或实物、无形资产及经外汇局核准的其他外汇资产来源等进行境外直接投资。境内机构境外直接投资所得利润也可留存境外用于其境外直接投资。

上款所称自有外汇资金包括：经常项目外汇账户、外商投资企业资本金账户等账户内的外汇资金。

第五条　国家外汇管理局可以根据我国国际收支形势和境外直接投资情况，对境内机构境外直接投资外汇资金来源范围、管理方式及其境外直接投资所得利润留存境外的相关政策进行调整。

第二章　境外直接投资外汇登记和资金汇出

第六条　外汇局对境内机构境外直接投资及其形成的资产、相关权益实行外汇登记及备案制度。

境内机构在向所在地外汇局办理境外直接投资外汇登记时，应说明其境外投资外汇资金来源情况。

第七条　境内机构境外直接投资获得境外直接投资主管部门核准后，持下列材料到所在地外汇局办理境外直接投资外汇登记：

（一）书面申请并填写《境外直接投资外汇登记申请表》（格式见附件一）；

（二）外汇资金来源情况的说明材料；

（三）境内机构有效的营业执照或注册登记证明及组织机构代码证；

（四）境外直接投资主管部门对该项投资的核准文件或证书；

（五）如果发生前期费用汇出的，提供相关说明文件及汇出凭证；

（六）外汇局要求的其他材料。

外汇局审核上述材料无误后，在相关业务系统中登记有关情况，并向境内机构颁发境外直接投资外汇登记证。境内机构应凭其办理境外直接投资项下的外汇收支业务。

多个境内机构共同实施一项境外直接投资的，由境内机构所在地外汇局分别向相关境内机构颁发境外直接投资外汇登记证，并在相关业务系统中登记有关情况。

第八条　境内机构应凭境外直接投资主管部门的核准文件和境外直接投资外汇登记证，在外汇指定银行办理境外直接投资资金汇出手续。外汇指定银行进行真实性审核后为其办理。

外汇指定银行为境内机构办理境外直接投资资金汇出的累计金额，不得超过该境内机构事先已经外汇局在相关业务系统中登记的境外直接投资外汇资金总额。

第九条　境内机构应在如下情况发生之日起 60 天内，持境外直接投资外汇登记证、境外直接投资主管部门的核准或者备案文件及相关真实性证明材料到所在地外汇局办理境外直接投资外汇登记、变更或备案手续：

（一）境内机构将其境外直接投资所得利润以及其所投资境外企业减资、转股、清算等所得资本项下外汇收入留存境外，用于设立、并购或参股未登记的境外企业的，应就上述直接投资活动办理境外直接投资外汇登记手续；

（二）已登记境外企业发生名称、经营期限、合资合作伙伴及合资合作方式等基本信息变更，或发生增资、减资、股权转让或置换、合并或分立等情况，境内机构应就上述变更情况办理境外直接投资外汇登记变更手续；

（三）已登记境外企业发生长期股权或债权投资、对外担保等不涉及资本变动的重大事项的，境内机构应就上述重大事项办理境外直接投资外汇备案手续。

第十条　境内机构持有的境外企业股权因转股、破产、解散、清算、经营期满等原因注销的，境内机构应在取得境外直接投资主管部门相关证明材料之日起 60 天内，凭相关材料到所在地外汇局办理注销境外直接投资外汇登记手续。

第十一条 境内机构可以按照《中华人民共和国外汇管理条例》和其他相关规定，向境外直接投资企业提供商业贷款或融资性对外担保。

第十二条 境内机构在外汇管制国家或地区投资的，可按规定在其他非外汇管制国家或地区开立专用外汇账户，用于与该项投资相关外汇资金的收付。

第三章 境外直接投资前期费用汇出

第十三条 境外直接投资前期费用是指境内机构在境外投资设立项目或企业前，需要向境外支付的与境外直接投资有关的费用，包括但不限于：

（一）收购境外企业股权或境外资产权益，按项目所在地法律规定或出让方要求需缴纳的保证金；

（二）在境外项目招投标过程中，需支付的投标保证金；

（三）进行境外直接投资前，进行市场调查、租用办公场地和设备、聘用人员，以及聘请境外中介机构提供服务所需的费用。

第十四条 境内机构向境外汇出的前期费用，一般不得超过境内机构已向境外直接投资主管部门申请的境外直接投资总额（以下简称境外直接投资总额）的 15%（含），并持下列材料向所在地外汇局申请：

（一）书面申请（包括境外直接投资总额、各方出资额、出资方式，以及所需前期费用金额、用途和资金来源说明等）；

（二）境内机构有效的营业执照或注册登记证明及组织机构代码证；

（三）境内机构参与投标、并购或合资合作项目的相关文件（包括中外方签署的意向书、备忘录或框架协议等）；

（四）境内机构已向境外直接投资主管部门报送的书面申请；

（五）境内机构出具的前期费用使用书面承诺函；

（六）外汇局要求的其他相关材料。

对于汇出的境外直接投资前期费用确需超过境外直接投资总额15％的，境内机构应当持上述材料向所在地国家外汇管理局分局（含外汇管理部）提出申请。

外汇指定银行凭外汇局出具的核准件为境内机构办理购付汇手续，并及时向外汇局反馈有关信息。

第十五条　境内机构已汇出境外的前期费用，应列入境内机构境外直接投资总额。外汇指定银行在办理境内机构境外直接投资资金汇出时，应扣减已汇出的前期费用金额。

第十六条　境内机构自汇出前期费用之日起6个月内仍未完成境外直接投资项目核准程序的，应将境外账户剩余资金调回原汇出资金的境内外汇账户。所汇回的外汇资金如属人民币购汇的，可持原购汇凭证，到外汇指定银行办理结汇。

所在地外汇局负责监督境内机构调回剩余的前期费用。如确因前期工作需要，经原作出核准的外汇局核准，上述6个月的期限可适当延长，但最长不超过12个月。

第四章　境外直接投资项下资金汇入及结汇

第十七条　境内机构将其所得的境外直接投资利润汇回境内的，可以保存在其经常项目外汇账户或办理结汇。

外汇指定银行在审核境内机构的境外直接投资外汇登记证、境外企业的相关财务报表及其利润处置决定、上年度年检报告书等相关材料无误后，为境内机构办理境外直接投资利润入账或结汇手续。

第十八条　境内机构因所设境外企业减资、转股、清算等所得资本项下外汇收入，通过资产变现专用外汇账户办理入账，或经外汇局批准留存境外。资产变现专用外汇账户的开立及入账经所在地外汇局按照相关规定核准，账户内资金的结汇，按照有关规定直接向外汇指定银行申请办理。

第十九条　境内机构将其境外直接投资的企业股权全部或者部分转让给其他境内机构的，相关资金应在境内以人民币支付。股权出让方应到所在地外汇局办理境外直接投资外汇登记的变更或注销手续，股权受让方应到所在地外汇局办理受让股权的境外直接投资外汇登记手续。

第五章　附　则

第二十条　境内机构（金融机构除外）应按照境外投资联合年检的相关规定参加年检。多个境内机构共同实施一项境外直接投资的，应分别到所在地外汇局参加外汇年检。

第二十一条　境内机构在香港特别行政区、澳门特别行政区和台湾地区进行直接投资的，参照本规定进行管理。

第二十二条　境内金融机构境外直接投资外汇管理，参照本规定执行。相关监管部门对境内金融机构境外直接投资的资金运用另有规定的，从其规定。

第二十三条　境内机构办理境外直接投资项下外汇收支及外汇登记等业务，应按相关规定通过相关业务系统办理。

外汇指定银行应将境外直接投资项下外汇收支信息通过相关业务系统向外汇局反馈。

第二十四条　境内机构违反本规定的，外汇局根据《中华人民共和国外汇管理条例》及其他相关规定进行处罚；构成犯罪的，依法追究刑事责任。

第二十五条　本规定由国家外汇管理局负责解释。

第二十六条　本规定自二〇〇九年八月一日起施行。附件二所列其他规范性文件同时废止。以前规定与本规定不一致的，按本规定执行。

附件一：境外直接投资外汇登记申请表

附件二：废止文件目录

附件 14

财政部 商务部关于印发
《对外经济技术合作专项资金管理办法》的通知

（财企〔2005〕255号）

各省、自治区、直辖市、计划单列市财政厅（局）、商务主管部门，新疆生产建设兵团财务局、商务局，各驻外经济商务机构，各中央管理企业：

为落实党中央、国务院关于实施"走出去"发展战略的指导方针，规范对外经济技术合作资金管理，我们制定了《对外经济技术合作专项资金管理办法》，现印发你们，请遵照执行。

附件：对外经济技术合作专项资金管理办法

二〇〇五年十二月九日

对外经济技术合作专项资金管理办法

第一条　为实施"走出去"发展战略，鼓励和引导有比较优势的企业有序地开展各种形式的对外经济技术合作，加强和规范对外经济技术合作专项资金（以下简称专项资金）的管理，提高资金的使用效益，根据《中华人民共和国预算法》和财政预算管理的有关规定，特制定本办法。

第二条　专项资金的管理和使用遵循以下原则：

（一）依法行政，公开透明；

（二）符合国家产业政策导向；

（三）符合国家外经贸政策；

（四）有利于促进项目所在国经济发展和技术进步。

第三条　本办法所称对外经济技术合作业务范围包括：境外投资，境外农、林和渔业合作，对外承包工程，对外劳务合作，境外高新技术研发平台，对外设计咨询等。

第四条　专项资金对企业从事上述对外经济技术合作业务采取直接补助或贴息等方式给予支持。

第五条　专项资金直接补助内容包括境内企业在项目所在国注册（登记）境外企业之前，或与项目所在国单位签订境外经济技术合作协议（合同）之前，为获得项目而发生的相关费用，包括聘请第三方的法律、技术及商务咨询费，项目可行性研究报告编制费，规范性文件和标书的翻译费用；购买规范性文件和标书等资料费；对外劳务合作，境外高新技术研发平台，对外设计咨询项目运营费用等。专项资金贴息内容包括境外投资、合作和对外工程承包等项目所发生的境内银行中长期贷款。

第六条　财政部、商务部以"通知"的方式，另行确定当年专项资金重点支持的领域和范围。

第七条　申请企业应具备以下基本条件：

（一）在中华人民共和国境内依法登记注册，具有独立法人资格；

（二）已取得国家有关部门批准（核准或备案）开展对外经济技术合作业务的书面文件；

（三）近五年来无严重违规违法行为，无恶意拖欠国家政府性资金行为；

（四）按规定报送统计资料。

第八条　申请项目应具备的基本条件：

（一）经国家有关部门批准、登记或备案。

（二）在项目所在国依法注册、登记或备案，项目依法生效。

（三）对外承包工程合同金额原则上不低于 500 万美元（或等值货币）；境外投资项目及农、林、渔业合作项目的中方投资额原则上不低于 100 万美元（或等值货币）；对外劳务合作、境外高新技术研发平台、对外设计咨询项目合同金额原则上不低于 50 万美元（或等值货币）。

（四）对于申请中长期贷款贴息的项目，还应具备：

1. 申请贴息贷款为一年以上（含一年）中长期境内银行贷款；

2. 贷款用于对外经济技术合作项目的建设及运营；

3. 单笔贷款金额不低于 300 万元人民币（或等值外币）；

4. 每一项目申请贴息的贷款额累计不超过中方投资总额或合同总额；

5. 一个项目可获得累计不超过 5 年的贴息支持。

（五）境外高新技术研发平台、对外劳务合作、对外设计咨询项目，实行定额运营费用资助方式，具体条件另行规定。

第九条　直接补助费用比例原则上不超过申请企业实际支付费用的 50%，一个项目只能享受一次支持。

第十条　中长期贷款的贴息标准：

（一）人民币贷款贴息率不超过中国人民银行公布执行的基准利率，实际利率低于基准利率的，不超过实际利率；

（二）外币贷款年贴息率不超过 3%，实际利率低于 3% 的，不超过实际利率。

第十一条　专项资金以人民币计算并支付。

第十二条　申请专项资金应提供如下申报材料：

（一）申请报告，包括项目基本情况、项目贷款或费用支出情况、项目预期收益情况分析等；

（二）国家批准开展对外经济技术合作业务的文件；

（三）申请企业近三年来的年度审计报告；

（四）费用支出凭证或付息结算清单（复印件应加盖单位公章）；

（五）驻外使（领）馆经商处出具的书面意见；

（六）要求报送的其他材料。

第十三条　企业报送的材料凡与申请有关的外文资料，须同时报送中文译本，并将所有申请资料按上述顺序装订成册。

第十四条　申报程序

（一）地方企业将本办法及"通知"规定的申报材料报送省级财政、商务部门。各省级财政和商务部门负责按本通知规定对申报材料进行初审后，于规定时间前联合报送财政部、商务部；

（二）中央企业将本办法及"通知"规定的申报材料于规定时间前分别报送财政部、商务部。

第十五条　财政部会同商务部委托中介机构对中央企业和地方上报的申请材料进行审核，确定费用补助金额和贴息金额。

第十六条　专项资金按照财政预算级次由财政部拨付。

第十七条　企业收到专项资金后，按相关财务规定处理。

第十八条　各有关企业要严格按国家规定管理和使用财政专项资金，并自觉接受财政、商务、审计等部门的监督检查。

第十九条　各有关单位要严格按国家规定的专项资金支持范围和时间等申报。任何单位不得以任何形式骗取和截留专项资金，对违反规定的，财政部、商务部将全额收回财政专项资金，取消以后年度申请资格，并按照《财政违法行为处罚处分条例》处理。

第二十条　本办法由财政部、商务部解释。

第二十一条　本办法自发布之日起施行。

附件 15

商务部 财政部关于做好 2013 年
对外投资合作专项资金申报工作的通知

（商合函［2013］450 号）

各中央管理企业、有关单位：

为加快实施"走出去"战略，促进我国对外投资合作发展，根据《财政部 商务部关于印发〈对外投资合作专项资金管理办法〉的通知》（财企［2013］124 号，以下简称《办法》），2013年对外投资合作专项资金继续对中央企业从事对外投资合作业务予以支持。现将有关事项通知如下：

一、2013 年支持的对外投资合作业务

（一）符合《办法》第五条（一）、（二）款规定的对外投资合作业务。

（二）重点支持以下对外投资合作业务：

1. 境外投资。支持重点是：制造业投资；农林牧渔业投资合作；电力、交通运输基础设施建设投资；电信服务业投资；能源资源开发投资合作。

2. 对外承包工程。支持重点是：特许经营类对外承包工程；使用中国工程技术标准和具有自主知识产权对外承包工程；新能源类对外承包工程；合同额超过 5 亿美元的特大型对外承包工程。

特许经营类对外承包工程包括：建设—运营—转让（BOT）及其衍生方式（BOOT 即建设—拥有—经营—移交、BOO 即建设—拥有—经营、BT 即建设—移交、TOT 即移交—经营—移交）或公共、私营领域合作（PPP）项目。

二、对外投资合作专项资金支持的方式及标准

（一）资本金投入。

对符合 2013 年重点支持的境外投资项目，按照不超过中方实际投资额的 30％给予资本金投入。

（二）直接补助。

1. 前期费用。

指我国企业为开展对外投资合作业务（不包括国内企业之间转让既有境外投资权益及增资项目），在项目所在国注册（登记）、购买资源权证或签订对外承包工程合同（协议）之前，为获得项目而发生的相关费用，具体包括以下内容：

（1）法律、技术及商务咨询费。指委托具有相应资格的专业机构为项目提供法律、技术、商务和投融资咨询服务所发生的支出。

（2）勘测、调查费。包括：项目勘察费（不包括油气、矿产资源勘探费）、论证费和规划费；渔业资源探捕所发生的购买探捕仪器设备费、代理费、船舶注册费和捕捞许可证费。

（3）项目可行性研究报告、安全评估报告编制费。指委托具有相应资格的专业机构编制项目建议书、预可研报告、可行性研究报告和项目安全评估报告所发生的支出。

对以上费用支出按照不超过申请企业实际支付费用的 50％给予每个项目一次性补助。

2. 资源回运运保费。

我国企业开展境外资源开发将其所获权益产量以内的农业（包括大豆、玉米、小麦、天然橡胶、棕榈油、棉花、木薯、剑麻）、林业、牧业、渔业和矿业（包括铁、铜、铝、铬、铅、镍、锌、钾、铀）等合作产品运回国内，对从境外起运地至国内口岸间的运保费，按照不超过企业实际支付费用的 50％给予补助。计算运保费的资源产品进口数量以海关统计数据为准。

企业实施对外承包工程项目换回的，不超过与外方签署的对

外承包工程合同总金额的资源产品，回运的运保费享受上述相同补助。

3. 企业投保海外投资保险的保费。

海外投资保险指企业为规避因境外投资可能遭受的政治风险而投保的保险业务。对企业开展对外投资合作业务投保海外投资保险所实际支付的保费给予不超过 50％的资助。

4. 特定国家及特定国家的特定地区安保费。

对在特定国家及特定国家的特定地区开展对外投资合作项目发生的对项目人员、营地、工地、办公和生活场所等设施以及项目物资押运进行安全保卫的费用，按照不超过企业实际支付费用的 50％给予补助。特定国家及特定国家的特定地区另行通知。

（三）贷款贴息。

对我国企业从事境外投资、对外农林牧渔矿业合作、对外承包工程，用于项目经营的 1 年以上（含 1 年）的贷款给予贴息。贷款可由我国企业或我国企业在境外设立的控股公司从境内外银行取得。

人民币贷款贴息率不超过中国人民银行公布的基准利率，实际利率低于基准利率的，不超过实际利率；外币贷款贴息率不超过 3％，实际利率低于 3％的，不超过实际利率。

具有对外承包工程经营资格的企业依据《对外承包工程管理条例》分包的对外承包工程项目可享受贷款贴息。

享受资本金投入的项目不再享受贷款贴息。已累计 5 年享受专项资金贷款贴息支持的项目，不再给予贴息。

三、申请企业应具备的条件

申请企业必须具备《办法》第七条规定的基本条件，按照《对外直接投资统计制度》（商合函［2012］1129 号）、《对外承包工程业务统计制度》（商合函［2012］1105 号），向对外投资合作业务主管部门报送所开展业务的统计资料。同时应满足以下条件：

（一）已纳入中央国有资本经营预算实施范围；

（二）在本通知规定的申报截止日前，已缴回拖欠的应缴还财政资金借款本金。

四、申请项目应具备条件

申请项目必须具备《办法》第八条规定的基本条件，同时应满足以下条件：

（一）申请资本金投入的项目为中央企业"对外投资合作重点项目库"入库项目。

（二）申请其他方式支持的项目，在同等条件下优先安排中央企业"对外投资合作重点项目库"入库项目。

（三）申请项目金额标准。

1. 境外投资项目及对外矿业合作项目中方投资额或合作金额不低于1 000万美元（或等值货币），申请贷款贴息项目单笔贷款金额不低于500万元人民币。其中：

申请资本金投入的能源资源开发投资项目2012年中方实际投资额不低于2亿美元（或等值货币），其它投资项目2012年中方实际投资额不低于5 000万美元（或等值货币）；

境外农林牧渔业合作、境外研发中心项目中方投资合作金额不低于100万美元（或等值货币），申请贷款贴息项目单笔贷款金额不低于200万元人民币（或等值货币）。

2. 对外承包工程项目合同金额不低于1 000万美元（或等值货币），申请贷款贴息项目单笔贷款金额不低于500万元人民币（或等值货币）。其中：

对外设计咨询项目合同金额不低于100万美元（或等值货币），申请贷款贴息项目单笔贷款金额不低于200万元人民币（或等值货币）。

（四）申请项目适用时间。

1. 申请资本金投入的项目。实际投资额应发生在2012年1月1日至2012年12月31日。

2. 申请前期费用的项目。新设类项目的境外注册（登记）时间、并购类项目和对外承包工程项目的合同生效时间，以及境外农林牧渔矿业合作项目的合同（协议）生效时间、取得资源权证、捕鱼许可证时间或租赁土地合同（协议）生效时间应在 2011 年 1 月 1 日至 2012 年 12 月 31 日。

3. 申请资源回运运保费补助的项目。项目合同（协议）在 2012 年 1 月 1 日至 2012 年 12 月 31 日正在执行，并在此期间内运回权益内的资源产品（以海关报关单为准）。

4. 申请海外投资保险保费资助的项目。项目在 2012 年 1 月 1 日至 2012 年 12 月 31 日正在执行，实际保费在上述时间内发生并支付。

5. 申请特定国家安保费补助的项目。项目在 2012 年 1 月 1 日至 2012 年 12 月 31 日正在执行，实际安保费在上述时间内发生并支付。

6. 申请贷款贴息的项目。项目合同和贷款合同在 2012 年 1 月 1 日至 2012 年 12 月 31 日正在执行，并在本通知规定的申报截止日前已支付此期间利息。

五、申报程序

（一）各中央企业通过中央企业集团或有关部门汇总申请材料（包括要求提供的电子版表格）。申报材料须按照 2013 年对外投资合作专项资金申报指南及说明（附件 1、2）的有关要求提供。

（二）中央企业集团、有关部门将资金申请文件、申报项目初审意见汇总表（附件 9）一式两份分别报送商务部（合作司）和财政部（企业司），其余材料一式一份，按《中央党政机关、人民团体及其他机构代码》（GB/T4657—2002），代码号为 598 之前的企业送商务部外贸发展局，代码号为 600 之后的送商务部投资促进局，附件 5、6、7、9 须同时报送电子文档（光盘）。报送截止时间为 2013 年 8 月 15 日，逾期将不予受理。

（三）商务部、财政部委托中介机构对中央企业申报材料进行审核后，确定支持项目和金额，并由财政部根据国库管理制度规定将专项资金拨付到中央企业和有关单位。

（四）2013 年已申报相同性质的其他中央财政专项资金支持的项目，不得重复申请本年度对外投资合作专项资金支持。

中央企业集团、有关部门要切实履行责任，认真审核上报材料，确保材料完整、真实、准确。企业申请材料要按相关规定妥善保管，以备核查。商务部、财政部将随机抽取相关材料的原件进行审核。

附件：1. 2013 年中央企业对外投资合作专项资金申报指南

2. 2013 年中央企业对外投资合作专项资金申报指南说明

3. 2013 年中央企业申报项目明细表

4. 2013 年驻外经商机构意见表

5. 2013 年中央企业申请直接补助项目基本情况及费用支出情况明细表

6. 2013 年中央企业申请资源回运费用单据明细表

7. 2013 年中央企业申请贴息项目基本情况表

8. 2012 年度银行贷款收息结算情况表

9. 2013 年中央企业申报项目初审意见汇总表

10. 2013 年中央企业申报资料初审确认表

附件 16

境外投资项目申请报告示范大纲

（发改外资［2007］746号）

为规范境外投资项目申请报告的编制，做好境外投资项目核准工作，国家发展改革委于 2007 年 4 月颁布了《境外投资项目申请报告示范大纲》。

《境外投资项目申请报告示范大纲》以国家发展改革委第 21 号令为依据，分为项目名称、投资方情况、必要性分析、项目背景及投资环境情况、项目内容、项目合作及资金情况、项目风险分析、其他事项、附件目录等九个部分，就境外投资项目申请报告的主要内容提出了具体要求，为项目单位编制项目申请报告提供了有效的指导和帮助。该《示范大纲》主要适用于限额以上境外投资项目，限额以下境外投资项目可根据项目情况参照执行。该大纲的编制一方面规范了国内企业的境外投资行为，另一方面也对于国内企业的境外投资起了指导性的作用。

一、项目名称

二、投资方情况

（一）主要投资方基本情况：包括企业全称、主要经营范围、注册地、注册资本、企业性质、股权结构、资产负债状况、主要股东情况；

（二）主要投资方基本经营情况：包括企业近三年主要业务规模和经营情况，主要产品生产能力、实际生产规模、国内外销售情况，企业近三年主要财务指标；

（三）主要投资方相关实力和优势分析，在国内外投资类似项目简要情况；

（四）其他投资方简要情况：包括注册地、注册资本、企业性质、主要业务规模和经营状况、资产、负债、收入、利润等方面情况。

三、必要性分析

（一）投资目的：项目相关行业国内外情况，例如产品国内外供求情况及预测、产品进口情况及预测、行业未来发展等，说明项目对各投资方的必要性和意义，包括项目与投资方国内项目的关系、与企业发展战略的关系等；

（二）社会意义：包括与我国相关产业发展的关系，与我国境外投资战略和境外投资产业政策的关系等。

四、项目背景及投资环境情况

（一）项目背景：包括投资方介入前项目基本情况，外方合作者基本情况，投资方如何介入项目，投资方对外考察、尽职调查、与外方谈判、其他竞争投资者等情况，与所在国家和当地政府沟通情况等；

（二）投资环境情况：包括所在国家及当地政治、经济情况，与项目有关的税收、外汇、进出口、外资利用、资源开发、行业准入、环境保护、劳工等法律法规情况，当地相关行业及市场状况；涉及资源开发的，还应说明所在国家有关资源的储量、品质、勘探、开采情况；

（三）项目的外部意见及影响：包括所在国中央和地方政府的意见，当地社区的意见，项目对所在国家和地区社会、经济发展可能产生的影响等。

五、项目内容

建设类项目

（一）建设内容：包括建设地点、建设规模、建设期限、进度安排、技术方案、建设方案、需要建设的配套设施等；涉及资源开发的，还应说明可开发资源量、品位、中方可获权益资源量及开发方案等；

（二）主要产品及目标市场：包括项目主要产品及规模，产品目标市场及销售方案；

（三）相关配套条件落实情况：包括项目道路、铁路、港口、能源供应等相关基础设施配套情况及安排，项目土地情况及安排，项目满足当地环保要求措施，项目在劳动力供应和安全方面的安排和措施，加工类项目应说明项目原料来源的情况；

（四）财务效益指标：包括项目总销售收入、利润、投资回收期、内部收益率等财务预测指标，以及中方投资回收期及回报率等预测指标。

并购类项目

（一）被收购对象情况：股权收购类项目应包括被收购企业全称（中英文）、主要经营范围、注册地、注册资本、生产情况、经营情况及资产与负债等财务状况，股权结构、上市情况及最新股市表现、主要股东简况，被收购企业及其产品、技术在同行业所处地位、发展状况等；资产收购类项目应包括被收购资产构成，专业中介机构确定的评估价，资产所有者基本情况等。

（二）收购方案：包括收购标的、收购价格（说明定价方法及主要参数）、实施主体、交易方式、收购进度安排、对其他竞争者的应对设想等。

（注：并购类项目同时包括投资建设方面内容的，还应说明建设类项目所要求的各项内容，并说明项目综合财务效益指标。）

六、项目合作及资金情况

（一）项目合作方案：包括项目各方股比、出资形式、合作方式、收入和利润分配、产品分配、其他合作内容；

（二）项目资金运用：包括项目总投资，建设类项目的前期费用（中介费、勘探费等）、工程建设资金及其使用构成、流动资金的使用等，并购类项目的收购前期费用、收购资金及其使用构成，中方投资额及其使用构成等；

（三）项目资金筹措：包括项目资本金及各方出资，银行贷款及其他社会融资的构成与来源，项目用汇金额及来源等。

七、项目风险分析

分析项目可能存在的风险及不确定性，并提出防范风险的相关措施：国别风险、法律及政策风险、市场风险、建设风险、外汇风险、环保风险、矿权及资源量风险、劳工风险、项目可能面临的其他风险；股权收购类项目还应分析企业运营风险。

八、其他事项

（一）项目是否存在需要解决的问题；

（二）实施项目的下一步工作计划。

九、附件目录

（一）《境外投资项目核准暂行管理办法》（国家发展改革委第 21 号令）第十七条要求随项目申请报告提供的有关文件；

（二）需要提供的其他相关证明文件。

附件 17

中央企业投资监督管理暂行办法

（国务院国有资产监督管理委员会令第 16 号）

第一条 为依法履行出资人职责，规范中央企业投资活动，提高中央企业投资决策的科学性和民主性，有效防范投资风险，根据《中华人民共和国公司法》、《企业国有资产监督管理暂行条例》等法律法规，制定本办法。

第二条 本办法所称中央企业，是指国务院国有资产监督管理委员会（以下简称国资委）履行出资人职责的企业（以下简称企业）。

第三条 本办法所称的投资主要包括企业在境内的下列投资活动：

（一）固定资产投资；

（二）产权收购；

（三）长期股权投资。

第四条 国资委依法对企业投资活动进行监督管理，指导企业建立健全投资决策程序和管理制度。

第五条 企业是投资活动的主体，企业必须制定并执行投资决策程序和管理制度，建立健全相应的管理机构，并报国资委备案。

第六条 企业投资活动和国资委对企业投资活动的监督管理应当遵循以下原则：

（一）符合国家发展规划和产业政策；

（二）符合企业布局和结构调整方向；

（三）符合企业发展战略与规划；

（四）突出主业，有利于提高企业核心竞争能力；

（五）非主业投资应当符合企业调整、改革方向，不影响主业的发展；

（六）符合企业投资决策程序和管理制度；

（七）投资规模应当与企业资产经营规模、资产负债水平和实际筹资能力相适应；

（八）充分进行科学论证，预期投资收益应不低于国内同行业同期平均水平。

主业是指由企业发展战略和规划确定的并经国资委确认公布的主要经营业务；非主业是指主业以外的其他经营业务。

第七条　企业应当依据其发展战略和规划编制年度投资计划，企业的主要投资活动应当纳入年度投资计划。

企业年度投资计划应当主要包括下列内容：

（一）总投资规模、资金来源与构成；

（二）主业与非主业投资规模；

（三）投资项目基本情况（包括项目内容、投资额、资金构成、投资预期收益、实施年限等）。

企业年度投资计划中的投资项目是指按照企业投资管理制度规定由董事会或总经理办公会议研究决定的投资项目（包括子企业投资项目）。

第八条　企业应当按国资委要求，在规定时间内报送年度投资计划。

企业年度投资计划的统一报送格式、报送时限等要求，由国资委另行规定。

第九条　国资委对企业投资活动实行分类监督管理：

（一）按照国资委有关规定建立规范董事会的国有独资公司，国资委依据企业年度投资计划对投资项目实行备案管理。

（二）未建立规范董事会的国有独资企业、国有独资公司，国资委依据企业年度投资计划对主业投资项目实行备案管理；对非主业投资项目实行审核，在 20 个工作日内作出审核决定。

（三）国有控股公司，应按照本办法的规定向国资委报送企业年度投资计划。

（四）其他类型的企业，参照国有控股公司执行。

第十条　企业在年度投资计划外追加项目，应当及时将有关情况报告国资委，国资委按本办法第九条规定管理。

第十一条　企业对以下重大投资事项应当及时向国资委报告：

（一）按国家现行投资管理规定，需由国务院批准的投资项目，或者需由国务院有关部门批（核）准的投资项目，企业应当在上报国务院或国务院有关部门的同时，将其有关文件抄送国资委。

（二）企业投资项目实施过程中出现下列情形的，应当重新履行投资决策程序，并将决策意见及时书面报告国资委：

1. 对投资额、资金来源及构成进行重大调整，致使企业负债过高，超出企业承受能力或影响企业正常发展的；

2. 股权结构发生重大变化，导致企业控制权转移的；

3. 投资合作方严重违约，损害出资人权益的。

（三）需报告国资委的其他重大投资事项。

第十二条　国资委建立企业投资统计分析制度，企业应当按照国资委要求报送年度投资完成情况和分析材料，其中部分重点企业应当报送季度投资完成情况。

第十三条　企业应当对投资项目实施后评价管理，具体工作内容与要求，参照《中央企业固定资产投资项目后评价工作指南》执行。国资委根据需要，对企业已完成的投资项目，有选择地开展项目后评价。

第十四条　国资委对企业依据本办法报送的资料负有保密义务。

第十五条　企业违反本办法和其投资决策程序规定的，国资委应当责令其改正；情节严重、致使企业遭受重大损失的，依照有关规定追究企业有关人员的责任。

国资委相关责任人员违反本办法规定的，国资委应当责令其改正；情节严重的，依法给予行政处分。

第十六条　企业境外投资监督管理的具体规定，由国资委另行制定。

第十七条　本办法由国资委负责解释。

第十八条　本办法自 2006 年 7 月 1 日起施行。

附件 18

关于进一步规范中央企业投资管理的通知

（国资发规划〔2007〕114 号）

《中央企业投资监督管理暂行办法》（国资委令第 16 号，以下简称《办法》）公布实施以来，大多数企业认真贯彻执行有关规定，进一步修订完善了企业投资管理制度，严格履行投资决策程序，有效规避了投资风险。但是，一个时期来，部分企业投资活动出现了一些问题：有的企业在负债率过高、超出企业财务承受能力的情况下，仍在盲目扩大投资规模；有的企业违规使用银行信贷资金投资股票和房地产等；有的企业进行非主业投资、境外投资、计划外追加项目和高风险领域投资活动，不按规定向国资委报告等。为进一步规范中央企业投资管理，有效规避投资风险，现将有关要求重申如下：

一、严格执行企业重大投资活动报告制度。

对中央企业投资活动进行监管是国资委依法履行出资人职责的重要内容。按照《办法》及其实施细则有关规定，企业发生以下重大投资活动，须及时向国资委报告（审核、备案）并报送有关材料和情况：

（一）企业非主业投资，包括非主业性质的房地产、金融、证券和保险业投资等；

（二）企业境外投资；

（三）需由国务院批准的投资项目或者需由国务院有关部门批（核）准的投资项目；

（四）企业年度计划以外追加的重大投资项目等。

二、加强企业投资风险管理与控制。

企业应切实加强投资风险管理与控制，投资决策过程中，应严格遵守《办法》有关规定：

（一）企业总投资规模应控制在合理负债率之内；

（二）非主业投资规模应控制在企业发展规划提出的合理范围之内；

（三）严禁违规使用银行信贷资金。

三、严格落实责任追究制度。

为加强中央企业投资管理，对于违反投资管理有关规定的企业将严肃追究有关责任人的责任。

（一）企业投资活动不按照有关规定向国资委报告的，将对企业进行谈话提醒或通报批评，情节严重的将给予相关责任人纪律处分。

（二）企业违规使用银行信贷资金投资证券和房地产业的，国资委将对企业进行通报批评并给予相关责任人纪律处分。

（三）对未履行或未正确履行企业投资决策程序和管理制度，造成重大资产损失的，将依法追究企业相关责任人的责任；涉嫌犯罪的，依法移送司法机关处理。

请各企业按照本通知要求和《办法》的有关规定，对 2006 年以来本企业的投资情况，认真开展一次自查工作，对存在的问题要及时进行整改，进一步健全企业投资管理制度，并将有关情况报告国资委。

国务院国有资产监督管理委员会

二〇〇七年六月二十七日

附件 19

中央企业境外国有资产监督管理暂行办法

（国务院国有资产监督管理委员会令第 26 号）

第一章　总　则

第一条　为加强国务院国有资产监督管理委员会（以下简称国资委）履行出资人职责的企业（以下简称中央企业）境外国有资产监督管理，规范境外企业经营行为，维护境外国有资产权益，防止国有资产流失，根据《中华人民共和国企业国有资产法》和《企业国有资产监督管理暂行条例》及相关法律、行政法规，制定本办法。

第二条　本办法适用于中央企业及其各级独资、控股子企业（以下简称各级子企业）在境外以各种形式出资所形成的国有权益的监督管理。

本办法所称境外企业，是指中央企业及其各级子企业在我国境外以及香港特别行政区、澳门特别行政区和台湾地区依据当地法律出资设立的独资及控股企业。

第三条　国资委依法对中央企业境外国有资产履行下列监督管理职责：

（一）制定中央企业境外国有资产监督管理制度，并负责组织实施和监督检查；

（二）组织开展中央企业境外国有资产产权登记、资产统计、清产核资、资产评估和绩效评价等基础管理工作；

（三）督促、指导中央企业建立健全境外国有资产经营责任体系，落实国有资产保值增值责任；

（四）依法监督管理中央企业境外投资、境外国有资产经营管理重大事项，组织协调处理境外企业重大突发事件；

（五）按照《中央企业资产损失责任追究暂行办法》组织开展境外企业重大资产损失责任追究工作；

（六）法律、行政法规以及国有资产监督管理有关规定赋予的其他职责。

第四条　中央企业依法对所属境外企业国有资产履行下列监督管理职责：

（一）依法审核决定境外企业重大事项，组织开展境外企业国有资产基础管理工作；

（二）建立健全境外企业监管的规章制度及内部控制和风险防范机制；

（三）建立健全境外国有资产经营责任体系，对境外企业经营行为进行评价和监督，落实国有资产保值增值责任；

（四）按照《中央企业资产损失责任追究暂行办法》规定，负责或者配合国资委开展所属境外企业重大资产损失责任追究工作；

（五）协调处理所属境外企业突发事件；

（六）法律、行政法规以及国有资产监督管理有关规定赋予的其他职责。

第五条　中央企业及其各级子企业依法对境外企业享有资产收益、参与重大决策和选择管理者等出资人权利，依法制定或者参与制定其出资的境外企业章程。

中央企业及其各级子企业应当依法参与其出资的境外参股、联营、合作企业重大事项管理。

第二章　境外出资管理

第六条　中央企业应当建立健全境外出资管理制度，对境外出资实行集中管理，统一规划。

第七条　境外出资应当遵守法律、行政法规、国有资产监督管理有关规定和所在国（地区）法律，符合国民经济和社会发展规划及产业政策，符合国有经济布局和结构调整方向，符合中央企业发展战略和规划。

中央企业及其重要子企业收购、兼并境外上市公司以及重大境外出资行为应当依照法定程序报国资委备案或者核准。

第八条　境外出资应当进行可行性研究和尽职调查，评估企业财务承受能力和经营管理能力，防范经营、管理、资金、法律等风险。境外出资原则上不得设立承担无限责任的经营实体。

第九条　以非货币资产向境外出资的，应当依法进行资产评估并按照有关规定备案或者核准。

第十条　境外出资形成的产权应当由中央企业或者其各级子企业持有。根据境外相关法律规定须以个人名义持有的，应当统一由中央企业依据有关规定决定或者批准，依法办理委托出资、代持等保全国有资产的法律手续，并以书面形式报告国资委。

第十一条　中央企业应当建立健全离岸公司管理制度，规范离岸公司设立程序，加强离岸公司资金管理。新设离岸公司的，应当由中央企业决定或者批准并以书面形式报告国资委。已无存续必要的离岸公司，应当依法予以注销。

第十二条　中央企业应当将境外企业纳入本企业全面预算管理体系，明确境外企业年度预算目标，加强对境外企业重大经营事项的预算控制，及时掌握境外企业预算执行情况。

第十三条　中央企业应当将境外资金纳入本企业统一的资金管理体系，明确界定境外资金调度与使用的权限与责任，加强日常监控。具备条件的中央企业应当对境外资金实施集中管理和调度。

中央企业应当建立境外大额资金调度管控制度，对境外临时资金集中账户的资金运作实施严格审批和监督检查，定期向国资委报告境外大额资金的管理和运作情况。

第十四条　中央企业应当加强境外金融衍生业务的统一管理，明确决策程序、授权权限和操作流程，规定年度交易量、交易权限和交易流程等重要事项，并按照相关规定报国资委备案或者核准。从事境外期货、期权、远期、掉期等金融衍生业务应当严守套期保值原则，完善风险管理规定，禁止投机行为。

第十五条　中央企业应当建立外派人员管理制度，明确岗位职责、工作纪律、工资薪酬等规定，建立外派境外企业经营管理人员的定期述职和履职评估制度。

中央企业应当按照属地化管理原则，统筹境内外薪酬管理制度。不具备属地化管理条件的，中央企业应当按照法律法规有关规定，结合属地的实际情况，制定统一的外派人员薪酬管理办法，报国资委备案。

第三章　境外企业管理

第十六条　中央企业是所属境外企业监督管理的责任主体。境外企业应当定期向中央企业报告境外国有资产总量、结构、变动、收益等汇总分析情况。

第十七条　境外企业应当建立完善法人治理结构，健全资产分类管理制度和内部控制机制，定期开展资产清查，加强风险管理，对其运营管理的国有资产承担保值增值责任。

第十八条　境外企业应当依据有关规定建立健全境外国有产权管理制度，明确负责机构和工作责任，切实加强境外国有产权管理。

第十九条　境外企业应当加强投资管理，严格按照中央企业内部管理制度办理相关手续。

第二十条　境外企业应当加强预算管理，严格执行经股东（大）会、董事会或章程规定的相关权力机构审议通过的年度预算方案，加强成本费用管理，严格控制预算外支出。

第二十一条　境外企业应当建立健全法律风险防范机制，严格执行重大决策、合同的审核与管理程序。

第二十二条 境外企业应当遵循中央企业确定的融资权限。非金融类境外企业不得为其所属中央企业系统之外的企业或个人进行任何形式的融资、拆借资金或者提供担保。

第二十三条 境外企业应当加强资金管理，明确资金使用管理权限，严格执行企业主要负责人与财务负责人联签制度，大额资金支出和调度应当符合中央企业规定的审批程序和权限。

境外企业应当选择信誉良好并具有相应资质的银行作为开户行，不得以个人名义开设账户，但所在国（地区）法律另有规定的除外。境外企业账户不得转借个人或者其他机构使用。

第二十四条 境外企业应当按照法律、行政法规以及国有资产监督管理有关规定和企业章程，在符合所在国（地区）法律规定的条件下，及时、足额向出资人分配利润。

第二十五条 境外企业应当建立和完善会计核算制度，会计账簿及财务报告应当真实、完整、及时地反映企业经营成果、财务状况和资金收支情况。

第二十六条 境外企业应当通过法定程序聘请具有资质的外部审计机构对年度财务报告进行审计。暂不具备条件的，由中央企业内部审计机构进行审计。

第四章　境外企业重大事项管理

第二十七条 中央企业应当依法建立健全境外企业重大事项管理制度和报告制度，加强对境外企业重大事项的管理。

第二十八条 中央企业应当明确境外出资企业股东代表的选任条件、职责权限、报告程序和考核奖惩办法，委派股东代表参加境外企业的股东（大）会会议。股东代表应当按照委派企业的指示提出议案、发表意见、行使表决权，并将其履行职责的情况和结果及时报告委派企业。

第二十九条 境外企业有下列重大事项之一的，应当按照法定程序报中央企业核准：

（一）增加或者减少注册资本，合并、分立、解散、清算、申请破产或者变更企业组织形式；

（二）年度财务预算方案、决算方案、利润分配方案和弥补亏损方案；

（三）发行公司债券或者股票等融资活动；

（四）收购、股权投资、理财业务以及开展金融衍生业务；

（五）对外担保、对外捐赠事项；

（六）重要资产处置、产权转让；

（七）开立、变更、撤并银行账户；

（八）企业章程规定的其他事项。

第三十条　境外企业转让国有资产，导致中央企业重要子企业由国有独资转为绝对控股、绝对控股转为相对控股或者失去控股地位的，应当按照有关规定报国资委审核同意。

第三十一条　境外企业发生以下有重大影响的突发事件，应当立即报告中央企业；影响特别重大的，应当通过中央企业在24小时内向国资委报告。

（一）银行账户或者境外款项被冻结；

（二）开户银行或者存款所在的金融机构破产；

（三）重大资产损失；

（四）发生战争、重大自然灾害、重大群体性事件，以及危及人身或者财产安全的重大突发事件；

（五）受到所在国（地区）监管部门处罚产生重大不良影响；

（六）其他有重大影响的事件。

第五章　境外国有资产监督

第三十二条　国资委应当将境外企业纳入中央企业业绩考核和绩效评价范围，定期组织开展境外企业抽查审计，综合评判中央企业经营成果。

第三十三条　中央企业应当定期对境外企业经营管理、内部控制、会计信息以及国有资产运营等情况进行监督检查，建立境外企业生产经营和财务状况信息报告制度，按照规定向国资委报告有关境外企业财产状况、生产经营状况和境外国有资产总量、结构、变动、收益等情况。

第三十四条　中央企业应当加强对境外企业中方负责人的考核评价，开展任期及离任经济责任审计，并出具审计报告。重要境外企业中方负责人的经济责任审计报告应当报国资委备案。

第三十五条　国家出资企业监事会依照法律、行政法规以及国有资产监督管理有关规定，对中央企业境外国有资产进行监督检查，根据需要组织开展专项检查。

第六章　法律责任

第三十六条　境外企业有下列情形之一的，中央企业应当按照法律、行政法规以及国有资产监督管理有关规定，追究有关责任人的责任：

（一）违规为其所属中央企业系统之外的企业或者个人进行融资或者提供担保，出借银行账户；

（二）越权或者未按规定程序进行投资、调度和使用资金、处置资产；

（三）内部控制和风险防范存在严重缺陷；

（四）会计信息不真实，存有账外业务和账外资产；

（五）通过不正当交易转移利润；

（六）挪用或者截留应缴收益；

（七）未按本规定及时报告重大事项。

第三十七条　中央企业有下列情形之一，国资委应当按照法律、行政法规以及国有资产监督管理有关规定，追究相关责任人的责任：

（一）未建立境外企业国有资产监管制度；

（二）未按本办法规定履行有关核准备案程序；

（三）未按本办法规定及时报告重大事项；

（四）对境外企业管理失控，造成国有资产损失。

第七章　附　则

第三十八条　中央企业及其各级子企业在境外设立的各类分支机构的国有资产的监督和管理参照本办法执行。

第三十九条　地方国有资产监督管理机构可以参照本办法制定所出资企业境外国有资产管理制度。

第四十条　本办法自 2011 年 7 月 1 日起施行。

附件 20

中央企业境外国有产权管理暂行办法

（国务院国有资产监督管理委员会令第 27 号）

第一条　为加强和规范中央企业境外国有产权管理，根据《中华人民共和国企业国有资产法》、《企业国有资产监督管理暂行条例》（国务院令第 378 号）和国家有关法律、行政法规的规定，制定本办法。

第二条　国务院国有资产监督管理委员会（以下简称国资委）履行出资人职责的企业（以下简称中央企业）及其各级独资、控股子企业（以下简称各级子企业）持有的境外国有产权管理适用本办法。国家法律、行政法规另有规定的，从其规定。

本办法所称境外国有产权是指中央企业及其各级子企业以各种形式对境外企业出资所形成的权益。

前款所称境外企业，是指中央企业及其各级子企业在我国境外以及香港特别行政区、澳门特别行政区和台湾地区依据当地法律出资设立的企业。

第三条　中央企业是其境外国有产权管理的责任主体，应当依照我国法律、行政法规建立健全境外国有产权管理制度，同时遵守境外注册地和上市地的相关法律规定，规范境外国有产权管理行为。

第四条　中央企业应当完善境外企业治理结构，强化境外企业章程管理，优化境外国有产权配置，保障境外国有产权安全。

第五条　中央企业及其各级子企业独资或者控股的境外企业所持有的境内国有产权的管理，比照国资委境内国有产权管理的相关规定执行。

第六条　境外国有产权应当由中央企业或者其各级子企业持有。境外企业注册地相关法律规定须以个人名义持有的，应当统一由中央企业依据有关规定决定或者批准，依法办理委托出资等保全国有产权的法律手续，并以书面形式报告国资委。

第七条　中央企业应当加强对离岸公司等特殊目的公司的管理。因重组、上市、转让或者经营管理需要设立特殊目的公司的，应当由中央企业决定或者批准并以书面形式报告国资委。已无存续必要的特殊目的公司，应当及时依法予以注销。

第八条　中央企业及其各级子企业发生以下事项时，应当由中央企业统一向国资委申办产权登记：

（一）以投资、分立、合并等方式新设境外企业，或者以收购、投资入股等方式首次取得境外企业产权的；

（二）境外企业名称、注册地、注册资本、主营业务范围等企业基本信息发生改变，或者因企业出资人、出资额、出资比例等变化导致境外企业产权状况发生改变的；

（三）境外企业解散、破产，或者因产权转让、减资等原因不再保留国有产权的；

（四）其他需要办理产权登记的情形。

第九条　中央企业及其各级子企业以其拥有的境内国有产权向境外企业注资或者转让，或者以其拥有的境外国有产权向境内企业注资或者转让，应当依照《企业国有资产评估管理暂行办法》（国资委令第12号）等相关规定，聘请具有相应资质的境内评估机构对标的物进行评估，并办理评估备案或者核准。

第十条　中央企业及其各级子企业独资或者控股的境外企业在境外发生转让或者受让产权、以非货币资产出资、非上市公司国有股东股权比例变动、合并分立、解散清算等经济行为时，应当聘请具有相应资质、专业经验和良好信誉的专业机构对标的物进行评估或者估值，评估项目或者估值情况应当由中央企业备案；涉及中央企业重要子企业由国有独资转为绝对控股、绝对控股转为相对控股或者失去控股地位等经济行为的，评估项目或者估值情况应当报国资委备案或者核准。

中央企业及其各级子企业独资或者控股的境外企业在进行与评估或者估值相应的经济行为时，其交易对价应当以经备案的评估或者估值结果为基准。

第十一条 境外国有产权转让等涉及国有产权变动的事项，由中央企业决定或者批准，并按国家有关法律和法规办理相关手续。其中，中央企业重要子企业由国有独资转为绝对控股、绝对控股转为相对控股或者失去控股地位的，应当报国资委审核同意。

第十二条 中央企业及其各级子企业转让境外国有产权，要多方比选意向受让方。具备条件的，应当公开征集意向受让方并竞价转让，或者进入中央企业国有产权转让交易试点机构挂牌交易。

第十三条 中央企业在本企业内部实施资产重组，转让方为中央企业及其直接或者间接全资拥有的境外企业，受让方为中央企业及其直接或者间接全资拥有的境内外企业的，转让价格可以以评估或者审计确认的净资产值为底价确定。

第十四条 境外国有产权转让价款应当按照产权转让合同约定支付，原则上应当一次付清。确需采取分期付款的，受让方须提供合法的担保。

第十五条 中央企业及其各级子企业独资或者控股的境外企业在境外首次公开发行股票，或者中央企业及其各级子企业所持有的境外注册并上市公司的股份发生变动的，由中央企业按照证券监管法律、法规决定或者批准，并将有关情况以书面形式报告国资委。境外注册并上市公司属于中央企业重要子企业的，上述事项应当由中央企业按照《国有股东转让所持上市公司股份管理暂行办法》（国资委令第 19 号）等相关规定报国资委审核同意或者备案。

第十六条　中央企业应当按照本办法落实境外国有产权管理工作责任，完善档案管理，并及时将本企业境外国有产权管理制度、负责机构等相关情况以书面形式报告国资委。

第十七条　中央企业应当每年对各级子企业执行本办法的情况进行监督检查，并及时将检查情况以书面形式报告国资委。

国资委对中央企业境外国有产权管理情况进行不定期抽查。

第十八条　中央企业及其各级子企业有关责任人员违反国家法律、法规和本办法规定，未履行对境外国有产权的监管责任，导致国有资产损失的，由有关部门按照干部管理权限和有关法律法规给予处分；涉嫌犯罪的，依法移交司法机关处理。

第十九条　地方国有资产监督管理机构可以参照本办法制定所出资企业境外国有产权管理制度。

第二十条　本办法自 2011 年 7 月 1 日起施行。

附件 21

中央企业境外投资监督管理暂行办法

（国务院国有资产监督管理委员会令第 28 号）

第一条　为加强国务院国有资产监督管理委员会（以下简称国资委）履行出资人职责的企业（以下简称中央企业）境外投资监督管理，促进中央企业开展国际化经营，引导和规范中央企业境外投资活动，根据《中华人民共和国企业国有资产法》、《中华人民共和国公司法》和《企业国有资产监督管理暂行条例》等法律、行政法规，制定本办法。

第二条　本办法所称境外投资，是指中央企业及其各级独资、控股子企业（以下简称各级子企业）在我国境外以及香港特别行政区、澳门特别行政区和台湾地区的固定资产投资、股权投资等投资行为。

第三条　国资委依法对中央企业境外投资进行监督管理，督促中央企业建立健全境外投资管理制度，引导中央企业防范境外投资风险，指导中央企业之间加强境外投资合作，避免恶性竞争。

第四条　中央企业应当根据企业国际化经营战略需要制定境外投资规划，建立健全企业境外投资管理制度，提高决策质量和风险防范水平，组织开展定期审计，加强境外投资管理机构和人才队伍建设，加强对各级子企业境外投资活动的监督和指导。

中央企业各级子企业应当依法建立健全境外投资管理制度，严格遵守中央企业境外投资管理规定，加强境外投资决策和实施的管理。

第五条　境外投资应当遵循以下原则：

（一）符合国民经济和社会发展规划和境外投资产业政策；

（二）符合国有经济布局和结构调整方向；

（三）符合企业发展战略和国际化经营战略，突出主业，有利于提高企业的国际竞争力；

（四）投资规模与企业资产经营规模、资产负债水平、实际筹资能力和财务承受能力相适应；

（五）遵守投资所在国（地区）法律和政策，尊重当地习俗。

第六条　中央企业境外投资管理制度应当报国资委备案。境外投资管理制度应当包括下列主要内容：

（一）境外投资指导方针和原则；

（二）境外投资管理机构及其职责；

（三）境外投资决策程序和管理流程；

（四）境外投资风险管理制度；

（五）境外投资评价、考核、审计及责任追究制度；

（六）对所属企业境外投资的监督管理制度。

第七条　中央企业应当根据境外投资规划编制年度境外投资计划，并按照有关要求按时报送国资委。

年度境外投资计划应当包括下列主要内容：

（一）境外投资总规模、资金来源与构成；

（二）重点投资项目基本情况（包括项目背景、项目内容、股权结构、投资地点、投资额、融资方案、实施年限、风险分析及投资效益等）。

重点投资项目是指中央企业按照内部境外投资管理制度规定，由其最高投资决策机构研究决定的中央企业及其各级子企业投资的项目。

第八条　列入中央企业年度境外投资计划的主业重点投资项目，国资委实行备案。对境外投资项目有异议的，国资委应当及时向企业出具书面意见。

第九条　未列入中央企业年度境外投资计划，需要追加的主业重点投资项目，中央企业应在履行企业内部投资决策程序后报送国资委备案，对项目有异议的，国资委应当在 20 个工作日内向企业出具书面意见。

第十条　中央企业原则上不得在境外从事非主业投资。有特殊原因确需投资的，应当经国资委核准。中央企业应向国资委报送下列核准材料：

（一）申请核准非主业投资的请示；

（二）中央企业对非主业投资项目的有关决策文件；

（三）非主业投资项目可行性研究报告、尽职调查等相关文件；

（四）非主业投资项目风险评估、风险控制和风险防范报告；

（五）其他必要材料。

国资委依据相关法律、法规和国有资产监管规定，主要从非主业投资项目实施的必要性、对企业发展战略和主业发展的影响程度、企业投资承受能力和风险控制能力等方面予以审核，在 20 个工作日内出具书面意见。

第十一条　在重点投资项目实施过程中，出现项目内容发生实质改变、投资额重大调整和投资对象股权结构重大变化等重要情况时，中央企业应当及时报告国资委。

第十二条　根据国家境外投资管理有关规定，需要由国务院或国务院有关部门决定、批（核）准的境外投资项目，中央企业应当将有关报批文件同时抄送国资委。

第十三条　中央企业应严格执行内部决策程序，做好项目可行性研究、尽职调查，发挥境内外社会中介机构和财务、法律等专业顾问的作用，提高境外投资决策质量。

第十四条　中央企业应当加强境外投资风险管理，收集投资所在国（地区）风险信息，做好对风险的定性与定量评估分析，制定相应的防范和规避方案，加强风险预警，制定突发事件的应急预案和风险发生后的退出机制，做好风险处置。

第十五条　中央企业应当参照《中央企业固定资产投资项目后评价工作指南》（国资发规划［2005］92号）对境外投资实施后评价管理。

第十六条　境外投资形成产权的，中央企业应当按照有关规定加强境外产权管理工作。

第十七条　中央企业违反本办法的，国资委应当责令其改正；情节严重，致使企业遭受重大损失的，依照有关规定追究企业和相关责任人的责任。

第十八条　本办法自2012年5月1日起施行。

附件 22

关于境外投资开办企业核准事项的规定

（中华人民共和国商务部令 2004 年第 16 号）

第一条　为促进境外投资发展，根据《中华人民共和国行政许可法》、《国务院对确需保留的行政审批项目设定行政许可的决定》及有关规定，制定本规定。

第二条　国家支持和鼓励有比较优势的各种所有制企业赴境外投资开办企业。

第三条　境外投资开办企业，是指我国企业通过新设（独资、合资、合作等）、收购、兼并、参股、注资、股权置换等方式在境外设立企业或取得既有企业所有权或管理权等权益的行为。

第四条　商务部核准国内企业在境外投资开办企业（金融类企业除外）。商务部委托各省、自治区、直辖市及计划单列市人民政府商务行政主管部门（以下简称"省级商务主管部门"），核准中央企业之外的其他企业在附件所列国家投资开办企业。

商务部将根据情况对附件所列国别适时调整并公布。

第五条　对于国内企业在境外投资开办企业，商务部和省级商务主管部门从以下方面进行审查、核准：

（一）国别（地区）投资环境；

（二）国别（地区）安全状况；

（三）投资所在国（地区）与我国的政治经济关系；

（四）境外投资导向政策；

（五）国别（地区）合理布局；

（六）履行有关国际协定的义务；

（七）保障企业合法权益。

国内企业境外投资开办企业在经济、技术上是否可行，由企业自行负责。

第六条　国内企业境外投资涉及下列情形的，不予核准：

危害国家主权、安全和社会公共利益的；违反国家法律法规和政策的；可能导致中国政府违反所缔结的国际协定的；涉及我国禁止出口的技术和货物的；东道国政局动荡和存在重大安全问题的；与东道国或地区的法律法规或风俗相悖的；从事跨国犯罪活动的。

第七条　核准程序

（一）中央企业径向商务部提出申请；其他企业向省级商务主管部门提出申请。

（二）商务部和省级商务主管部门收到申请材料后，对于申请材料不齐全或者不符合法定形式的，应当在5个工作日内一次告知申请人需要补正的全部内容，逾期不告知的，自收到申请材料之日起即为受理。对于申请材料齐全、符合法定形式，或者申请人按照要求补正申请材料的，应当予以受理。

（三）省级商务主管部门应征求我驻外使（领）馆经济商务参赞处（室）的意见。中央企业径向我驻外经济商务参赞处（室）征求意见。我驻外经济商务参赞处（室）自收到征求意见函之日起5个工作日内予以回复。

（四）省级商务主管部门按照委托核准的权限，自受理之日起15个工作日内做出是否予以核准的决定；需报商务部核准的，自受理之日起5个工作日内进行初审，同意后上报商务部。

（五）商务部自受理之日起15个工作日内做出是否予以核准的决定。

（六）商务部和省级商务主管部门对予以核准的，应出具书面核准决定；不予核准的，出具不予核准决定书。

第八条　申请材料

（一）企业提交的申请材料包括：

1. 申请书（主要内容包括开办企业的名称、注册资本、投资金额、经营范围、经营期限、组织形式、股权结构等）；

2. 境外企业章程及相关协议或合同；

3. 外汇主管部门出具的境外投资外汇资金来源审查意见（需购汇或从境内汇出外汇的）；我驻外经济商务参赞处（室）的意见（仅对中央企业）；

4. 国内企业营业执照以及法律法规要求具备的相关资格或资质证明；

5. 法律法规及国务院决定要求的其他文件。

（二）省级商务主管部门向商务部提交的材料包括：

1. 本部门初步审查意见；

2. 我驻外经济商务参赞处（室）意见；

3. 企业提交的全部申请材料。

第九条　中央企业的申请获得核准后，由商务部颁发《中华人民共和国境外投资批准证书》（以下简称《批准证书》）。其他企业，由省级商务主管部门代发《批准证书》。

国内企业凭《批准证书》办理外汇、银行、海关、外事等相关事宜。

第十条　获得批准的国内企业，应按国家有关规定报送统计资料、参加境外投资联合年检和境外投资综合绩效评价；经批准开办的境外企业，在当地注册后，应将注册文件报商务部备案，并向我驻外经济商务参赞处（室）报到登记。

第十一条　本规定第八条第（一）款申请书中所列事项发生变更，须报原核准机关核准。

第十二条　外商投资企业境外投资开办企业须遵守有关法律法规。外商投资企业赴境外投资开办企业须经省级以上商务主管部门核准，其中经商务部批准的外商投资企业赴境外投资开办企业由商务部核准，其他外商投资企业赴境外投资开办企业由省级商务主管部门核准。有关具体要求，商务部另文下发。

第十三条　商务部运用电子政务手段实行网上申报和批准证书发放的有关办法，将另行制定下发。

第十四条　省级商务主管部门不得向下级地方商务主管部门委托境外投资开办企业的核准事宜及增加核准环节、申报材料和核准内容。

第十五条　内地企业赴香港、澳门特别行政区投资开办企业，按有关规定办理核准。

第十六条　此前管理办法与本规定不符的，以本规定为准。

第十七条　本规定由商务部负责解释。

第十八条　本规定自发布之日起施行。

附件：商务部委托地方省级商务主管部门核准境外投资开办企业的国家名单

图书在版编目(CIP)数据

国际工程承包与海外投资业务融资/李铮编著. —北京：中国人民大学出版社，
2013.9

（管理者终身学习）

ISBN 978-7-300-17833-2

Ⅰ.①国… Ⅱ.①李… Ⅲ.①国际承包工程②海外投资-融资 Ⅳ.①F746.18②
F830.59

中国版本图书馆 CIP 数据核字（2013）第 215138 号

管理者终身学习

国际工程承包与海外投资业务融资

李　铮　编著

Guoji Gongcheng Chengbao yu Haiwaitouziyewu Rongzi

出版发行	中国人民大学出版社				
社　址	北京中关村大街 31 号		**邮政编码**	100080	
电　话	010－62511242（总编室）		010－62511770（质管部）		
	010－82501766（邮购部）		010－62514148（门市部）		
	010－62515195（发行公司）		010－62515275（盗版举报）		
网　址	http://www.crup.com.cn				
经　销	新华书店				
印　刷	固安县铭成印刷有限公司				
规　格	175 mm×250 mm　16 开本		**版　次**	2013 年 10 月第 1 版	
印　张	21		**印　次**	2022 年 11 月第 7 次印刷	
字　数	260 000		**定　价**	59.00 元	

内 | 容 | 简 | 介

　　这是国内第一本介绍国际工程承包及海外投资业务融资方式的专业书籍，详细介绍了在国际业务中可采用的各种融资方式，且有大量案例分析做支撑，对于涉及国际工程承包及海外投资的我国现行政策、审批机关和流程也有详细描述，并将可提供融资的各家银行进行了横向比对，实用性、服务性很强，是业务人员与国外业主谈判时必不可少的融资类工具书。

　　本书对于融资创新和融资风险控制有独到的论述，可帮助业务人员开拓融资思路、控制融资风险，是介绍国际工程承包及海外投资业务融资方式的一本不可多得的工具书。

策划编辑：陈永凤

责任编辑：魏 文　王 倩

版式设计：楠竹文化

封面设计：久品轩

国际工程承包与
海外投资业务融资

上架指导　管理

ISBN 978-7-300-17833-2

9 787300 178332 >

定价：59.00元

● 人大经管图书在线：www.rdjg.com.cn
● 读者信箱：rdcbsjg@crup.com.cn